Ralph Wiener

Gefährliches Lachen

Schwarzer Humor im Dritten Reich

Rowohlt

Redaktion Wolfgang Müller
Umschlaggestaltung Büro Hamburg

Originalausgabe
Veröffentlicht im Rowohlt Taschenbuch Verlag GmbH,
Reinbek bei Hamburg, Mai 1994

Satz Janson (Linotronic 500)
Gesamtherstellung Clausen & Bosse, Leck
Printed in Germany
1490-ISBN 3 499 19653 0

Inhalt

Wie schnell doch die Zeit vergeht!
Schon sind tausend Jahre um.

Stoßseufzer 1945

Vorwort

Im Frühjahr 1945 – zu einer Zeit, als auch der größte Fanatiker nicht mehr an einen Sieg Hitlerdeutschlands glauben konnte – machte unter der deutschen Bevölkerung folgender Flüsterwitz die Runde:

> Hitler tritt aus dem Bunker, nimmt sein falsches Oberlippenbärtchen ab, setzt eine Brille auf, schlüpft schnell in die Uniform eines amerikanischen Sergeanten und meldet General Eisenhower: «Auftrag zur Vernichtung Deutschlands ausgeführt!»

Abgesehen vom historischen «Fehler» einer Erstürmung des Führerbunkers durch die Amerikaner – als der Witz entstand, war die konkrete militärische Situation vom Mai 1945 offenbar noch nicht abzuschätzen –, berührt der zunächst frappierende Vorgang eine durchaus wahrheitsgemäße Feststellung: Das Ergebnis der nationalsozialistischen Politik kam einem Auftrag zur Vernichtung Deutschlands gleich. Hitler hatte so gehandelt, als ob er Agent einer ausländischen Macht gewesen sei, und die Bitterkeit des Witzes verlagert das «als ob» in die Realität, wobei der Erfolg, den dieser Witz seinerzeit hatte, dem Umstand zuzuschreiben ist, daß Hitler tatsächlich das Gegenteil seines Kriegsziels erreichte.

Bereits an diesem Beispiel ist erkennbar, mit welch einfachen – mitunter bewunderungswürdig naiven – Mitteln der Flüsterwitz in jener Zeit arbeitete.

Die Autoren beziehungsweise Urheber aller dieser Witze sind unbekannt. Es läßt sich höchstens erahnen, aus welchen Berufsschichten bestimmte Witze stammen. Eine zweifellos intellektuelle Urheberschaft wird man jenen Fällen zurechnen können, in denen bekannten Kabarettisten wie Werner Finck, Karl Valentin oder Weiß Ferdl kritische Äußerungen in den Mund gelegt wurden. Als Beispiel sei eine Episode genannt, die man Werner Finck zuschrieb: Er sammelt auf der Bühne die Büsten von Hitler, Göring und Goebbels ein, packt sie in eine Kiste und trägt sie fort. Beim Weggehen sieht man, daß auf der Kiste in großen Buchstaben steht: «Nicht stürzen!»

Im Gegensatz zu diesen mit bekannten Kabarettfiguren jonglierenden Witzen standen jene, die an Eindeutigkeit und ausgeprägt aggressiver Haltung nichts zu wünschen übrigließen und offensichtlich aus der Arbeiterschicht stammten. Daß sie mitunter den Charakter von Schmähgedichten annahmen, steht ihrer erwähnten sozialen Herkunft nicht entgegen. Im August 1943 wurden in verschiedenen Betrieben folgende Verse verbreitet:

Der nach russischer Art regiert,
Sein Haar nach französischer Mode frisiert,
Den Schnurrbart nach englischer Art geschoren
Und selbst nicht ist in Deutschland geboren,
Der uns den römischen Gruß gelehrt,
Von unsern Frauen viel Kinder begehrt
Und selber keine erzeugen kann,
Das ist in Deutschland der führende Mann!

Die Deutlichkeit einer solchen Sprache macht gleichzeitig die Empörung offenkundig, die große Teile der Bevölkerung erfaßt hatte. Das kommt nicht zuletzt auch in der Einbeziehung der beliebten Wirtinnen-Verse zum Ausdruck, von denen einer lautete:

Frau Wirtin hatte einen Traum.
Er war so schön, man glaubt es kaum:
Sie hörte ein Tedeum
Und sah den Führer ausgestopft
Im Britischen Museum.

Auf vielfältige Weise gaben die Menschen ihrer Verachtung Ausdruck, wobei die zugrundeliegenden Motive verschiedenster Art sein konnten. Alle jedoch spielten mit dem Feuer; denn das Erzählen politischer Witze war im höchsten Grade gefährlich. Zwar wurden in den ersten Jahren nach 1933 derartige Vorgänge noch als «Beleidigung» oder «Heimtücke» angesehen und demzufolge mit Gefängnis bestraft, aber man darf nicht vergessen, daß außer einer gerichtlichen Verurteilung die Verschleppung in ein Konzentrationslager drohte.

Ab Kriegsbeginn erfüllte das Erzählen eines politischen Witzes den Tatbestand der «Wehrkraftzersetzung» und unterlag in vielen Fällen der Todesstrafe. Insbesondere nach der militärischen Katastrophe von Stalingrad wurde eine witzige Äußerung über das Dritte Reich zu einem todeswürdigen Verbrechen. Die Aburteilung wegen derartiger

«Delikte» war durch eine Verfügung Hitlers dem Volksgerichtshof übertragen worden.

Zu denen, die wegen Erzählens eines politischen Witzes vor dem Volksgerichtshof standen, gehörte – und dieses Beispiel möge an dieser Stelle für viele stehen – eine technische Zeichnerin, die ihren Mann im Kriege verloren hatte und in einem Rüstungsbetrieb arbeitete. Einem Angestellten hatte sie folgenden Witz zugetragen:

> Hitler und Göring stehen auf dem Berliner Funkturm. Hitler sagt, er möchte den Berlinern eine Freude machen. Darauf Göring zu Hitler: «Dann spring doch vom Turm herunter!»

Die technische Zeichnerin wurde durch Urteil des Volksgerichtshofs vom 26. Juni 1943 mit dem Tode bestraft.

Angesichts dessen, daß der Volksgerichtshof im darauffolgenden Jahr von 4379 Angeklagten 2097 zum Tode verurteilte, unter welchen die Witzerzähler als «Defätisten» und «Wehrkraftzersetzer» einen beträchtlichen Teil ausmachten, kommt der Kategorie des politischen Witzes im Dritten Reich eine besondere, in der historischen Forschung allerdings kaum beachtete Bedeutung zu.

Der Mangel einschlägiger Forschungen mag sich daraus erklären, daß eine Zeit, die von Verbrechen und Grausamkeiten derartig angefüllt ist, nur schwerlich in Zusammenhang gebracht werden kann mit Dingen, die einer heiteren, wenngleich oft bitter-satirischen Betrachtung unterliegen. Witz und Nationalsozialismus – wie paßt das zusammen?

Zweifellos fällt die Vorstellung schwer, daß es auch in der düstersten Epoche der deutschen Geschichte Menschen gab, die lachen konnten (wobei man freilich unterscheiden muß, worüber sie lachten). Zumindest beim Ansehen bestimmter Filme aus dieser Zeit – erinnert sei an Namen wie Hans Moser, Theo Lingen und Heinz Rühmann – werden junge Zuschauer von heute ihre Verwunderung nicht verbergen können. Tatsächlich sind jedoch so erfolgreiche Schöpfungen der heiteren deutschen Literatur wie zum Beispiel die Romane von Heinrich Spoerl, die Lustspiele von Curt Goetz, die Verse von Eugen Roth und vieles andere ausgerechnet in jener Zeit entstanden, die wir zu Recht als die barbarischste unserer gesamten Geschichte geißeln.

Nein, das Lachen war nicht ausgestorben, es hatte nur einen anderen Hintergrund erhalten, einen oftmals äußerst gefährlichen wie im Fall des Zeichners Erich Ohser alias e. o. plauen, dessen witzige Bildergeschichten «Vater und Sohn» in ganz Deutschland bekannt waren und belacht wurden und der sich infolge einer Denunziation im Frühjahr 1944 in Freislers Todeszelle das Leben nahm.

Und so seltsam es klingen mag: Auch die jüdischen Bürger bewahrten sich ihren Humor, und der jüdische Witz wurde zu einer Art Anker, an dem sie sich festklammerten, oftmals bis in die Vernichtungslager.

Der Witz im Deutschland der Jahre 1933 bis 1945 hat seine besondere Geschichte, eine mit anderen Ländern und anderen Zeiten wenig vergleichbare. Ihn darzustellen und von den verschiedensten Seiten zu beleuchten, soll Aufgabe dieses Buches sein.

Im wesentlichen geht es um persönliche Erinnerungen; wichtig ist es zu wissen, wann diese Witze erzählt wurden, unter welchen Umständen, wie man sie aufnahm, wer ihre Verbreiter waren und dergleichen mehr.

Die Handlungsorte, wenn man sie als solche bezeichnen will, sind vorwiegend zwei Städte, in denen ich in jener Zeit gelebt habe: Wien und Eisleben.

Nun ist freilich die Mentalität der Wiener eine andere als die der Menschen im Mansfelder Land. Aber eines hatten sie – vor allem in den letzten Kriegsjahren – gemeinsam: die innere Gegnerschaft zum herrschenden Regime. In Eisleben gab es eine alte demokratische Tradition, und Wien war nach dem künstlich geschürten Rausch vom Anschlußjahr 1938 inzwischen ernüchtert und sehnte das Ende des Hitlerreichs herbei. Hier wie dort machten sich die Menschen mit erbitterten Flüsterwitzen Luft, und mein Tagebuch, das ich damals führte, enthält eine Fülle derartiger Beispiele.

Es wäre jedoch falsch, nur von Gegnern des Systems zu reden. Der Nationalsozialismus hatte eine Massenbasis, und es gab demzufolge auch Witze, die von den Verfechtern dieser Weltanschauung verbreitet wurden. Auch solche Schöpfungen sind zu berücksichtigen. Sie werden heute zu einer Anklage gegen ihre eigenen Urheber.

Noch eine andere Gruppe ist zu erwähnen, die weder zum Kreis der Befürworter noch zu dem der Gegner gehörte: Es sind jene Millionen «Mitmacher», die zwar dem Zug der Zeit folgend, aber gleichsam nur mit halbem Herzen dabei waren, und für die Mitmachen und Dagegensein offensichtlich keinen Gegensatz darstellte. Hier wurde das Weitererzählen von Witzen zu einer Form der «inneren Emigration», in der sich Lebensbewältigung und Distanzierung von den politischen Verhältnissen mischten. Leute, die gegen das herrschende Regime wenig einzuwenden hatten, denen jedoch das eine oder andere sauer aufstieß, fanden in Witzen eine willkommene Zuflucht und mögen sich in solchen Augenblicken sogar als Helden vorgekommen sein. Daß sie häufig das Schicksal mit jenen teilten, die als entschiedene Gegner handelten, macht das tragische Ausmaß des schwarzen Humors im Dritten Reich besonders deutlich.

Der Flüsterwitz

Angesichts der terroristischen Atmosphäre, die im Dritten Reich herrschte, könnte der Eindruck entstehen, es habe sich bei den politischen Flüsterwitzen um Einzelerscheinungen gehandelt, hier und dort auftretend, aber durchaus selten, weil die Menschen nicht wagten, sich in welcher Weise auch immer kritisch zu äußern.

Nichts ist falscher als diese Ansicht. Der Flüsterwitz durchzog alle Bereiche des persönlichen und öffentlichen Lebens, und ich habe beobachtet, daß sich sogar bei Kundgebungen der NSDAP Teilnehmer die neuesten Witze zutuschelten. Auf sie mag zutreffen, was damals eine spöttische Bemerkung ausdrückte:

Wenn sich zwei Deutsche nach einem Gespräch verabschieden, so deuten sie mit den Fingern aufeinander und sagen drohend: «Sie haben aber auch was gesagt!»

Diese Rückversicherung – für den Fall einer Anzeige mit einer Gegenanzeige zu antworten und damit dem eventuellen Denunzianten den Wind aus den Segeln zu nehmen – war keineswegs satirische Überspitzung, sondern ein Element des Alltags; denn jeder Witzerzähler gab sich seinem Gesprächspartner in gewisser Weise in die Hand, und nur die Mittäterschaft konnte Gewähr dafür bieten, unbehelligt zu bleiben.

Der Flüsterwitz schuf eine Gemeinsamkeit, deren einigendes Band die Opposition gegen Hitler war, und oft war er die einzige Möglichkeit, den wahren Gefühlen freien Lauf zu lassen. Es war ein Akt des Widerstandes von Menschen, die ansonsten ohnmächtig dem sie bedrückenden System gegenüberstanden. Bemerkenswert ist, daß bereits in den ersten Jahren nach 1933 die Mitglieder der NSDAP und ihrer Gliederungen zum Gegenstand von Flüsterwitzen wurden:

An einem SA-Lokal steht eines Tages mit Kreide angeschrieben: «Noch lebt die KPD!»
Am nächsten Tag steht darunter: «Wer ist der feige Hund, der das geschrieben hat? Er soll sich melden!»
Tags darauf steht darunter: «Keine Zeit! SA-Dienst.»

Die Wirkung dieses Witzes kann nur begreiflich werden, wenn man die Zeit seiner Entstehung vor Augen hat: den Frühsommer 1934, als Hitler – nicht zuletzt unter dem Druck von Göring und Himmler – die lästig gewordene SA unter Ernst Röhm ausschaltete. Es war dies ein Ereignis, das alle Familien bewegte, zumal die von Hitler abgegebene Erklärung, er sei einem Putschversuch der SA und ihrer homosexuell veranlagten Führer zuvorgekommen, Stoff für alle möglichen Mutmaßungen bot. In diese Zeit fallen die ersten politischen Witze, die ich bewußt aufnahm, darunter einer, der besonders in den Schulen verbreitet wurde:

«Weißt du, wann die Hermannsschlacht stattfand?»
«Am 30. Juni 1934, Herr Lehrer, als Hermann die Röhmer schlug.»

Hierzu sei vermerkt, daß Göring weithin unter seinem Vornamen «Hermann» bekannt war und als größter Widersacher Röhms galt.

Die Degradierung der SA zu einer Art Wehrsportorganisation und die damit verbundene Aufwertung von SS und Reichswehr gab allen möglichen Gerüchten Auftrieb, und es ist bezeichnend, daß um diese Zeit jene Anekdote kursierte, nach der der Kreisleiter einer kleinen Industriestadt in Sachsen die Aufforderung erhalten habe, alle ihm bekannten Meckerer in einer Liste zu erfassen und diese sofort an die Gauleitung zu senden. Darauf übersandte der Kreisleiter das Adreßbuch der Stadt.

Was hier überspitzt dargestellt wurde, kam jedoch der Realität sehr nahe. Der Propagandaminister Goebbels hatte eine Aktion gegen Meckerer und Miesmacher eingeleitet, und ich erinnere mich, daß bei einem unserer Schulfeste, die alljährlich in der Eisleber «Terrasse» stattfanden, zwei Studienassessoren auftraten, die als «Meckermann und Nörglein» jene unzufriedenen Volksgenossen symbolisierten.

Zu diesen unzufriedenen Volksgenossen gehörten offenbar auch jene, die Gut Neudeck als das kleinste deutsche Konzentrationslager bezeichneten: Es habe nur einen Gefangenen, nämlich Hindenburg.

Diese wenigen Beispiele erhellen, daß die ersten Jahre nach der Machtübertragung viele Anlässe für satirische Angriffe boten. Die größten Folgen zeitigte jedoch die Einführung des Hitlergrußes, eine aus heutiger Sicht abnorm wirkende Gepflogenheit, die sich zum erstenmal beim NSDAP-Parteitag 1926 in Weimar eingeschlichen hatte und sieben Jahre später zum offiziellen Gruß wurde.

Es ist bezeichnend, daß sowohl Werner Finck und Karl Valentin als auch Weiß Ferdl für folgenden Witz herhalten mußten:

Eines Abends begrüßt einer von ihnen zur Vorstellung die Anwesenden ernst und würdig mit dem Hitlergruß. Das Publikum lacht schallend. «Weshalb lachen Sie?» fragt der Grüßende. «So hoch liegt der Schnee draußen!»

Zuweilen wurde der Hitlergruß gedeutet mit: aufgehobene Rechte!

Von einem Drucker wurde berichtet, er sei zu sieben Monaten Gefängnis verurteilt worden, weil in seinem Blatt der deutsche Gruß mit «Heilt Hitler» wiedergegeben worden war.

Die peinlich detaillierten Vorschriften zur Ausübung dieses Grußes – der Direktor unserer Schule achtete darauf, daß der Arm lang ausgestreckt wurde und die Hand genau in Augenhöhe lag – gaben immer neuen Witzeleien Nahrung. Mit diesem Gruß wurde eine unerschöpfliche Quelle zuweilen frappierender Witze erschlossen.

Meine Tante Irma gab den folgenden zum besten:

Ein junger Mann klingelt bei einer Jüdin und überreicht ihr das zum Passahfest rituell vorgeschriebene ungesäuerte Brot mit den Worten: «Heil Hitler, Frau Cohn! Ich bringe die Mazze.»

Wie man an diesem Beispiel sieht, machte der politische Witz vor nichts halt, und wieder ist es Weiß Ferdl, dem man sogar einen Bericht über ein Konzentrationslager in den Mund legte:

«Ich hab einen kleinen Ausflug gemacht, nach Dachau. Na – da sieht's aus! Stacheldraht, Maschinengewehre, Stacheldraht, noch mal Maschinengewehre und wieder Stacheldraht! Oaber, das soag i euch – wann i will – i kumm rein!»

Es mag aus heutiger Sicht – in Kenntnis der in den Konzentrationslagern begangenen Verbrechen – makaber erscheinen, daß sich der Volksmund dieses Themas bemächtigte, und doch muß man sagen: Wieviel Mut gehörte dazu, das Wort Dachau in den Flüsterwitz einzubeziehen. Allein das Weitererzählen eines solchen Witzes:

«Was gibt es für neue Witze?»
«Sechs Monate KZ!»

konnte die Einlieferung in ein Konzentrationslager zur Folge haben. Das gilt nicht zuletzt für jenes Zwiegespräch, das dem allmächtigen

Reichsführer SS, Heinrich Himmler, und einem KZ-Häftling in den Mund gelegt wurde.

Himmler: «Welches meiner beiden Augen ist aus Glas?»
Häftling: «Das linke.»
Himmler: «Wie hast du das so schnell erkennen können?»
Häftling: «Es sieht so menschlich aus.»

Ein Offizier soll nach der Sondermeldung vom 10. September 1943 zur Übernahme des Schutzes des Vatikans durch deutsche Truppen erklärt haben: «Nun ist der Papst dem Himmler näher als dem Himmel.»

Eine Hauptangriffsfläche der Flüsterwitze war natürlich die NSDAP, und in dieser Hinsicht machte vor allem folgender Witz die Runde:

Vor Gericht stehen drei Angeklagte. Sie werden beschuldigt, einen Parteigenossen verprügelt zu haben. Überraschenderweise kommen sie mit der milden Strafe von zwei Jahren Gefängnis davon. Im Urteil wird diese Milde folgendermaßen begründet: «Angesichts der Verwerflichkeit der Tat war zwar eine ungleich höhere Strafe angemessen, doch hat das Gericht als strafmildernd gelten lassen, daß den Angeklagten ihre Täterschaft in keiner Weise nachgewiesen werden konnte.»

Nicht nur Tätlichkeiten gegenüber NS-Funktionären, sondern auch bloße Beleidigungen wurden von den Gerichten schärfstens geahndet. So bestätigte der I. Strafsenat des Reichsgerichts durch Urteil vom 17. April 1934 die Verurteilung eines Mannes zu einer mehrmonatigen Gefängnisstrafe, weil er in einem Friseurgeschäft am 26. April 1933 geäußert hatte: «Die SA und SS sind lauter Lumpe!»

Die Bezeichnung «Lump» fand übrigens Eingang in zahlreiche Flüsterwitze, deren Aggressivität während des Krieges ständig zunahm. Einer dieser Witze wurde mir in Wien zugetragen, wo ich vom Sommer 1943 bis zum Sommer 1944 wohnte. In dieser Zeit lernte ich den Musikprofessor Rudolf Kleiner kennen, der mich im letzten Kriegshalbjahr in seinem Domizil in der Mittelgasse beherbergte. Damals bekam ich auch Verbindung zu einer Familie Lettocha im neunten Bezirk. Da Frau Lettocha Jüdin war, wurde deren Wohnung zu einem kleinen Zentrum humanistisch gesinnter Bürger. Ein großer Teil der mir bekannt gewordenen Flüsterwitze stammt aus diesem Kreis. Und um auf den erwähnten Witz zurückzukommen:

Eines Tages erschien ein junger Mann und erzählte, daß ein Mann einen schweren Sack auf dem Rücken getragen habe. Unter dem Verdacht, ein Schieber zu sein, wird er von einem Gendarmen gestellt. «Was haben Sie in dem Sack?» schnauzt dieser ihn an. Der Mann setzt mühsam den Sack ab. «Die Regierung», sagt er. «Was?» entrüstet sich der Gendarm, öffnet den Sack, schüttet ihn aus, und es kommen nur Fetzen von alten Kleidungsstücken zum Vorschein. «Das sind doch lauter Lumpen!» Der Mann erwidert hastig: «Das haben aber jetzt Sie gesagt, Herr Wachtmeister!»

Um diese Zeit – Ende 1944 – richteten sich die Attacken des Flüsterwitzes nicht mehr gegen nebensächliche Dinge oder Begleiterscheinungen des nationalsozialistischen Systems, sondern gegen das System selbst, im genannten Fall gegen die Regierung, die ungeschminkt mit Lumpen verglichen wurde.

Aber dies war beileibe keine Wiener Eigentümlichkeit. So wurde aus Hamburg berichtet:

Fietje und Tetje stehen mit Sammelbüchsen auf der Straße. Fietje erscheint alle Augenblicke mit voller Büchse auf der Sammelstelle, um sich eine neue leere Büchse zu holen; Tetje bekommt fast nichts. «Wie mockst du dat bloß, dat du so veel insammelst?» fragt Tetje. «Dat is doch ganz licht», grient Fietje, «ick flüster immer: Dat is 'ne Sammlung för de nee Regierung!»

Diese Beispiele machen deutlich, daß es sich um Ausdrucksformen des Widerstandes handelte, um eine Art geistige Waffe, die von den im allgemeinen hilflos zusehenden Bürgern ergriffen wurde, um wenigstens auf diese Weise sich vom Nationalsozialismus zu distanzieren.

Inwieweit sie sich damit selbst in Gefahr brachten, zeigen die geheimen Lageberichte des Sicherheitsdienstes der SS, die in vielfältiger Weise auf derartige Dinge eingehen. So wurde am 9. Oktober 1939 die parodistische Umdichtung des Horst-Wessel-Liedes angeprangert und die Tatsache beklagt, daß in Köln und Heidelberg bei der Leerung von Briefkästen Zettel gefunden wurden, die Sticheleien gegen Hitler und Goebbels enthielten.

1943 mußte ich eine besondere Prüfung wegen Umdichtung bestehen: Ich hatte in der Eisleber Gaststätte «Goldene Kugel» ein selbstverfaßtes Gedicht über Stalingrad vorgetragen, das die Wende des Krieges zum Inhalt hatte. Ein Vorbeigehender muß das verraten haben, denn ich wurde wenig später zur Polizeiwache gebracht. Der dortige Wachtmeister, der darüber zu entscheiden hatte, ob ich an die Gestapo überführt werden sollte, hielt mir die Beschuldigung vor, und ich erklärte, daß mein Gedicht die Ausdauer der deutschen Soldaten lobe und daß ich mich wundere, hierfür zur Rechenschaft gezogen zu werden. Nun forderte er mich auf, das Gedicht aufzuschreiben. Instinktiv dichtete ich um. Aus den Anfangszeilen

> Endlos, geschlagen, durch Eis und Schnee
> ziehn die Kolonnen der sechsten Armee –

wurde:

> Kühn und verwegen durch Eis und Schnee
> ziehn die Kolonnen der sechsten Armee,

und so ging es weiter bis zu den letzten zwei Zeilen, an denen ich gar nichts mehr zu ändern brauchte, weil es auf den Blickwinkel ankam:

> Sprecht ihr von Helden und göttlicher Tat,
> denkt an ein Wort nur: Stalingrad!

Der Wachtmeister rief den für Eisleben zuständigen Gestapobeamten an und las ihm das Gedicht vor. «Dagegen ist nichts einzuwenden», entschied dieser, und ich wurde entlassen.

Soviel zum Thema «Umdichtung», auf welches ich später bei der Besprechung einiger Parodien noch zurückkommen werde.

Ein Lagebericht des Sicherheitsdienstes der SS vom 9. Oktober 1939 offenbart, daß «wegen Verbreitung von Greuelnachrichten und Abhörens ausländischer Sender» von der Staatspolizei in Berlin, Dortmund, Graz, Kiel, Düsseldorf und anderen Städten insgesamt 68 Personen festgenommen wurden.

Ein Lagebericht vom 10. November 1939 lautet: «In der Nacht vom 9. zum 10. 11. 1939 wurde in Berlin im Geschäft der Firma Photo-Hoffmann, Kochstr. 10, eine Schaufensterscheibe mit einem Stein zertrümmert. In dem Fenster waren ausschließlich Bilder des Führers ausgestellt. Diese Tatsache sprach sich in der Berliner Bevölkerung teilweise verhältnismäßig schnell herum.»

Ein Lagebericht vom 9. Juli 1942 vermerkt «eine in letzter Zeit verstärkt feststellbare Anfälligkeit gegenüber Flüsterparolen, die sich bei den Männern in einer größeren inneren Bereitschaft für nahezu ausschließlich durch ihre Gehässigkeit wirkende politische Witze und bei den Frauen in einer auffallenden Leichtgläubigkeit von irgendwelchen Gerüchten und ‹dunklen› Prophezeiungen zeigt».

Im Lagebericht vom 8. Juli 1943 wird festgestellt, daß das Erzählen von staatsabträglichen und gemeinen Witzen, selbst über die Person des Führers, seit Stalingrad erheblich zugenommen hat. Bei Gesprächen in Gaststätten, Betrieben und sonstigen Zusammenkünften erzählen die Volksgenossen sich gegenseitig die «neuesten» politischen Witze und machen dabei vielfach keinen Unterschied zwischen solchen einigermaßen harmlosen Inhalts und eindeutig gegnerischen. Selbst Volksgenossen, die sich kaum kennen, würden politische Witze austauschen.

Aber nicht nur die Erzähler von Witzen wurden zur Rechenschaft gezogen, sondern oft waren bestimmte gemachte oder unterlassene Gesten für die Gestapo Anlaß, einzugreifen. In Köln beispielsweise wurde ein Bürger verhaftet, weil er einer herannahenden Fahnenkolonne von Nationalsozialisten in – wie die Gestapo feststellte – «böswillig verächtlichmachender Weise den Rücken zukehrte».

Bis zum Sommer 1939 wurden etwa eine Million Männer, Frauen und Jugendliche für kürzere oder längere Zeit in Haft gehalten. Zu diesem Zeitpunkt befanden sich rund 300000 Gegner Hitlers in Gefängnissen, Zuchthäusern und Konzentrationslagern. Die darauffolgenden Kriegsjahre brachten eine unermeßliche Steigerung dieser Zahlen, aber auch – wie der zitierte Lagebericht aus dem Jahre 1943 zeigt – eine Zunahme der geistigen Auflehnung. Der Flüsterwitz wurde zu einer wichtigen, für viele Bürger zur einzigen Form eines Aufbegehrens, und immer mehr setzte sich jene Erkenntnis durch, die ein weitverbreiteter Satz der damaligen Zeit kurz und treffend ausdrückte: «Alle Wege führen nach Rom – aber alle Straßen Hitlers führen nach ‹Irrland›!»

Es ist unschwer zu erkennen, daß es sich beim politischen Witz des Dritten Reiches nicht um irgendwelche bedeutungslosen Scherze handelt – vergleichbar etwa den philisterhaften Stammtischwitzen –, sondern um gezielte, oftmals feinsinnige Spitzen, die eine gewisse Kenntnis gesellschaftlicher Zusammenhänge voraussetzten. Sie waren an den Arbeiter ebenso gerichtet wie an den Intellektuellen, und ihr Kennzeichen bestand darin, daß sie in wenigen Worten eine Fülle von Nebengedanken und Konsequenzen bargen. In ihrem Aufbau ähnelten sie einer bestimmten Kunstform, nämlich der literarischen Miniatur:

Frage: «Können Sie mir einen deutschen Minister nennen – intelligent und arisch –, dessen erste Namenssilbe ‹Gö› lautet?»
«Göring.»
«Ich sagte: Intelligent!»
«Goebbels.»
«Ich sagte: Arisch!»
(Auflösung: Goethe!)

Schlag auf Schlag wurden drei Hiebe auf einmal verteilt: der erste gegen Göring, dem man jegliche Intelligenz absprach; der zweite gegen Goebbels, an dessen arischer Abstammung man zweifelte; der dritte gegen die Ministerrunde als solche, von der sich die Gestalt Goethes leuchtend abhob.

Shakespeares Wort «Da Kürze denn des Witzes Seele ist» dürfte hier voll zutreffen, wobei der Seitenhieb auf Goebbels der frappanteste ist – wird doch damit einem Mann, der neben Julius Streicher als der größte Judenhetzer galt, das unterschoben, was er fanatisch bekämpfte.

Goebbels, dessen Doktorvater ein jüdischer Germanist war, stand bereits in den zwanziger Jahren in dem Ruf, nicht «rein arisch» zu sein, und Kurt Tucholsky ließ in einer Glosse über eine NS-Versammlung, in der Goebbels den Ruf: «Juden raus!» provozierte, eine Stimme ertönen: «Den Anwesenden natürlich ausgenommen!»

Der Verdacht bezüglich der Abstammung bestimmter Naziführer war ein beliebtes Mittel, um jene Rassenfanatiker mit ihren eigenen Waffen zu schlagen. Teilweise waren – wie sich später herausstellte – diese Verdachtsmomente begründet (z. B. bei Alfred Rosenberg), meistens jedoch wurde durch gezielte Vernichtung der Abstammungsunterlagen allen weiteren Verdächtigungen ein Riegel vorgeschoben, wie es beispielsweise auch im Fall Hitler alias Schicklgruber, dem man die Abstammung von einem Grazer Juden namens Frankenberger nachsagte, geschehen ist.

In der Bevölkerung verstummten jedoch derartige Gerüchte nie, und ich erinnere mich, daß im Hause meiner Eisleber Großeltern bemerkt wurde, Görings Luftwaffengeneral Milch sei Halbjude, und meine Mutter zitierte Görings bekannten, vom Wiener Bürgermeister Lueger entlehnten Ausspruch: «Wer Jude ist, bestimme ich!»

Es war dies die Zeit, als der Volksmund behauptete, Göring sei tüchtiger als Jesus; denn Jesus habe zwar aus Wasser Wein, Göring aber aus Milch einen General gemacht.

Ganz im Stile einer literarischen Miniatur – und zugleich als Attacke auf den geistigen Horizont der braunen Machthaber – ist folgende Anekdote gestaltet:

> Die Partei ist der Ansicht, daß die Universität etwas für den Glanz ihrer Prominenten tun müsse, und beantragt, Himmler und Ley den Ehrendoktortitel zu verleihen. Der Rektor ist dazu bereit, erklärt aber eine kleine, ganz formelle Prüfung für unerläßlich und lädt beide Herren zu sich. Im Laufe der Unterhaltung stellt er Himmler die Frage: «Wer hat den Wallenstein ermordet?», worauf Himmler erregt erklärt, das gehöre nicht hierher, und er sei es außerdem bestimmt nicht gewesen. Ley, dem die gleiche Frage vorgelegt wird, sagt, er habe so viel mit KdF-Reisen zu tun, daß er sich nicht um jeden ermordeten Juden kümmern könne. Der Rektor begibt sich zur Audienz in die Reichskanzlei, erzählt Hitler die Geschichte und bemerkt, daß bei dieser Sachlage die Verleihung eines Ehrendoktors schwierig sei. Hitler darauf: «Ley hat ganz recht. Die Hauptsache ist, daß der Jude tot ist. Der Doktorgrad ist zu erteilen!»

Es ist dies eines der wenigen Beispiele, in denen Himmler vorkommt, doch ist dieser nicht die Hauptperson. Vielmehr wird, einer in der literarischen Kunstform der Satire oft geübten Praxis folgend, eine sich steigernde Dreigliederung vorgenommen (vergleichbar dem oben zitierten Goethe-Witz) und über Ley unter Anspielung auf dessen KdF-Seligkeit geradewegs auf Hitler zugesteuert, der schließlich die Summe der Ignoranz beider in sich vereinigt. Die Bezeichnung «KdF» = «Kraft durch Freude» (eine Organisation, die mit dem Namen Robert Ley eng verknüpft war) wurde schon unmittelbar nach ihrer Einführung Objekt spöttischer Bemerkungen. War die Ableitung «Mumm durch Fez», die ich 1935 von einem Nachbarn hörte, noch harmloser Natur, so konnte man dies von einer Parodie auf das Lied «Kleine Möwe, flieg nach Helgoland», die im Jahre 1938 von Jugendlichen im Eisleber Männerturnverein gesungen wurde, nicht mehr sagen:

> «Kraft durch Freude» fährt nach Helgoland.
> Jeder Volksgenosse muß mal an die See!
> Sechs Mark achtzig,
> die Sache macht sich.
> Und den Rest bezahlt die NSDAP!

Einige Jahre später – ungefähr 1940 – ging die parodistische Umformung dieser Bezeichnung ins Anzügliche, so daß zum Beispiel der damals populäre Schlager «Am Abend auf der Heide, da küßten wir uns beide» umgedichtet wurde in: «Am Abend auf der Heide verlor ich Kraft durch Freude» – ein Zeichen, wie diese Organisation jeden Respekt verloren hatte und ihr Name nur noch für Obszönitäten Verwendung fand.

Auch der zur Rettung ihres Ansehens gedrehte Film «Petermann ist dagegen» konnte nichts mehr bewirken, obwohl man hierzu den Komiker Ernst Waldow bemühte, der als weltfremder Buchhalter auf einer KdF-Reise «umgekrempelt» werden sollte.

Folgender literarisch gestalteter Flüsterwitz unterlag ebenfalls der erwähnten Dreigliederung:

> Eine Frau hat das Pech, daß ihr Papagei eines Tages vom offenen Fenster auf die Straße herunterschreit: «Nieder mit Hitler! Nieder mit dem Nazigesindel!» Natürlich erfolgt Anzeige, und sie muß sich schweren Herzens mit dem Papagei als Beweisstück zum Gericht begeben. Unterwegs trifft sie den Pfarrer und klagt ihm ihr Leid. «Liebe Frau», sagte der, «ich habe auch einen Papagei, nehmen Sie den mit und behaupten Sie einfach, der Papagei habe nichts Derartiges gesagt!» Die Frau tauscht hoffnungsvoll den Papagei aus und leugnet vor Gericht die defätistischen Äußerungen des Vogels. Der Richter sucht sie zu überführen, indem er dem Papagei die Worte vorspricht: «Nieder mit Hitler! Nieder mit dem Nazigesindel!» Der Vogel schweigt. Die Beisitzer beteiligen sich und sprechen dem Papagei den ominösen Satz immer und immer wieder vor. Schließlich dröhnt der ganze Saal, so strengt der Gerichtshof seine Lungen an: «Nieder mit Hitler! Nieder mit dem Nazigesindel!» Da gibt der Papagei plötzlich seine passive Haltung auf und krächzt: «Der Herr erhöre unser Flehen!»

Im Grunde nimmt dieser Witz die Form einer literarisch äußerst wirksam gestalteten Kabarettszene an. Man hat förmlich den Gerichtshof vor Augen; der Pfarrer, der die Sache eingefädelt hat, ist völlig vergessen – und plötzlich, mit der Schlußpointe, wird er zur Hauptperson: Er ist es letztendlich, der den Papagei so abgerichtet und das entsprechende Dilemma heraufbeschworen hat.

Der Pfarrer war eine oft und gern verwendete Persönlichkeit im Flüsterwitz:

> Sepp Muckenhuber geht wieder einmal beichten. «Ist es eine Todsünde, Hochwürden», fragt er, «wenn ich so eine Viechswut auf einen hab, daß ich ihm den Tod wünsch?»
> «In diesem besonderen Fall nicht», sagt der Pfarrer.

Jeder, der im Dritten Reich diesen Witz hörte, wußte, wer mit den Worten des Pfarrers gemeint war.

Der ästhetische Grundsatz «Kein Wort zuviel», der besonders für politische Witze gilt, wurde hier gewahrt, und zu meinen eigenartigsten Beobachtungen während jener Jahre gehört die Tatsache, daß sich dieselben Witze – von verschiedenen Personen an verschiedenen Orten erzählt – um ein Haar glichen und kaum ein Wort verändert wurde. Das betrifft sogar längere Passagen, wie sie in folgendem Pfarrerwitz enthalten sind:

> Der Pfarrer sprach von der Kanzlei die Worte: «Die Lüge hinkt heute durch das Land, und die Wahrheit ist verloren!»
> Ein Gestapo-Mann hatte die Predigt heimlich überwacht; so wurde der Pfarrer vor die Gestapo zitiert. «Haben Sie bei Ihren Worten an eine Persönlichkeit unserer Regierung gedacht?» wurde er gefragt.
> «Wie sollt ich wohl dazu kommen?» erwiderte der Pastor.
> «Nun, unser Herr Propagandaminister hinkt doch bekanntlich!»
> «Aber lügt er denn auch?»

Der feine Hieb, dem Gestapobeamten die eigenen Gedanken zu unterschieben, wurde auch in einem Flüsterwitz angewandt, der vorwiegend in Gaststätten verbreitet wurde:

> Ein Herr bestellt im Restaurant nacheinander verschiedene Speisen, Getränke, Zigarren und Zigaretten, erhält aber jedesmal die Auskunft, daß nichts mehr vorhanden sei. Er gerät in Wut und ruft aus: «Und das alles wegen dem einen!» Zwei Herren am Nebentisch geben sich als Gestapobeamte zu erkennen und verhaften ihn. Beim Protokoll gibt er alles zu, sagt aber auf die Frage, wen er gemeint habe: «Natürlich Churchill!»
> Als die Beamten stutzen, fügt er hinzu: «Wen haben denn Sie gemeint?»

Angesichts einer solchen, in diesem Witz skizzierten Atmosphäre ist es nicht verwunderlich, daß im Volksmund die katholischen Marientage umbenannt wurden. Sie hießen jetzt:

Maria Denunziata
Maria Haussuchung
Maria Gefängnis

Übrigens hatte sich in der evangelischen Kirche eine Richtung herausgebildet, die sich «Deutsche Christen» nannte beziehungsweise «Deutsch-Christliche Einung», eine Gruppe beflissener, sich opportunistisch anpassender Kirchenmitglieder, an denen der Flüsterwitz ebenfalls nicht vorüberging. Zur Charakterisierung dieser Personen – und zum Verständnis des folgenden – sei erwähnt, daß es in Eisleben einen Pastor gab, der dieser Richtung angehörte, seine Religionsschüler auf altpreußische Art mit Ohrfeigen traktierte und ihre Konfirmationsurkunden mit einem Hitler- oder Goebbelszitat versah. Man kann annehmen, da es in anderen Städten ähnliche Erscheinungen gab, so daß der folgende Witz durchaus seine Existenzberechtigung hatte:

Ein evangelisch getaufter Jude hört die Predigt eines Pfarrers, der sich zu den «Deutschen Christen» bekennt. Geduldig läßt der Mann die schwersten antisemitischen Ausfälle über sich ergehen. Er möchte sich nicht aus der Gemeinde der Gläubigen ausschließen lassen. Schließlich beginnt der Pfarrer eine wüste Haßtirade gegen die Juden. Der Jude schwankt: soll er nun gehen oder nicht? Da spürt er plötzlich, wie sich eine Hand auf seine Schulter legt, und hört, wie eine sanfte Stimme zu ihm sagt: «Nun müssen wir beide aber wohl gehen.» Es ist Jesus.

Charakteristisch für derartige, oftmals intellektuell angelegte, immer aber nach bestimmten literarischen Prinzipien aufgebaute Witze war, daß sie die Zuhörerkreise in Stadt und Land gleichermaßen ansprachen. Man kann sogar sagen, daß sie auf dem Lande größeren Widerhall fanden, weil es dort weniger Spitzel gab und einer den anderen kannte. Jedenfalls war mein langjähriger Nachbar, ein alter Eisleber Bauer, in dieser Hinsicht für mich eine Frundgrube, und viele der hier wiedergegebenen Witze hörte ich aus seinem Munde, zum Beispiel diesen:

Der Hund vom Gastwirt Zieger wurde von einem Auto totgefahren. Im Auto saßen aber Hitler, Göring und Goebbels, denen der Vorfall peinlich war, weil ihre Volkstümlichkeit dadurch hätte Schaden nehmen können. Goebbels wurde deshalb abgeordnet, um den Gastwirt mit passenden Worten zu versöhnen. Nach seiner Rückkehr berichtet Goebbels: «Ich trat in die Gaststube, wandte mich zum Wirt und sagte nur: ‹Heil Hitler! Der Hund ist tot!› Den Jubel hättet ihr hören sollen!»

Es war dies einer jener Witze, die wegen ihrer drastischen Pointe noch lange im Bewußtsein hafteten, und der Gruß: «Heil Hitler! Der Hund ist tot!» wurde zu einem geflügelten Wort. Noch Wochen danach begrüßten wir uns nicht anders. Den Hitlergruß hatte auch folgender Witz zum Gegenstand:

Hitler besucht die Staatskrankenanstalt Friedrichsberg, die früher die Bezeichnung «Irrenanstalt» trug. Die Patienten sind in geschlossenem Block aufgestellt und begrüßen ihr Staatsoberhaupt infolge langer Instruktion sehr hübsch mit dem deutschen Gruß. Hitler sieht jedoch, daß sich einige Arme nicht zum Gruß erheben. Befremdet fragt er: «Warum grüßen Sie nicht?», worauf ihm geantwortet wird: «Mein Führer, wir sind die Wärter, wir gehören nicht zu den Verrückten!»

Hier wird augenscheinlich, was die meisten derartigen Witze bezweckten: Der unterdrückte Bürger ging gegenüber seinem Herrscher auf geistige Distanz. Er verbannte die nationalsozialistische Idee in das Reich der Verrückten und kam damit der Wahrheit sehr nahe. Besonders in den Kriegsjahren wurde die Konfrontation von geistloser Macht auf der einen und ohnmächtiger Klugheit auf der anderen Seite in der Gestaltung literarischer Flüsterwitze ausgebaut:

Hitler erfährt, daß im Konzentrationslager Theresienstadt ein alter Wunderrabbi sitzt, der prophetische Gaben hat. Sofort läßt er ihn zu sich bringen.
«Wer wird siegen?» fragt er ihn.
«Da muß ich das Münzorakel befragen», antwortet der Rabbi.
«Wie geht das?»
«Wenn die Münze so fällt, daß der Adler oben ist – dann siegt Rußland.»
«Und was ist, wenn der Kopf oben ist?»
«Dann siegt England.»
«Und sonst gibt es keine Möglichkeit?»

«O ja! Die Münze kann auch so fallen, daß sie auf der Kante stehenbleibt.»
«Und was ist dann?»
«Dann siegt Frankreich.»
«Ist das alles?» braust Hitler auf.
«Nein. Vielleicht tut Gott ein Wunder, und die Münze bleibt in der Luft hängen. Dann siegt die Tschechoslowakei.»

Die Bloßstellung des «Führers» und das damit zusammenhängende Lächerlichmachen seines Größenwahns konnte kaum wirkungsvoller geschehen.

Auch ein im Sommer 1940 angesiedelter Flüsterwitz zielt in diese Richtung:

Nach dem Sieg über Frankreich steht Hitler an der Kanalküste und schaut sehnsüchtig zum Kreidefelsen nach Dover hinüber.
«Wie komme ich nur dahin?» fragt er seine Mitarbeiter.
Keiner weiß Rat. Nur Goebbels meldet sich. «Wie sind die Juden durchs Rote Meer gekommen?» fragt er. «Moses hat das Wasser geteilt!»
Hitler schnauzt den Reichsführer SS Himmler an: «Her mit dem Mann!»
Sofort werden alle Konzentrationslager durchgekämmt. Moses wird gefunden und zu Hitler gebracht.
«Wie hast du das Rote Meer geteilt?»
«Mit einem Stab.»
«Her damit! Wo ist der Stab?»
«Im Britischen Museum in London.»

Gesichter und Gelichter

Zu den Eigentümlichkeiten der im Dritten Reich entstandenen politischen Witze gehört, daß sie überwiegend persönlichen Charakter hatten. Der Volksmund nahm die ihm anschaulich gewordenen verhaßten Repräsentanten aufs Korn. Die betreffenden Personen boten sowohl in ihrer äußeren Erscheinung als auch in ihren Lebensgewohnheiten genügend Stoff für satirische Spitzen.

Berücksichtigt man ferner, in welch großem Maße jeder – auch der unpolitische – Witz vom Anschaulichen lebt, ist das Überwiegen personifizierter Attacken nicht verwunderlich.

Und noch etwas ist zu bemerken: Selbst in den Fällen, in denen sich ein Witz gegen die NSDAP oder gegen die Aufrüstung wendet, also sachliche Zielpunkte hat, wird irgendeine Person zu Hilfe genommen, um überhaupt eine Wirkung erzielen zu können.

Der Flüsterwitz hat seine eigenen Gesetze, und vielleicht liegt gerade in seiner Unbekümmertheit – man könnte auch sagen: seiner verblüffenden Vereinfachung – eine große Stärke; denn er sollte jedermann verständlich sein, und das konnte er nur mit knappen, anschaulichen Mitteln.

Eines dieser Mittel war der Angriff auf führende Personen des Regimes.

Der Mächtige

Bereits bei seinen ersten Auftritten sorgte Hitler, der dem unwiderstehlichen Drang verfallen war, sich ständig in der Öffentlichkeit zu produzieren, für angemessene Unterhaltung und bot Stoff für Witzeleien aller Art.

Aus der Frühzeit seiner agitatorischen Tätigkeit möge die «Münchner Post» (Nr. 125) vom 1. Juni 1920 zitiert werden: «Es sprach Herr Adolf Hitler, der sich mehr wie ein Komiker benahm. Sein coupletartiger Vortrag enthielt in jedem dritten Satz den Refrain: Schuld sind die Hebräer!»

Politische Harlekinaden am laufenden Band, dabei ein sich immer mehr vergrößerndes Publikum, das nicht über seine Worte lachte, sondern sie ernst nahm, das alles charakterisierte den Aufstieg jenes Mannes.

Was übrigens seine Reden betrifft, so berühre ich hier eine persönliche Erfahrung. Ich hatte im Jahre 1942 als damals Achtzehnjähriger in der Eisleber Baufirma Rost Flugblätter unter dem Titel «Also sprach Adolf Hitler» verfaßt, das heißt, ich stellte Auszüge aus seinen Reden den Tatsachen gegenüber. Die Blätter verteilte ich unter den Arbeitern und Angestellten. Auch der Betriebsinhaber erhielt ein solches Flugblatt von seinem Sohn, las und verbrannte es, ohne mich anzuzeigen. Solche Betriebsinhaber gab es also auch.

In meinem großelterlichen Hause in Eisleben wurde jede Hitlerrede im Radio aufmerksam – und vor allen Dingen kritisch – verfolgt, und ich erinnere mich beispielsweise, daß mein Großvater, der Fahrsteiger Hellmuth Ecke, als Hitler in seiner Reichstagsrede vom 11. Dezember 1941 spöttisch bemerkte: «Wenn Herr Churchill oder Herr Roosevelt erklären, daß sie später eine neue soziale Ordnung aufbauen wollen, dann ist das ungefähr so, als wenn ein Friseur mit kahlem Kopf ein untrügliches Haarwuchsmittel empfiehlt», hinzufügte: «Jetzt macht er auch noch Witze!»

In der Hauptsache wurden allerdings Witze über Hitler selbst gemacht.

Eine Antwort auf den Gruß «Heil Hitler!» lautete häufig: «Bin ich Psychiater?»

«Warum schreien in Deutschland jetzt alle Leute so laut: ‹Heil Hitler›?» fragte einer. Er erhielt die Auskunft: «Weil sie in Deutschland keinen ‹Guten Tag› mehr kennen.»

In Österreich setzte sich der Hitlergruß nur schwer durch. Insbesondere die Wiener, die bei jeder Gelegenheit betonten, der Nationalsozialismus sei «ka Weltanschauung, sondern a Strapazen», blieben bei ihrer gewohnten Grußform oder formten das Verlangte sinnig um: «Küß d' Hand, gnä' Frau, und a fesches ‹Heil Hitler› an Herrn Gemahl!»

Als Beispiel einer besonders witzigen Persiflierung sei folgende Episode erwähnt:

Eine Berliner Firma schließt ihren Geschäftsbrief an ein Amsterdamer Kaufhaus routinemäßig mit der Floskel: «Mit deutschem Gruß: Heil Hitler!» Der holländische Geschäftspartner schließt sein Antwortschreiben mit folgenden Worten: «Mit holländischem Gruß! Und unsere gute Königin Wilhelmina läßt auch schön grüßen.»

Einem Deutschen, der einen Schweizer mit «Heil Hitler!» begrüßte, antwortete dieser: «Heil Hodler! Wir haben auch einen Maler!»

Ein Jude will seinen Namen ändern lassen.
«Wie heißen Sie denn?»
«Adolf Stinkfuß.»
«Ja – da muß man schon Verständnis haben. Und wie möchten Sie heißen?»
«Moritz Stinkfuß.»

Alle diese Beispiele sind auch heute noch völlig aus sich heraus verständlich. Anders verhält es sich hiermit:

Churchill soll einem Korrespondenten der «Times» erklärt haben, Hitler habe es leicht, den Krieg zu gewinnen, da er nur gegen Betrunkene, Verrückte und Paralytiker zu kämpfen habe, er dagegen habe als Gegner den größten Feldherrn aller Zeiten.

Hier muß man zum näheren Verständnis daran erinnern, daß Hitler die in dem Witz von Churchill herangezogenen Bezeichnungen tatsächlich in den Mund genommen hat, was natürlich, als dieser Witz kursierte, allgemein bekannt war. Der Vollständigkeit halber seien einige Zitate aus seinen Reden wiedergegeben:

«Es wäre schöner, wenn man achtenswerten Kämpfern sich gegenübersähe und nicht diesem Zeug, dieser Fabrikware der Natur.» (15. 3. 1932)

«Unsere Gegner sind kleine Würmchen.» (22. 8. 1939)

«Ich habe im Innern und nach außen nur das Unglück gehabt, gegen lauter Nullen kämpfen zu müssen.» (24. 2. 1940)

«Für mich und meine Mitarbeiter ist es daher oft geradezu eine Beleidigung, uns mit jenen demokratischen Nullen abgeben zu müssen, die selbst noch auf keine einzige wahre große Lebensleistung zurückzublicken in der Lage sind.» (3. 10. 1941)

«Dieser Schwätzer und Trunkenbold Churchill, was hat er wirklich an besonderen Werten geschaffen, dieses verlogene Subjekt, dieser

Faulpelz ersten Ranges?... Und von seinem Spießgesellen im Weißen Haus möchte ich dabei gar nicht reden, denn dieser ist nur ein armseliger Irrer.» (30. 1. 1942)

«Wenn ich einen Gegner von Format hätte, dann könnte ich mir ungefähr ausrechnen, wo er angreift. Wenn man aber militärische Kindsköpfe vor sich hat, da kann man natürlich nicht wissen, wo sie angreifen, es kann ja auch das verrückteste Unternehmen sein. Und das ist das einzig Unangenehme, daß man bei diesen Geisteskranken oder ständig Betrunkenen nie weiß, was sie anstellen werden.» (30. 9. 1942)

Obwohl die unmittelbar Zuhörenden stürmisch applaudierten, hatte sich ein Großteil der Bevölkerung seine eigene Meinung über Hitler gebildet.

> «Was ist der Unterschied zwischen Hitler und einem Leberkranken?» wurde gefragt, und die Antwort lautete: «Der eine ist leberleidend, der andere leider lebend!»

Ein ähnlicher Gedanke lag folgender Anekdote zugrunde:

> Als Hitler im November 1939 kurz vor der Explosion einer Höllenmaschine den Bürgerbräukeller in München verlassen hatte und die Vorsehung gepriesen wurde, die damals und später in so wunderbarer Weise den Führer erhielt, da fand sich an der Attentatsstelle eine Tafel mit der Inschrift: «Dem leider zu früh Heimgegangenen!»

Übrigens verwunderte es allgemein, daß der Attentäter Georg Elser, den man kurz zuvor aus dem KZ entlassen hatte, niemals vor Gericht gestellt wurde – und es tauchte die Vermutung auf, die ganze Sache sei aus propagandistischen Gründen, um wieder einmal die «Vorsehung» in Anspruch zu nehmen, inszeniert worden, zumal Hitlers plötzliche Eile sehr auffällig war. Sei dem, wie es wolle, die Inschrift «Dem leider zu früh Heimgegangenen» war auf alle Fälle treffend.

Auch Hitlers vermutete Paralyse fand Eingang in die Witzerzählungen, was nicht zuletzt dem Umstand zuzuschreiben ist, daß er weithin dafür bekannt war, in Zuständen der Erregung in den Teppich zu beißen. So wird berichtet, daß er beim Aussuchen eines Teppichs für seine Reichskanzlei von der Verkäuferin gefragt wurde: «Wollen der Herr Führer ihn gleich essen oder soll ich ihn einpacken?»

Die ersten Anregungen, mit Hilfe des gesprochenen Wortes Einfluß zu gewinnen, hat Hitler im Jahre 1910 – also noch während seines Aufenthaltes im Wiener Obdachlosenasyl – erhalten.

In dem Film «Der Tunnel» (nach dem gleichnamigen Roman von Bernhard Kellermann) trat ein Volksredner auf, der die arbeitenden Massen durch seine Reden in Aufruhr versetzte. Dieser Film faszinierte Hitler so stark, daß er tagelang von nichts anderem sprach als von der Macht der Rede. Er besorgte sich bald darauf den Roman und berauschte sich an den gewagten Superlativen, vor allem an der Redewendung «aller Zeiten», die zu einem seiner Lieblingsausdrücke werden sollte. So nannte er den Ersten Weltkrieg den «blutigsten Krieg aller Zeiten» (30. 1. 1937), das Winterhilfswerk «größtes soziales Werk aller Zeiten» (5. 10. 1937), den Westwall die «gewaltigste Leistung aller Zeiten» (12. 9. 1938), den Versailler Vertrag den «größten Wortbruch aller Zeiten» (8. 9. 1939), den Fall von Dünkirchen die «größte Schlacht aller Zeiten» (5. 6. 1940), Dr. Todt den «größten Straßenbaumeister aller Zeiten» (12. 2. 1942) und Franklin D. Roosevelt den «größten Kriegsverbrecher aller Zeiten» (13. 4. 1945).

Als Redner Erfolg zu haben war sein Ziel. «Die Macht aber», hatte er in seinem Elaborat «Mein Kampf» geschrieben, «die die großen historischen Lawinen religiöser oder politischer Art ins Rollen brachte, war seit urewig nur die Zauberkraft des gesprochenen Wortes.»

Das erwähnte Buch «Mein Kampf», das jedem Hochzeitspaar vom Standesbeamten als eheliche Pflichtlektüre übergeben wurde, erreichte längst nicht die Wirkung seiner Reden, und es ist bezeichnend, daß er diesem Buch ursprünglich den monströsen Titel «Viereinhalb Jahre Kampf gegen Lüge, Dummheit und Feigheit» vorangestellt hatte, bevor es vom Geschäftsführer des Parteiverlages auf die wirkungsvollere Formulierung «Mein Kampf» reduziert wurde. Aber auch so hatte das Buch keinen Erfolg bei den Lesern, und selbst seine engsten Mitarbeiter gaben zu, sich nicht der Mühe des Lesens unterzogen zu haben. Seitenlange schwülstige Ausführungen, verbunden mit einem wortreichen, langweiligen Stil, gespickt mit falschen und lächerlichen grammatikalischen Konstruktionen, machten das Lesen zur Qual, und der in hohe Auflagen gehende Zwangsvertrieb konnte daran naturgemäß nichts ändern.

Mehr Erfolg hatte Hitler mit dem gesprochenen Wort, das zum wesentlichen Medium seiner Macht werden sollte.

Er war im September 1919 als Reichswehrspitzel zur Deutschen Arbeiterpartei (Vorläufer der NSDAP) gestoßen und sprach einen

Monat später zum erstenmal im Münchner Hofbräuhauskeller. Anfang 1920 wurde er Propagandaleiter der Partei und bekam bei seiner ersten Massenversammlung am 24. Februar 1920 im Festsaal des Hofbräuhauses, als das Parteiprogramm verkündet wurde, nahezu zweitausend Menschen zusammen. Am 29. Juli 1921 wurde er Vorsitzender der NSDAP. Durch seine unaufhörliche rednerische Tätigkeit erlangte er immer größere Popularität, so daß man allmählich die NSDAP mit Hitler identifizierte. Die Partei ohne Hitler war etwas Undenkbares geworden.

Zur Erklärung dieser Erscheinung mag ein Zeitgenosse zitiert werden, der nach seinen eigenen Worten allein durch Hitlers Redekraft (!) zum Parteigänger und schließlich Mitverbrecher wurde: «Er war der einmalige deutsche Volksredner... Er sprach über zweieinhalb Stunden, oft von geradezu frenetischen Beifallsstürmen unterbrochen – und man hätte ihm weiter, immer weiter zuhören können... Am Schluß wollte der Beifall schier kein Ende nehmen... Von diesem Abend an war ich, auch ohne Parteimitglied zu sein, überzeugt, daß, wenn überhaupt noch ein Mann, Hitler allein imstande sein würde, das deutsche Schicksal zu meistern... Ich glaube wohl, daß es für alle, die in der Kampfzeit bis 1933 Adolf Hitler nicht selbst gehört haben, schwer ist, sich die unwiderstehliche Kraft seiner Rede vorzustellen.»

Diese Worte – in der Nürnberger Todeszelle von dem berüchtigten Hans Frank als Rechtfertigung geschrieben – geben sicherlich etwas von dem Fluidum wieder, das die erwähnten Veranstaltungen kennzeichnete, und eine persönliche Erinnerung möge die zitierte Passage ergänzen: Es war kurz vor Weihnachten 1932, ich hatte mit meiner Großmutter eine kleine Eisleber Bäckerei betreten, als die Inhaberin ausrief: «Vorgestern haben Sie etwas verpaßt! Wir waren in Halle, da hat Hitler gesprochen! Also das hätten Sie erleben sollen!» Und nun ließ sie ihrer Begeisterung freien Lauf, schilderte überschwenglich ihre Eindrücke – und das alles, obwohl sie ansonsten völlig unpolitisch und eine biedere, angesehene Geschäftsfrau war. Irgendwie mußte das mit der erwähnten Suggestivkraft der «Führerreden» zusammenhängen.

Aber Hitlers Redegabe allein hätte nichts genützt, wenn ihm nicht als zweiter Aktivposten die chaotischen Verhältnisse im damaligen Deutschland zur Seite gestanden hätten. Die hohe Arbeitslosenquote, die politische Labilität der Massen, das innen- und außenpolitische Chaos – alles dies trug dazu bei, einem unbekannten Agitator Gehör zu verschaffen, zumal dieser mit Kraftworten wie «vernichten», «Gewalt», «rücksichtslos», «Haß» und ähnlichen um sich warf, diese auch noch ständig wiederholte und damit an die primitivsten Regungen appellierte.

«Wenn wir ans Ruder kommen, dann werden wir wie die Büffel vorgehen!» hatte er am 27. April 1920 ausgerufen, «der germanische Wille werde den Kopf des Juden schon zerschellen» am 11. Juni und «Lieber sind mir 100 Neger im Saal als ein Jude!» am 24. November desselben Jahres. Das Vulgäre seiner Ausdrucksweise verschaffte ihm immer mehr Zulauf, zumal er sich die demagogische Weisheit zunutze machte, daß nichts erfolgreicher sei, als eine Behauptung ohne Begründung zu verkünden und diese konsequent zu wiederholen, da das Wiederholte sich so sehr in den Köpfen befestige, daß es schließlich als eine bewiesene Tatsache angenommen werde.

Das Mittel der Wiederholung wandte Hitler bei ganzen Passagen seiner Reden an: so beispielsweise in den Einleitungen, die zumeist eine weitschweifige «Parteierzählung» enthielten. In diesem ersten Teil seiner Reden sprach er langsam und gemessen, seine Stimme willkürlich tief ansetzend (meistens mit der Floskel beginnend: «Wenn ich heute auf die vierzehn Jahre unseres Kampfes zurückblicke...»), um dann im zweiten Teil ein immer schnelleres Tempo anzuschlagen und sich auch in der Tonart förmlich in eine Ekstase hineinzusteigern.

Wie sehr diese Art seiner Redetechnik bereits in damaliger Zeit von einem Teil der Bevölkerung kritisch betrachtet und glossiert wurde, belegt folgender Witz:

> Hitler muß operiert werden. Während der Narkotisierung brüllt er bei «vierzehn» in üblicher Manier los («Vierzehn Jahre haben wir die Schmach getragen!» usw.). Da blickt der Arzt die Schwester bedeutsam an und sagt: «Schwester, ich gehe jetzt zum Mittagessen. In zwei Stunden bin ich wieder zurück, vorher dürfte der Mann doch nicht fertig werden.»

Übrigens war es bei der in allen Einzelheiten vorausberechneten, auf Wirkung bedachten Redemethodik selbstverständlich, daß Hitler keine Zwischenrufe duldete. Sie hätten ihn aus dem Konzept und um einen Teil seiner Wirkung gebracht. Nach seinen eigenen Angaben hatte die SA am Anfang nur die Aufgabe, Zwischenrufer niederzuschlagen oder gewaltsam zu entfernen. Auch eine Diskussion duldete er nicht, wobei er wieder auf psychologische Erkenntnisse zurückging, daß nämlich ein diskutierter Nimbus kein Nimbus mehr sei. Im ganzen legte Hitler ein selbstherrliches, die Massen verachtendes Benehmen an den Tag und hatte damit großen Erfolg.

Er sprach – von wenigen Ausnahmen abgesehen – frei. Grundsatz: Das geschriebene Wort ist für das Auge, das gesprochene für das Ohr. Auch über den Rundfunk – also ohne gesehen zu werden – erzielte er Wirkung. Man kann sogar davon ausgehen, daß die Massenwirkung über den Rundfunk noch stärker war, da Hitler das weit empfindsamere Ohr ansprach und der bildhaften Phantasie freien Raum ließ. Die Propagierung des «Volksempfängers» gleich nach Hitlers Machtantritt erfolgte ausdrücklich mit dem Hinweis, daß die Stimme des Führers nun in jede Wohnung dringen könne.

Über das Radio sprach er jetzt nicht mehr nur zu Tausenden, sondern zu Millionen. Das Volk wurde von einer Hitlerrede zur anderen in Bewegung gehalten und mußte sich an seinen Ausführungen orientieren. Was der Führer sagte, wurde zur allgemeinen Richtschnur. Er stand über dem Gesetz.

«Mein Führer!» hatte sein Stellvertreter Rudolf Heß auf dem Reichsparteitag 1934 ausgerufen. «Sie sind Deutschland! Wenn Sie handeln, handelt die Nation. Wenn Sie richten, richtet das Volk!» Und auf der Jahrestagung der Akademie für Deutsches Recht 1935 hatte Hans Frank in Anwesenheit Hitlers erklärt, daß «zum ersten Mal in der Geschichte der Nation die *Liebe zum Führer* zu einem *Rechtsbegriff* geworden» sei.

Bei den Rundfunkübertragungen wurden in Schulen und Betrieben geradezu theatralische Possen veranstaltet. In unserem Eisleber Gymnasium, das den Namen «Staatliche Lutherschule» trug, wurden zu jeder Führerrede alle Schüler in der Aula versammelt, auf der Bühne nahm das Lehrerkollegium Platz, drei in SA-Uniform, einer in der Uniform eines Hauptmannes, die meisten mit Parteiabzeichen, und – nicht zu vergessen – der «Kreisbeauftragte des Rassenpolitischen Amtes», ein verkrüppelter Studienrat mit umgehängtem Ehrendolch, sie alle waren während der gesamten Rede den Blicken der Schüler ausgesetzt und dadurch gezwungen, durch entsprechendes Mienenspiel ihre Zustimmung zu den Worten des «Führers» zu bekunden. Seitlich saß der Direktor, ein «alter Kämpfer», der das Mienenspiel seiner Untergebenen kontrollierte. Und wehe, ein alter Studienrat hätte nach zwei oder drei Stunden den Versuch gemacht, ein bißchen einzunicken! Da wäre ein Raunen durch die Reihen der Schüler gegangen, und der Direktor hätte den Missetäter nach Schluß der Rede unbarmherzig zur Verantwortung gezogen.

Ähnlich spielte sich die Sache in den Betrieben ab, wobei jedoch gesagt werden muß, daß trotz der zur satirischen Betrachtung verleitenden Begleitumstände der von den Nationalsozialisten beabsichtigte Erfolg solcher Rundfunkübertragungen nicht geschmälert wurde. Was uns heute in der Rückschau unverständlich vorkommt, erschien damals keineswegs kritikwürdig, vielmehr übten Hitlers Worte eine magische Kraft aus, und es gab zahlreiche Frauen, die seufzend bemerkten: «Wenn ich diesem Manne einmal begegnen könnte!»

Die Vorstellung des nationalsozialistischen Publizisten Dietrich Eckart von einem künftigen Diktator («Er muß ein Junggeselle sein, dann kriegen wir die Weiber!») schien sich hier zu bewahrheiten.

Victor Klemperer hat in seinem Buch «LTI» darauf hingewiesen, daß Hitler zwei Tonarten bevorzugte, zwischen denen er immer wechselte: salbungsvoll oder höhnisch. Das Salbungsvolle nahm zuweilen den Charakter biblischer Zitate an, und er nahm – um als getaufter Katholik (später empfand er sich nicht mehr als solcher) den evangelischen Christen zu imponieren – häufig Zuflucht zur Doxologie, zum Beispiel am Schluß seiner Rede vom 10. Februar 1933: «Das ist mein Glaube: Es wird wieder auferstehen ein neues Deutsches Reich der Größe, der Ehre, der Kraft und der Herrlichkeit und der Gerechtigkeit! Amen!» Dieses von einem politischen Scharlatan ausgerufene «Amen!» hätte eigentlich die Kirche empören müssen, aber dem war nicht so, was Hitler zu weiteren salbungsvollen Tiraden anspornte:

«Das Bibelwort, das den Heißen oder Kalten anerkennt, den Lauen aber zum Ausspeien verdammt, sehen wir in unserem Volke in Erfüllung gehen.» (1. 1. 1932)

«Herr, wir lassen nicht von Dir! Nun segne unseren Kampf um unsere Freiheit und damit unser deutsches Volk und Vaterland!» (2. 5. 1933)

«So wie ich der Eure bin, so seid Ihr die Meinen!» (7. 5. 1933)

«Alles, was ihr seid, seid ihr durch mich, und alles, was ich bin, bin ich durch euch allein!» (30. 1. 1936)

«Aus dem Volke bin ich gewachsen, im Volke bin ich geblieben, zum Volk kehre ich zurück!» (20. 3. 1936)

«Ihr habt einst die Stimme eines Mannes vernommen, und sie schlug an eure Herzen, sie hat euch geweckt, und ihr seid dieser Stimme gefolgt!» (11. 9. 1936)

«Das ist das Wunder unserer Zeit, daß ihr mich gefunden habt unter so vielen Millionen! Und daß ich euch gefunden habe, das ist Deutschlands Glück!» (13.9.1936)

Alle diese Redewendungen – und noch unzählige andere – gehen auf bekannte Bibelworte zurück, und Hitler machte der Bezeichnung «Nazi-Feldprediger», die ihm die sozialdemokratische Presse seit Jahren beigelegt hatte, wahrhaftig alle Ehre. Aber es war ein gut vorbereitetes Feld, das er bebaute: Die christliche Erziehung wirkte nach, Religion war erstes Fach in den Schulen, und die Bibelsprache war eine Sprache, die die Menschen verstanden. Hitler hielt sich ohnehin nicht lange damit auf, aber ein paar Wendungen genügten – und die Herzen hatten sich ihm geöffnet. Sie waren aufnahmebereit für den Hohn und Spott, der das Salbungsvolle ablöste, um dann – meist am Schluß seiner Rede – wieder von diesem verdrängt zu werden. Heiße und kalte Wechselbäder, darin lag seine eigentliche Rhetorik, die nach Klemperer gerade deshalb so ungeheure Wirkung tun mußte, weil sie mit der Virulenz einer erstmalig auftretenden Seuche auf eine bisher von ihr verschonte Sprache eindrang, weil sie im Kern so undeutsch war wie der den italienischen Faschisten nachgeahmte Gruß, die nachgeahmte Uniform (das Schwarzhemd durch ein Braunhemd zu ersetzen, ist keine sehr originelle Erfindung), wie der gesamte dekorative Schmuck der Massenveranstaltungen, und angesichts all dessen ist jener Witz verständlich, der seinerzeit aufkam und kurz und bündig lautete:

Was ist paradox? – Wenn ein Österreicher
mit italienischem Gruß und amerikanischer Uniform
deutscher Reichskanzler wird!

Wenn ich mir heute, im Abstand von über fünfzig Jahren, die Frage vorlege, was eigentlich für die Masse des deutschen Volkes an Hitlers Redeweise so anziehend war, so komme ich immer wieder zu der Vermutung zurück, daß wohl entscheidend für diese Faszination das Fremdartige, sozusagen Exotische in seinem Tonfall gewesen sein muß. Er sprach einen bajuwarischen Akzent und oft, wie Thomas Mann kritisierte, ein verballhorntes Deutsch – und das reizte die Massen mehr, als es sie abstieß. Selbst wenn sich seine Stimme hysterisch überschlug, nahmen die Zuhörer daran keinen Anstoß. «Niemand hat ihm widerstanden. Ich auch nicht. Man kann ihm nicht widerstehen», sagte nach Auskunft Klemperers ein Münchner Jude (!), ohne einen Grund hierfür nennen zu können.

Genau besehen war das, was Hitler sagte, einfach, wenn nicht gar primitiv. Kriegsschuldlüge, Versailler Schandvertrag, deutsche Wiedergeburt, jüdisch-bolschewistische Gefahr, Volk ohne Raum und immer wieder Kampf, Kampf, Kampf – das waren, auf einen Nenner gebracht, seine Reden, die er – den Anlässen entsprechend – variierte. Allerdings muß ihm bescheinigt werden, daß er es verstand, in seine Reden humorige Passagen einzufügen, die von den Zuhörern begierig und mit Gelächter aufgenommen wurden. Wenn er beispielsweise am 8. November 1940 im Münchner Löwenbräukeller erklärte, daß sich sein sogenannter autoritärer Staat von den Demokratien dadurch unterscheide, daß er die «Massen des Volkes hinter sich» habe, so löste dies, wie die Zeitungen bestätigten, «schallende Heiterkeit» aus.

Allerdings wurde ein solches Gelächter – anders als beim Hören politischer Witze – nicht vom Volksgerichtshof geahndet.

Im übrigen war der Witz Hitlers, soweit er sich in seinen Reden offenbarte, stets ein zynischer, den Gegner verunglimpfender, der nicht einmal vor ehemaligen Vertragspartnern haltmachte. Den Mitunterzeichner des Münchner Abkommens, Arthur Neville Chamberlain, den er bereits am 26. Oktober 1938 auf dem Marktplatz von Znaim mit den Worten brüskiert hatte: «Heute kann ich es offen aussprechen: Am 2. Oktober, morgens 8 Uhr, wären wir hier einmarschiert, so oder so», verspottete er am 6. November 1938 auf dem Gautag der thüringischen Nationalsozialisten in Weimar als «Regenschirmtyp», was von den Versammlungsteilnehmern mit frenetischem Beifall und Gelächter quittiert wurde.

Im selben Jahr traten überall mit Parteiabzeichen dekorierte Conférenciers auf, die in zynischer Art und Weise ihre politischen Kommentare abgaben. So gab der Kabarettist Kurt Wallner unter den Augen der offiziellen Filmkamera folgende Floskeln von sich:

«Um mal wieder über die Musik zu sprechen: Ich freue mich eigentlich, daß es heute alles so wunderbar im *Takt* geht, nicht wahr? Wenn es auch hier und da immer mal so etliche *Querpfeifer* bei uns gibt – und vielleicht auch mal solche, die gern einmal wieder die *Zentrummel* rühren möchten, sogenannte *Devisenmusikanten* –, ach, da machen wir wenig Federlesen, die kommen zu ihrer weiteren *Aus*bildung in ein *Konzert*lager, wo man ihnen dann so lange die *Flötentöne* beibringt, bis sie sich an eine *takt*volle Mitarbeit gewöhnt haben.»

Wie dieses Beispiel zeigt, herrschte an gewissenlosen «geistigen Mitstreitern» auf seiten der Nationalsozialisten kein Mangel.

Mit besonders bissigen Worten machte sich Hitler über rechtsstaatliche Prinzipien lustig. Der «ganze Schwindel von Schöffen» müsse beseitigt werden, und er wolle «ein für allemal einen Riegel vorschieben, daß ein Richter sich vor der Verantwortung für seine Entscheidung mit der Ausrede herumdrücke, daß die Schöffen ihn überstimmt hätten». Am 10. Dezember 1940 rief er vor Arbeitern eines Berliner Rüstungswerkes aus: «Ich bin nicht einmal Jurist, bedenken Sie, was das heißt! Und ich bin trotzdem Ihr Führer!» Demzufolge sah er sich veranlaßt, ergangene Urteile zu revidieren, wozu ihn der «Großdeutsche Reichstag» durch Beschluß vom 26. April 1942 sogar ermächtigte.

Es klingt heute unglaublich, aber selbst so entsetzliche Einrichtungen wie die Konzentrationslager wurden – und das obige Beispiel des NS-Moderators brachte bereits einen Vorgeschmack – Gegenstand spöttischer Bemerkungen. Hitlers Hinweis in seiner Rede am 30. Januar 1940 auf die Einrichtung von KZs durch die Engländer im Burenkrieg fand beifälliges Gelächter: «Damals wurde das Konzentrationslager erfunden. In einem englischen Gehirn ist die Idee geboren worden. Wir haben nur im Lexikon nachgelesen und haben das dann später kopiert.»

Angesichts derartiger Äußerungen ist es begreiflich, daß Bürger, die ihren gesunden Menschenverstand bewahrt hatten, zu Hitler auf Distanz gingen. Nicht zu Unrecht mißtraute er den sogenannten Intellektuellen, die in seinem Bewußtsein einen besonderen Platz einzunehmen schienen. Aufschlußreich ist eine Passage aus seiner Geheimrede vor der deutschen Presse am 10. November 1938: «Wenn ich so die intellektuellen Schichten bei uns ansehe – leider, man braucht sie ja, sonst könnte man sie eines Tages ja, ich weiß nicht, ausrotten oder so was – aber man braucht sie leider. Wenn ich mir also diese intellektuellen Schichten ansehe und mir nun ihr Verhalten vorstelle und es überprüfe, mir gegenüber, unserer Arbeit gegenüber, dann wird mir fast angst.»

Am 21. November 1937 gab er während einer Rede in Augsburg eine Definition der im Dritten Reich zugelassenen Kritik: «Wir haben auch Kritik, nur kritisieren bei uns die Vorgesetzten die Untergebenen und nicht die Untergebenen die Vorgesetzten!»

Und um jede Kritik an ihm selbst von vornherein zu unterbinden, bevorzugte er es, vermeintliche Tugenden besonders herauszukehren, was zuweilen – zum Beispiel in seiner Rede am 4. September 1940 im Berliner Sportpalast – seltsame Blüten trieb: «Wenn es England nicht gefällt, dann wird die Kaffee-Einfuhr einfach gesperrt. Mich persönlich berührt das gar nicht. Ich trinke keinen.»

Makaber mutet es an, wenn man darauf hinweisen muß, daß Hitler seinen Zynismus wiederholt auf die von ihm unterdrückten Juden ergoß, um billiges Gelächter zu ernten. So erklärte er am 30. Januar 1940: «Ich kann nur sagen: Es ist nicht gut, wenn man seine Kriegsberichte und besonders seine Rundfunkansprachen von Angehörigen eines Volkes halten läßt, das seit einigen tausend Jahren nicht mehr gekämpft hat; denn der letzte nachweisbare Kampf der Makkabäer scheint allmählich doch seinen militärischen erzieherischen Wert verloren zu haben.» Und am 24. Februar fügte er hinzu: «Wir kennen die Herren, wir kennen vor allem ihre Ratgeber. Die kennen wir ganz genau, weil sie zum Teil noch vor acht Jahren hier bei uns waren. Wir hören das am Dialekt ihrer Aussprache. Sie sprechen ein ebenso komisches Deutsch, wie sie wahrscheinlich auch ein komisches Englisch reden.»

Den Gipfel spöttischer Auslassungen erklomm er in seiner Sportpalastrede am 4. September 1940: «Diese Schwätzereien des Mr. Churchill oder des Mr. Eden – vom alten Chamberlain zu reden, verbietet einem die Pietät –, diese Schwätzereien lassen das deutsche Volk ganz kalt oder bewegen es höchstens zum Lachen. Es gibt in unserer hochdeutschen Sprache für eine Erscheinung wie Duff Cooper kein passendes Wort. Da muß man schon zur Mundart greifen, und hier ist nur im Bayrischen ein Wort geprägt, das so einen Mann charakterisiert: Krampfhenne!»

Das war der «Humor von oben», der im Gegensatz zum «Humor von unten» stand, den der politische Flüsterwitz repräsentierte.

Es sei jedoch noch auf den «unfreiwilligen Witz» hingewiesen, den Hitler mit ernstgemeinten Großsprechereien lieferte, die sich sehr bald als lahme Enten entpuppten. Wie bereits erwähnt, waren sie seinerzeit Gegenstand meines Flugblattes, und es seien hier nur einige Äußerungen wiedergegeben:

«Jeder Fußbreit deutscher Erde, auf dem erst einmal die Flagge des Deutschen Reiches eingerammt ist, bleibt ewig deutsch!» (6. Oktober 1938 in Rumburg)

«Wenn Sie mich fragen: ‹Führer, wie lange wird der Krieg dauern?›, so kann ich Ihnen nur etwas sagen: so lange, bis wir gesiegt haben! Unter allen Umständen!» (29. April 1941 vor 9000 Offiziersanwärtern im Berliner Sportpalast)

«Ich spreche das hier heute aus, weil ich es heute sagen darf, daß dieser Gegner bereits gebrochen ist und sich nie mehr erheben wird!» (3. Oktober 1941 im Berliner Sportpalast)

«Der Krieg kann dauern, solange er will – das letzte Bataillon aber auf diesem Feld wird ein deutsches sein!» (8. November 1941 in München)

«Sie können der Überzeugung sein, daß uns kein Mensch von dieser Stelle mehr wegbringen wird!» (30. September 1942 über Stalingrad)

«Immer neue Divisionen sind im Anrollen begriffen. Unbekannte, einzigartig dastehende Waffen befinden sich auf dem Weg zu euren Fronten!» (Proklamation vom 19. Februar 1943)

«Einmal hieß es, daß der Krieg aus sein würde, ehe noch die Blätter fallen, das andere Mal wieder, daß Deutschland vor der Kapitulation stünde, ehe der neue Winter gekommen sein würde ... Jetzt erklärt man vorsichtigerweise, es sei der August. Im Juli wird man sicher wieder vom Winter 1946 reden, außer es findet unterdes der Krieg tatsächlich sein Ende, und zwar nicht durch die deutsche Kapitulation, denn diese wird nie kommen, sondern durch den deutschen Sieg!» (Neujahrsaufruf vom 1. Januar 1945)

Weniger die Tatsache, was hier ein Größenwahnsinniger von sich gab, dürfte in der Rückschau von heute bemerkenswert sein, als vielmehr das schier unbegreifliche Phänomen, daß Millionen Deutsche diesen Mann vergötterten und seinen Worten bis zum letzten Moment unbedingten Glauben schenkten.

Die Einstellung der Österreicher zu Hitler war in den ersten Jahren nach dem Anschluß eine ähnliche. In Linz und Wien hatte man ihm im März 1938 einen triumphalen Empfang bereitet, und bei der Abstimmung am 10. April 1938 lag der Prozentsatz der Jastimmen im ehemaligen Österreich höher als im sogenannten Altreich.

Nicht ohne Grund wurde er von vielen als alter Freund angesehen; denn eigentlich war Hitler Österreicher und hatte nur durch einen geschickten Schachzug – er war am 25. Februar 1932 von der braunschweigischen Regierung zum Regierungsrat an der braunschweigischen Gesandtschaft in Berlin ernannt worden – die deutsche Staatsbürgerschaft erlangt. Auch mag bei zahlreichen Enthusiasten das Gefühl mitgespielt haben, daß die alldeutsche Idee aus Österreich stammte und das Wort «nationalsozialistisch» eine österreichische Erfindung war: Die 1904 gegründete Deutsche Arbeiterpartei in Österreich nannte sich seit dem 11. Mai 1918 «Deutsche Nationalsozialistische Arbeiterpartei Österreichs». Nach diesem Vorbild wurde auf Betreiben der «Thule», eines alldeutschen Geheimbundes, am 5. Januar

1919 von dem Werkzeugausgeber Anton Drexler die «Deutsche Arbeiterpartei» (ab 1920 NSDAP) in München gegründet.

Es waren also sowohl persönliche als auch sachliche Umstände, die der nationalsozialistischen Anschlußpolitik entgegenkamen; sie wurden noch bereichert durch religiös-mythische Beteuerungen wie die aus Hitlers Rede am 9. April 1938 in der Halle des Wiener Nordwestbahnhofs: «Ich glaube, daß es auch Gottes Wille war, von hier einen Knaben in das Reich zu schicken, ihn groß werden zu lassen, ihn zum Führer der Nation zu erheben, um es ihm zu ermöglichen, seine Heimat in das Reich hineinzuführen. Es gibt eine höhere Bestimmung, und wir alle sind nichts anderes als ihre Werkzeuge.»

Der Wahn, von der Vorsehung auserkoren worden zu sein, hat ihn nie verlassen und mußte zur Rechtfertigung von Millionen Opfern herhalten.

Zur Ehre der Österreicher und besonders der Wiener muß jedoch gesagt werden, daß der Rausch aus dem Jahre 1938 bald verflogen war, und in den Jahren nach der Schlacht von Stalingrad gab es nur noch wenige, die sich für Hitler begeisterten. Wien war eine Hochburg des Flüsterwitzes geworden, und die Vorliebe der Wiener für die Musik ließ politische Schlagerparodien in großer Zahl aus dem Boden sprießen. Eine davon lernte ich kennen, als ich durch Vermittlung des bereits genannten Musikprofessors in die Familie des Schauspielers Rolf Karg am Wiener Opernring eingeführt wurde, wo in einem kleinen Kreis humanistisch gesinnter Freunde die später sehr oft zu hörende politische Fassung des bekannten Schlagers «Heut' kommen d' Engerln auf Urlaub nach Wean» ertönte:

Original	*Parodie*
Heut' kommen d' Engerln	Heut' kommen d' Piefkes
auf Urlaub nach Wean,	auf Urlaub nach Wean,
denn dort warn's z' Haus,	da fühl'ns sich z' Haus,
drum hab'ns d' Weanastadt gern,	drum hab'ns d' Weanastadt gern,
hör'n dann die Schrammeln	fressen die Schnitzeln
und singen dazua,	und saufen dazua,
d' Leuteln beim Weinderl	reißen noch 's Maul auf
die kriag'n gar net gnua.	und kriag'n gar net gnua!
Hinter a Bam	Hinter a Bam
steht Gott Amor und lacht,	steht der Hermann und lacht:
viel wird er anstell'n	«Adolf, dös hast
in Wean heute nacht.	wieder prima g'macht!»
Der Petrus im Himmel	Der Petrus im Himmel

schaut runter auf Wien.
Weanaleut', Weanafreud',
da liegt was drin!

schaut runter und flennt:
«Weanaleut', Weanaleut',
euch hab'ns derrennt!»

In Wien selbst war eine besondere Art der Verspottung Hitlers aufgekommen, die unter ausländischen Fremdarbeitern – vor allem aber unter griechischen Studenten – betrieben wurde: Man begrüßte sich nämlich mit dem Hitlergruß! Äußerlich von anderen nicht unterscheidbar, gaben jedoch Tonfall und Mimik diesem Gruß eine spöttische Bedeutung und reihten ihn ein in die Vielfalt konspirativer Tätigkeit.

Zu jener Zeit kam eine Anekdote über einen Arbeiter aus der Leopoldstadt in Umlauf:

> Als der Arbeiter auf der Straße in einem bestimmten Häufchen ausglitt, riß er sofort die rechte Hand hoch und brüllte «Heil Hitler!» – «Bist narrisch?» fragte sein Begleiter, «'s ist doch ka Mensch in der Näh'!» – «I richt' mich nach der Vorschrift, die jetzt überall hier hängt», erwiderte der Arbeiter und zitierte:
> «Trittst du in ein Geschäft hinein,
> so soll dein Gruß ‹Heil Hitler!› sein.»

Im übrigen hatte der im Verlauf des Krieges immer geläufiger gewordene Ausdruck «Piefke», der auch in der oben erwähnten Parodie vorkam, einen ganz konkreten historischen Ursprung: Piefke hieß jener preußische Musikmeister, der 1864 nach der Erstürmung der Düppeler Schanzen den «Düppeler Sturmmarsch» komponiert hatte. Preußen und Österreich kämpften damals gemeinsam gegen die Dänen. Als zwei Jahre später die Preußen bei Königgrätz die Österreicher schlugen und damit im Deutschen Reich Vormacht wurden, war Piefke im österreichischen Heer zum Schimpfwort auf die preußischen Soldaten geworden. Später wurde der Ausdruck verallgemeinert, und die Österreicher bezeichneten im Zweiten Weltkrieg die sogenannten Altreichler als Piefkes.

«Die Piefkes kommen herein und fressen die Ganseln und Hendeln auf und machen sich groß», hatte eine Salzburger Kellnerin gesagt und wurde hierfür zu einem Jahr Gefängnis verurteilt.

Die Musiklehrerin Leopoldine Wrazek aus St. Pölten erhielt für die Bemerkung «Die Preußen sind Piefkes» eine Gefängnisstrafe von acht Monaten.

Die Hakenkreuzfahne wurde als «Symbol der Piefkes» bezeichnet, und der Straßenbahner Franz Obdrzalek vom Bahnhof Hernals war es, dem es gelang, die Hitlerjustiz in Bewegung zu setzen, nicht indem er diese Fahne herunterriß, sondern indem er sie hißte! Sein Delikt: «Verächtlichmachung der Staatsflagge, begangen durch Anbringung zweier Hakenkreuzfähnchen als Vogelscheuche in seinem Schrebergarten.» Am 8. Juni 1943 erfolgte Anzeige gemäß § 2 des Heimtückegesetzes, und der schwejkhafte Straßenbahner gab zu Protokoll, er habe sich bei der «Tat» nichts gedacht, er habe einfach eine Vogelscheuche gebaut, um einige Kirschen für seine kranke Frau vor den Vögeln zu retten. Mit dieser Taktik erreichte er es, daß das Verfahren mit einer Geldbuße von 30 RM abgeschlossen wurde.

Eine besondere Eulenspiegelei leistete sich der Präsident der Reichspostdirektion Wien mit einem Rundschreiben vom 22. Oktober 1938 «an alle Postämter der I. und II. Klasse des Direktionsbereichs», das wegen seiner ausdrücklichen Bezugnahme auf die Person Hitlers hier wörtlich wiedergegeben werden soll:

> *Vertraulich!*
> Es ist kürzlich vorgekommen, daß eine in Mauer bei Wien aufgegebene Postkarte an den Führer und Reichskanzler bis nach Berchtesgaden befördert wurde, obwohl Inhalt und *Anschrift* gemeine Beschimpfungen aufwiesen. Die Beschimpfungen waren derart offensichtlich und auffällig, daß sie nicht übersehen werden konnten. Um so beschämender ist es, daß eine ganze Reihe von Bediensteten der Deutschen Reichspost, die mit der Karte Befassung hatten (Stempeldienst, Abfertigungsdienst, Bahnpostdienst usw.), die Karte unbeanstandet weiterleitete, anstatt sie sofort aus dem Verkehr zu ziehen.
> Ich weise Sie an, die in Betracht kommenden Bediensteten Ihres Amts zu beauftragen, alle Sendungen an den Führer und leitende Persönlichkeiten der Partei und des Staates, deren Außenseite oder sichtbarer Inhalt derartige Beleidigungen enthält, zuverlässig sofort aus dem Verkehr zu ziehen und der RPD Wien (zu Handen des PK Dr. Hajek) vorzulegen. Es muß unter allen Umständen vermieden werden, daß sich derartige beschämende Vorfälle wiederholen.
> Mit der Leitung der Reichspostdirektion beauftragt: Ing. Hille

Man könnte dieses Schreiben den Witzen über Hitler zuordnen, wenn es nicht authentisch verbürgt wäre.

In Wien erzählte man sich 1943 folgenden Witz:

> Hitler ist mit einem Sonderzug unterwegs. Auf einer kleinen Station gibt es eine Riesenaufregung, weil der Zug wegen eines Gleisschadens halten muß. Der Fahrdienstleiter wurde sofort von der Gestapo verhaftet; denn er hatte auf dem Bahnsteig mit voller Stimmstärke gerufen: «Bitte zurücktreten!»

Besonders entzündete sich der Volkswitz an Hitlers angeblich vielseitigen Fähigkeiten. Er baute das Haus der Künste in München und befehligte das Kunstschaffen in Deutschland, hieß es, weil er in seiner Jugend einmal gemalt hatte. Er schwang sich zum Oberbefehlshaber der Wehrmacht auf, weil er einmal Gefreiter gewesen war. Als in einer Gesellschaft diese Zusammenhänge erörtert wurden, meinte Furtwängler: «Wie danke ich dem Himmel, daß der Führer nicht in seiner Jugend einmal Mundharmonika gespielt hat!»

Anteil an der Gloriole, in die Hitler gehüllt wurde, hatte vor allem Goebbels, der am 20. April 1942 erklärt hatte: «Wenn der Führer spricht, ist das wie Gottesdienst!» Solche Bekundungen bestärkten Hitler in seinem Sendungsbewußtsein, und er pflegte des öfteren zu sagen: «Was für ein Glück für die Regierenden, daß die Menschen nicht denken!»

Letzteres traf jedoch nicht auf alle zu, und gerade die Witze über den «unfehlbaren» Führer widerlegen diese Feststellung.

> Als er eine Melodie falsch pfiff, wurde er aus seiner Umgebung darauf aufmerksam gemacht. «Nicht ich pfeife verkehrt», erwiderte Hitler, «sondern der Komponist hat hier einen Schnitzer gemacht.»

> Als sein Leibphotograph Heinrich Hoffmann ihn mit dem Terrier Eva Brauns photographierte, meinte Hitler: «Sie dürfen den Schnappschuß nicht veröffentlichen, Hoffmann. Ein Staatsmann gestattet es sich nicht, mit einem kleinen Hund photographiert zu werden.»

> Als Göring fortwährend rauchte, versuchte ihn Hitler mit der Begründung abzuhalten, daß man ja auch als Denkmal nicht «mit einer Zigarre im Mund» dargestellt werden könne.

Alle diese Witze – teilweise in Form von Anekdoten – wurden natürlich stets «unter vorgehaltener Hand» weitergegeben, und dennoch gelang es hin und wieder, das Hitlerregime in aller Öffentlichkeit lächerlich zu machen, und zwar durch Inserate, die in ihrer maßlosen Übertreibung einen raffinierten, allerdings nicht jedermann erkennbaren (sonst wären sie nicht gedruckt worden) Angriff auf das nationalsozialistische System darstellten. Als Beispiel sei ein 1935 veröffentlichtes Inserat aus den «Münchener Neuesten Nachrichten» (Nr. 169) zitiert:

52jähriger, rein arischer Arzt,
Tannenbergkämpfer, mit Siedlungsabsicht,
wünscht männliche Nachkommenschaft
durch standesamtliche Ehe
mit gesundem, altarisch, jungfräulich jungem,
anspruchslosem, auch für grobe Arbeit geeignetem,
wirtschaftlichem Weibe mit breiten Absätzen,
ohne Ohrringe, möglichst ohne Vermögen,
Vermittler abgelehnt, Verschwiegenheit zugesichert.
Briefe unter AEH 151 094 an die M. Neust. N.

Daß diese Satire gedruckt wurde, zeugt zum einen von der bornierten Ahnungslosigkeit der Redakteure, zum andern von einer besonderen Wendigkeit des Autors, der die lächerlichen Floskeln so formulierte, daß man ihm nichts anhaben konnte.

Die meisten – zum Teil in ziemlicher Offenheit – gegen Hitler gerichteten Äußerungen erlebte ich in Wien nach den Ereignissen des 20. Juli 1944. Allenthalben wurde bedauert, daß das Attentat mißlungen war, und als wir in der Wohnung Rolf Kargs die angeschlagene Stimme des «Führers» im Radio hörten («Eine ganz kleine Gruppe ehrgeiziger, gewissenloser und zugleich verbrecherischer, dummer Offiziere hat ein Komplott geschmiedet, um mich zu beseitigen ...»), da wußten wir, daß trotz des Fehlschlags das Ende nicht mehr weit war.

Zu den ihn umgebenden «Nullen», «kleinen Würmchen», «Trunkenbolden» und «armseligen Irren» hatten sich nun noch «gewissenlose» und «dumme» Offiziere gesellt – und das Bild rundet sich ab mit jenem unfreiwilligen Witz, den er am Tage seines Selbstmordes seinem Chefpiloten gegenüber machte: «Baur, man müßte mir auf meinen Grabstein setzen: ‹Er war das Opfer seiner Generale!›»

Der Prächtige

In der Hierarchie der braunen Machthaber gab es keinen, der es so gut verstand, sein wahres Wesen mit einer volkstümlich wirkenden Maske zu verschleiern, wie Göring, und es ist bezeichnend, daß er sich von Anfang an mit seinem Vornamen populär machte, so daß – wenn irgendein Witz über einen gewissen «Hermann» auftauchte – jedermann wußte, wer gemeint war.

Dieser raffiniert geschaffene Nimbus, mit dem er sich umgab, stand in krassem Gegensatz zur wahren Natur dieses Mannes, die allerdings bei vielen Gelegenheiten durchbrach, wie zum Beispiel bei den Nacht-und-Nebel-Aktionen im Anschluß an den Reichstagsbrand, wo er in einer öffentlichen Rede am 3. März 1933 in Frankfurt am Main mit wutverzerrter Stimme ausrief: «Hier habe ich keine Gerechtigkeit zu üben, hier habe ich nur zu vernichten und auszurotten, weiter nichts!»

Druckten damals die Zeitungen dergleichen noch wörtlich nach, war man später dazu übergegangen, gewisse Retuschen vorzunehmen. So hatte er in einer Rede nach Kriegsbeginn Chamberlain über den Äther zugerufen, sein Flugblatt interessiere ihn «einen Dreck». Die Presse am nächsten Tag korrigierte dies in die Worte «überhaupt nicht» – obwohl die drastische Wendung «einen Dreck» das einzige war, was die Zuhörer von der gesamten Rede behalten hatten.

Meinen ersten Eindruck von Göring bekam ich, als wir im großelterlichen Hause in Eisleben am Radio den Prozeß um den Reichstagsbrand verfolgten und hierbei die Kontroverse zwischen Göring und seinem Gegenspieler Dimitroff erlebten. Als Göring wutschnaubend mit den Worten «Warten Sie nur, bis wir Sie außerhalb der Rechtsmacht dieses Gerichtshofes haben werden!» den Saal verließ und Dimitroff ihm nachrief: «Sie haben wohl Angst vor meinen Fragen, Herr Ministerpräsident?», da ging es uns wohl wie vielen Familien in Deutschland: Wir hatten das Gefühl, daß das herrschende Regime eine wichtige Schlacht verloren hatte. Aus gutem Grund wurden keine weiteren Direktübertragungen von diesem Prozeß gesendet, aber dieser eine Eindruck blieb haften, und die Retusche kam – wie in der vorhin erwähnten Rede – zu spät.

Der von Dimitroff geäußerte Verdacht, daß die Nationalsozialisten selbst den Brand gelegt hätten, war durch diese Rundfunkübertragung in weite Kreise der Bevölkerung getragen worden, und es dauerte nicht lange, bis die ersten Flüsterwitze im Umlauf waren:

Am Abend des 27. Februar 1933 kommt Görings Adjutant atemlos ins Arbeitszimmer seines Chefs gestürzt: «Herr Ministerpräsident!» schreit er aufgeregt. «Der Reichstag brennt!» Göring schaut auf die Uhr und schüttelt verwundert den Kopf. «Schon?»

«Gestern hab ich Göring in der Leipziger Straße gesehen», sagt ein Bürger zum anderen. «So?» erwidert dieser. «Wo hat's denn da gebrannt?»

Zur Kennzeichnung der Situation mag erwähnt werden, daß historische Recherchen ergeben haben, daß Göring kurz nach dem Reichstagsbrand in der Reichskanzlei vor Himmler, Frank und einigen Gauleitern erklärte, «seine Jungens» hätten den Brand gelegt, und später – im Zusammenhang mit der Röhm-Affäre – dafür sorgte, daß diese Jungens (zu ihnen gehörte der Anführer des Brandstiftertrupps, Karl Ernst) als lästige Mitwisser ermordet wurden.

Göring, der sich zu Beginn des Nürnberger Kriegsverbrecherprozesses so benahm, als ginge ihn die ganze Sache nichts an, wurde der unterschiedlichsten Verbrechen überführt, auf die hier einzugehen nicht der Platz ist.

Es möge nur, um die wahre Natur dieses in der Öffentlichkeit so jovial wirkenden Mannes aufzuzeigen, die stenographische Niederschrift der «Besprechung über die Judenfrage», die unter Vorsitz Görings im Anschluß an die «Reichskristallnacht» am 12. November 1938 im Reichsluftfahrtministerium stattfand, herangezogen werden. Hier machte Göring unter anderem folgende Äußerungen: «Meine Herren, die heutige Sitzung ist von entscheidender Bedeutung. Ich habe einen Brief bekommen, den mir der Stabsleiter des Stellvertreters des Führers, Bormann, im Auftrag des Führers geschrieben hat, wonach die Judenfrage jetzt einheitlich zusammengefaßt werden soll und so oder so zur Erledigung zu bringen ist ...

Bei der Arisierung der Wirtschaft ist der Grundgedanke folgender: Der Jude wird aus der Wirtschaft ausgeschieden und tritt seine Wirtschaftsgüter an den Staat ab ... Das Sichtbarste, meine Herren, für das Volk sind die jüdischen Kaufläden und nicht etwa die Beteiligungen. Deshalb muß hier begonnen werden ...

Ein weiterer Punkt! Ich habe festgestellt, daß Arier ein jüdisches Geschäft übernommen haben und dann so geschäftstüchtig waren, den Namen dieses jüdischen Geschäftes in irgendeiner Form mit ‹vormals› beizubehalten oder überhaupt beizubehalten. Das darf nicht sein; das darf ich nicht erlauben. Denn sonst kommen Dinge vor, wie sie jetzt wieder passiert sind, daß Läden eingeschmissen wurden, deren Aushängeschild jüdisch klang und auch einmal jüdisch war, die aber jetzt längst arisiert waren. Hier darf und muß der jüdische Name der früheren Firma restlos ausgelöscht werden...

Also wir werden den Juden einen gewissen Waldteil zur Verfügung stellen, und Alpers wird dafür sorgen, daß die verschiedenen Tiere, die den Juden verdammt ähnlich sehen – der Elch hat so eine gebogene Nase –, dahin kommen und sich da einbürgern...

Mir wäre lieber gewesen, ihr hättet 200 Juden erschlagen und hättet nicht solche Werte vernichtet...

Noch eine Frage, meine Herren: Wie beurteilen Sie die Lage, wenn ich heute verkünde, daß dem Judentum als Strafe diese 1 Milliarde als Kontribution auferlegt wird?... Ich werde den Wortlaut wählen, daß die deutschen Juden in ihrer Gesamtheit als Strafe für die ruchlosen Verbrechen usw. usw. eine Kontribution von 1 Milliarde auferlegt bekommen. Das wird hinhauen. Die Schweine werden einen zweiten Mord so schnell nicht machen. Im übrigen muß ich noch einmal feststellen: Ich möchte kein Jude in Deutschland sein!»

Stellt man diese authentischen Äußerungen dem Bild gegenüber, das Göring in der Bevölkerung über sich verbreiten ließ, so ist ein größerer Kontrast kaum denkbar. Er selbst war nach Kräften bemüht, diesen Kontrast zu verstärken, vor allem bei jenen Themen, die eine besondere Natur- und Volksverbundenheit dokumentieren sollten. Bekanntlich war er – neben unzähligen anderen Funktionen – auch Reichsjägermeister, und die Präambel, die er dem von ihm inspirierten Reichsjagdgesetz vom 3. Juli 1934 voranstellen ließ, spricht für sich: «Die Liebe zur Natur und ihren Geschöpfen und die Freude an der Pirsch in Wald und Feld wurzelt tief im deutschen Volk. Aufgebaut auf uralter germanischer Überlieferung, hat sich so im Laufe der Jahrhunderte die edle Kunst des deutschen Waidwerks entwickelt. Für alle Zukunft sollen Wald und Jagd als wertvolle deutsche Volksgüter dem deutschen Volk erhalten bleiben, die Liebe des Deutschen zur heimatlichen Scholle vertiefen, seine Lebenskraft stärken und ihm Erholung bringen von der Arbeit des Tages.»

Zu diesem romantisierenden Bild paßt, daß Göring die Vivisektion an Tieren aller Art verbot – zu einer Zeit, als Mißhandlungen von Menschen in den Konzentrationslagern an der Tagesordnung waren. Auch das von ihm initiierte Tierschutzgesetz vom 24. November 1933, welches das Verbot enthielt, «ein Tier unnötig zu quälen oder roh zu mißhandeln», erweist sich als bloße Heuchelei, was sich besonders aus einem Vergleich mit dem am selben Tage (!) unterzeichneten Gesetz gegen gefährliche Gewohnheitsverbrecher und über Maßregeln der Sicherung und Besserung ergibt. Im Artikel 2 dieses Gesetzes wird als Maßregel der Sicherung und Besserung «die Entmannung gefährlicher Sittlichkeitsverbrecher» angeführt, während es im Abschnitt II des Tierschutzgesetzes heißt: «Verboten ist, an einem Tier in unzweckmäßiger Weise oder ohne Betäubung einen schmerzhaften Eingriff vorzunehmen. Die Kastration ist als schmerzhafter Eingriff anzusehen bei Pferden, bei über drei Monate alten Rindern und Schweinen und bei geschlechtsreifen Schaf- und Ziegenböcken.»

In zynischer Weise wurden hier, wie die vergleichende Gesetzesanalyse ergibt, Gebote der Menschlichkeit unter die des Tierschutzes gestellt, was im übrigen der Einstellung Hitlers entgegenkam, der das Leben der Tiere höher schätzte als das der Menschen, die er zu Millionen opferte. Er ergriff angeblich für die unschuldigen Hasen und Rehe Partei, beschimpfte die Jäger und lehnte es ab, Tierfleisch zu essen. Am 17. April 1943 erklärte er gegenüber dem ungarischen Reichsverweser von Horthy, daß man – wenn sogar unschuldige Naturgeschöpfe wie Hasen und Rehe getötet werden müßten, damit kein Schaden entstehe – die «Bestien, die uns den Bolschewismus bringen wollten», nicht mehr schonen solle.

In diesem Durcheinander der Gefühle und Argumente nahm Göring, der eigentlich als Reichsjägermeister von Hitler in erster Linie hätte abgelehnt werden müssen, eine höchst widerwärtige Stellung ein: Er betätigte sich sowohl an der systematischen Tötung der von Hitler als «unschuldige Naturgeschöpfe» bezeichneten Hasen und Rehe als auch – und das in gesteigertem Maße – an der Ermordung unzähliger Menschen, wie ihm detailliert nachgewiesen werden konnte.

Er war ein Mörder in glänzend sitzender Uniform, und da er diese Uniformierung in eitler Selbstgefälligkeit übertrieb, ist es nicht verwunderlich, daß sich an diesem Umstand der Volkswitz besonders entzündete.

«Göring zieht nach neuesten Meldungen nach Leipzig»,
hieß es. «Warum? Weil es dort ein Gewandhaus gibt!»

Verschiedentlich wurde erzählt, er läge mit verbundenem Kopf auf dem Sofa, und zwar in Forstmeisteruniform. (Grund: Der Bedauernswerte hatte eine Kieferoperation hinter sich!)

In dieselbe Richtung weist ein Witz über Petrus:

> Petrus flucht wütend: «Jedesmal, wenn der Göring hier zum Wochenende gewesen ist, fehlt mir nachher ein Stern!»

> Bei einer Reise durch den Teutoburger Wald – so berichtet eine zeitgenössische Anekdote – erblickt Göring in der Ferne ein großes Bauwerk. Auf seine Frage, was das sei, wird erwidert: «Das ist das Hermannsdenkmal!» Darauf Göring, geschmeichelt lächelnd, mit repräsentativer Bescheidenheit: «Oh, das wäre für die paar Tage nicht nötig gewesen!»

> Hitler ist in einer Lohengrinvorstellung eingenickt. Goebbels, der neben ihm sitzt, befürchtet, das Publikum könnte die menschliche Schwäche seines vergötterten Führers bemerken, und versucht ihn zu wecken. Hitler richtet seinen schlaftrunkenen Blick auf die Bühne und ruft: «Was hat denn der Hermann jetzt wieder angezogen?»

Eigentlich hatte der letzte Flüsterwitz zwei Spitzen: einmal gegen den Uniformfimmel Görings, zum anderen gegen den Richard-Wagner-Kult Hitlers, beides lag ziemlich auf einer Linie, nämlich der Betonung des Dekorativen, und die Bayreuther Festspiele erhielten durch Hitler den Beigeschmack einer politischen Demonstration, die das Wirken germanischer Helden auf die Gegenwart übertragen sollte. Wenn auch Hitler und seine Getreuen in ihrem Äußeren keineswegs dem nationalsozialistischen Rassenideal entsprachen, so umgaben sie sich doch angesichts dieser Festspiele mit dem Nimbus sogenannter Edelgermanen.

Ein Verdienst des Flüsterwitzes ist es, daß er diesen Nimbus zuweilen durchlöcherte und hierbei oft in die intimsten Bereiche seiner Helden vorstieß. Die Ehelosigkeit Hitlers wurde ebenso verspottet wie die zweite Verehelichung Görings. Der Pomp, der Görings Hochzeit mit der Schauspielerin Emmy Sonnemann begleitete, war Anlaß genug, über diese Ehe gebührende Glossen zu machen.

> «Hermann Göring war gezwungen, seine Emmy zu heiraten», hieß es, «weil er eine alte Schachtel für seine vielen Orden brauchte.»

Der äußere Gegensatz zwischen Göring (dieser stellte einen Fleischberg von 140 kg dar) und seiner Frau mag zu folgendem Witz Anlaß gegeben haben:

«Wenn Emmy von Hermann ein Kind bekommt, was ist das?»
«Ein Triumph des Willens!»
«Und wenn Hermann glaubt, das Kind sei von ihm, was ist das?»
«Ein Sieg des Glaubens!»

In diesem Flüsterwitz wurden zum erstenmal die als heilig geltenden Namen zweier Reichsparteitage eingeflochten, und da die dokumentarischen Reichsparteitagsfilme von Leni Riefenstahl weithin bekannt waren, kommt diesem Witz eine damals besonders aktuelle Bedeutung zu. Der polnische Filmhistoriker Jerzy Toeplitz bemerkt: «‹Triumph des Willens› ist eine nicht alltägliche und einzigartige Erscheinung in der Filmkunst: zwei Stunden und zwanzig Minuten konzentrierte Hysterie; eine ungeheure Menschenmasse, die unter der Fahne der finstersten, reaktionärsten, abstoßendsten Ideologie, die man sich nur vorstellen kann, mobilisiert wurde; ein lächerlich aussehender, mit sich überschlagender Stimme brüllender Führer als zentraler Punkt des Films – das war es, was Leni Riefenstahl zeigte. Sie zeigt es mit Verehrung, mit Liebe und mit demselben Glauben, von dem die marschierenden Massen beseelt sind, die ganz mechanisch den Arm zum germanischen (möglicherweise römischen) Gruß heben und ‹Heil!› schreien, bis ihnen die Luft wegbleibt. Sie zeigt es mit Glauben und Liebe und mobilisiert dabei alle ihre schöpferischen Kräfte und ihr unbestrittenes Talent. Das, was für uns schon damals, so wie es auch jetzt ist, eine apokalyptische Vision einer heraufziehenden Vernichtung, einer Verkündigung der braunen Barbarei, der Zeit der Krematorien und der Verachtung war, war für Leni Riefenstahl der Morgen einer neuen, glücklichen Ära, war das Dritte Reich, das tausend Jahre bestehen sollte.»

Diese Schilderung ist keineswegs übertrieben, und wer – wie ich als seinerzeitiger Gymnasiast – die beiden Dokumentarfilme «Triumph des Willens» und «Sieg des Glaubens» über sich ergehen lassen mußte, kann bezeugen, daß die Massenpsychose, welche die Teilnehmer dieser Veranstaltungen ergriffen hatte, von beängstigendem Ausmaß war. Es sei hinzugefügt, daß die wesentlich kleineren Kundgebungen im Lande einen durchaus ähnlichen Charakter besaßen, und ich erinnere mich an eine Kundgebung mit dem nationalsozialistischen Erziehungsminister

Rust auf der Eisleber Wiese, die sich im Stil (zackige Aufmärsche und enthusiastische Heilrufe) vom Reichsparteitag durch nichts unterschied.

Es waren also heilige Begriffe, die in dem erwähnten Witz über Göring und seine Frau Emmy untergebracht waren, aber das erhöhte auf alle Fälle ihre Wirkung.

Die Ehe der beiden hatte noch ein anderer Flüsterwitz zum Gegenstand:

> Man bespricht im Reichsluftfahrtministerium die geplanten
> Feierlichkeiten anläßlich der bevorstehenden Niederkunft
> Emmy Görings.
> «Was gedenken Exzellenz zu tun, wenn es ein Mädel wird?»
> «Dann werden hundert Flieger über Berlin kreisen!»
> «Und wenn es ein Junge wird?»
> «Tausend Flieger über Berlin!»
> «Und wenn gar nichts kommt?»
> «Dann fliegt mein Adjutant!»

Indem hier der Tatbestand des Ehebruchs mit dem höchstgestellten Ehepaar des Deutschen Reiches in Verbindung gebracht wurde, erfolgte gleichzeitig der Bruch eines von den nationalsozialistischen Ideologen strikt bewahrten Tabus, nämlich der Verpönung sexueller Dinge, die man kurzweg als jüdische Entartung kennzeichnete und mit Namen wie Magnus Hirschfeld, Sigmund Freud und anderen in Verbindung brachte.

Es ist klar, daß sich der Flüsterwitz nicht an derartige Richtlinien hielt, im Gegenteil, der sexuelle Bereich wurde keinesfalls ausgespart.

Das auffallendste Merkmal der nationalsozialistischen Moral war nämlich eine in alle gesellschaftlichen Bereiche vorgedrungene Prüderie, die bis zur Verdrängung natürlicher Wünsche und Vorstellungen ging. Im Gegensatz zum ausschweifenden Leben der obersten Führer (erinnert sei an die Exzesse von Goebbels und Streicher) bis zu den Gauleitern, die sich auf prunkvollen Schlössern ihre Mätressen hielten, wurde dem Volk ein gleichsam geschlechtsloses, nur dem Führer und seiner Bewegung gewidmetes Dasein als Ideal hingestellt. Demzufolge hatte in der Jugenderziehung jede sexuelle Anspielung zu unterbleiben, und selbst das BDM-Werk «Glaube und Schönheit» erschöpfte sich in sittlich-strenger Gymnastik, folkloristischen Tänzen und patriotisch-musikalischer Untermalung.

Da das weite Gebiet der Liebe nicht gänzlich ignoriert werden konnte, wurde es zwar geduldet, aber durch rassistische Vorbedingungen in einen völkisch-penetranten Kult gezwängt, der in vielen Fällen jegliche freie Willensentscheidung hemmte und unmöglich zu machen versuchte. Das galt nicht zuletzt auch für die Darstellung des nackten menschlichen Körpers, die man – besonders in Filmen – weitgehend vermied, und es war schon eine Sensation, als ausgerechnet im Jahre 1937, das für den Kampf gegen die sogenannte entartete Kunst charakteristisch war, ein Film in die Kinos kam, der dieses Tabu brach. Es handelt sich um den Willi-Forst-Film «Serenade», in welchem die Schauspielerin Hilde Krahl – allerdings nur unter Wasser – hüllenlos zu sehen war. Es folgte ein Jahr später «Verwehte Spuren», den der berüchtigte Jud-Süß-Regisseur Veit Harlan gedreht hatte und der im Rahmen von Geschehnissen während der Pariser Weltausstellung einige auf Pferden reitende Damen mit entblößtem Oberkörper zeigte. Derselbe Regisseur baute dann in seinem Film «Das unsterbliche Herz» (1939) eine Art Striptease ein, bei dem sich die Schauspielerin Kristina Söderbaum entkleidete, um ihren in seine Arbeit vertieften Ehemann auf andere Gedanken zu bringen.

Wie sehr die nationalsozialistische Moralerziehung Fuß gefaßt hatte, war aus den Publikumsreaktionen auf diese Szene zu entnehmen, die überwiegend – sogar von meinen Altersgenossen – abgelehnt wurde. «Das hätten sie weglassen sollen», wurde in meiner Klasse mehrfach geäußert, während man merkwürdigerweise gegen den Prolog des Riefenstahl-Films «Olympia 1936» nichts hatte, der zum großen Teil aus Aktaufnahmen bestand. Aber hier war es die rassistische Komponente, die jedem möglichen Einwand den Boden untergrub, und Himmlers Polizeiverordnung zur Regelung des Badewesens vom 10. Juli 1942, die in § 3 eine Lanze für die Freikörperkultur brach, veranschaulicht einmal mehr die Doppelbödigkeit der nationalsozialistischen Moral; denn das Nacktbaden wurde vor allem Bestandteil der SS-Einrichtung «Lebensborn», diente also dem Rassenzuchtgedanken.

Die erotischen Pfade im damaligen Deutschland waren mithin sehr verschlungen, und es ist kein Wunder, daß der politische Witz unter geheimer Auflehnung gegen derartige Verhältnisse oft seine Zuflucht zur Analerotik fand, wobei das Ehepaar Göring nicht ausgespart wurde:

Emmy Göring geht mit einer Kerze um ihren Nachttopf herum. Ihrem darüber verwunderten Ehemann sagt sie: «Na, ihr macht doch auch um jeden Scheißdreck einen Fackelzug!»

In diesem Witz, den ich seinerzeit von meinem bäuerlichen Nachbarn hörte, machte sich die Stimme des Volkes auf drastische Weise Luft, und es dürfte nicht uninteressant sein, wann ich den Begriff «Volkes Stimme» zum erstenmal hörte. Es war im ersten Jahr der nationalsozialistischen Herrschaft, als in der neben unserem Eisleber Wohnhaus befindlichen Mitteldeutschen Waffel- und Keksfabrik (Miwafa) gestreikt wurde. Dies war etwas Einmaliges, und der Streik richtete sich gegen den Wohlstand des Fabrikbesitzers auf der einen und die niedrigen Löhne auf der anderen Seite. «Volkes Stimme!» riefen einige, und ein nationalsozialistischer Provokateur fragte spöttisch: «Was soll das sein: Volkes Stimme?» Da rief meine dabeistehende Großmutter: «Volkes Stimme ist Gottes Stimme!» und erntete lauten Beifall.

Später habe ich die «Volksstimme» auf vielfältige Weise schätzengelernt, und es war wieder Göring, der auf besondere Art attackiert wurde:

Als Göring seine Garage betritt, muß er feststellen, daß an seinem Auto sämtliche Räder fehlen. Dabei klebt ein Zettel an der Windschutzscheibe mit der Aufschrift: «Räder müssen rollen für den Sieg!» Anschließend begibt er sich in den Gänsestall, wo sämtliche Gänse fehlen. Ein Zettel klärt ihn auf: «Vom Feindflug nicht zurückgekehrt!»

Einer der am weitesten verbreiteten Witze betraf jenen Fischverkäufer, der an seinem Stand ununterbrochen ausrief:

«Hering! Hering! So fett wie Göring!»
Er wurde angezeigt und zu sechs Wochen Haft verurteilt.
Nach Verbüßung der Strafe stand er wieder an seinem Stand und rief:
«Hering! Hering! So fett wie vor sechs Wochen!»

Zu den Eigentümlichkeiten jener Zeit gehört es, daß Göring selbst nicht parodiert werden konnte. Zwar forderte sein Äußeres die Karikatur heraus («schlank wie Göring» sollte die deutsche Jugend sein, hatte der Zeichner Trier gespöttelt, «blond wie Hitler» und «groß wie Goebbels»), seine Stimme jedoch war zu unpersönlich, zu nichtssagend, ohne unverkennbares Timbre, so daß – während Hitler und Goebbels fortwährend Imitatoren auf den Plan riefen, die freilich nur im Untergrund wirkten – Göring der Mann blieb, der wohl in Wut geraten und brüllen konnte, aber keine individuelle Note besaß, die zur Parodie hätte reizen können

Insofern erschöpfen sich die über ihn in Umlauf gelangten Witze an seiner Eitelkeit, seiner Großmannssucht, seiner Vorliebe für Uniformen und Orden, und demzufolge ist auch der folgende Witz in diese Kategorie einzureihen:

> In Deutschland wird eine neue Gewichtseinheit eingeführt, Göring genannt. «Eine Göring» ist die Summe von Blech, die ein Mann an der Brust tragen kann!

Der Schmächtige

Im Bewußtsein vieler Deutscher im «Dritten Reich» nahm Goebbels ungefähr dieselbe Stelle wie Hitler ein: Er war der Propagandaredner schlechthin und außerhalb dieser Reden ein unbeschriebenes Blatt. Seine sonstige Tätigkeit bekamen nur jene zu spüren, die mit kulturellen Dingen zu tun hatten, und der sogenannte Normalbürger hätte auf die Frage nach Dr. Joseph Goebbels, wenn er frei von der Leber weg hätte reden dürfen, geantwortet: «Das ist doch der kleine Schreihals vom Sportpalast!»

In der Tat war die Erinnerung an Goebbels identisch mit jener Kundgebung vom 18. Februar 1943, in welcher er die Bevölkerung zum totalen Kriegseinsatz aufrief. Dabei kam es zu der auch von Hitler häufig geübten «Kasperltheater-Befragung», die darin bestand, daß die Zuhörer auf mehrere Fragen stereotyp mit «Ja!» zu antworten hatten, ohne Zulassung jeglicher Diskussion.

«Ich frage euch: Wollt ihr den totalen Krieg?»

«Jaaa!»

Und so folgte Frage auf Frage, und jedesmal erscholl ein hysterisches «Ja!», bis die Rede schließlich in dem pathetischen Ausruf endete: «Nun, Volk, steh auf und Sturm, brich los!»

Man würde jedoch den historischen Fakten nicht gerecht werden, wenn man die künstlich angeheizte Atmosphäre im Berliner Sportpalast mit der Stimmung des Großteils der Bevölkerung gleichsetzen wollte, und folgender in den Industriegebieten seinerzeit kursierender Vers dürfte der allgemeinen Stimmung entsprochen haben:

Lieber Tommy, fliege weiter,
wir sind alle Bergarbeiter.
Fliege weiter nach Berlin,
die hab'n alle «ja» geschrien.

Natürlich konnte man auch nicht die Berliner alle in einen Topf werfen, aber es ist durchaus richtig, daß sich die Arbeiter in den Industriegebieten eine besondere Distanz zu derartigen Erscheinungen bewahrt hatten. Ein Erlebnis sei erwähnt: Ich befand mich, als die besagte Goebbels-Rede im Radio übertragen wurde, in der bereits erwähnten Gaststätte «Goldene Kugel» auf der Eisleber Nußbreite, und beim Höhepunkt der Veranstaltung, den Fragen an das Volk, sagte der Schwiegersohn des Gastwirts zu mir: «Weißt du, was jetzt einer machen müßte?» – und er hob seine rechte Hand, dabei einen imaginären Revolver haltend, und drückte mit den Zeigefinger ab.

Ich habe diese Geste nie vergessen, sie bildete einen deutlichen Kontrast zu dem fanatischen Gebrüll, das aus dem Lautsprecher drang, und war irgendwie ein Beweis für die Ohnmacht der nationalsozialistischen Demagogie.

Dabei war diese Demagogie nicht ungeschickt vorgegangen: Sie hatte es zum Beispiel erreicht, daß die Olympischen Spiele 1936 unter einer künstlichen Fassade der Völkerfreundschaft abrollten, wie es der Aufruf Goebbels' vom 15. Juli 1936 verkündet hatte: «Nach dem Willen des Führers hat Deutschland für die Olympischen Spiele 1936 Vorbereitungen wie kein anderes Land getroffen. Die hunderttausende ausländischen Gäste sollen würdig empfangen werden und ein besonders glänzendes Beispiel deutscher Gastfreundschaft erleben.»

Diese propagandistische Finesse führte dazu, daß beim Einmarsch der Olympiateilnehmer auf dem Berliner Sportfeld am 2. August 1936 der «deutsche Gruß» zum «olympischen Gruß» geworden war und fast alle Mannschaften mit erhobener rechter Hand grüßten.

Unmittelbar nach Beendigung der Olympischen Spiele wurde die gesamte Beschwichtigungsaktion eingestellt, und beim Reichsparteitag 1936, dem «Parteitag der Ehre», kam es zu Ausfällen von noch nie dagewesenem Ausmaß. So rief Hitler am 9. September aus: «Wir sehen um uns die Zeichen einer bösewerdenden Zeit», und zwei Tage später fügte Goebbels hinzu: «Unterdes wollen wir nicht müde werden, immer wieder den Völkern zuzurufen: ‹Die Juden sind schuld, die Juden sind schuld!›» – und das, obwohl zum Beispiel vier Wochen zuvor die jüdische Sportlerin Helene Mayer im Florettfechten für Deutschland die Silbermedaille gewonnen hatte.

Es ist charakteristisch, daß Goebbels' Maßnahmen zur Manipulation des Bewußtseins der Massen mit politisch weittragenden Ereignissen auf anderen Ebenen einhergingen. So kam es während der Verhandlungen zwischen Roosevelt und Schacht am 10. Mai 1933 zu den Bücherverbrennungen, was den amerikanischen Präsidenten keineswegs davon abhielt, weiterhin mit Hitlers Abgesandten in Kontakt zu bleiben. Goebbels konnte also unangefochten sein mittelalterliches Werk vollenden und ließ jeden Bücherstapel mit einem dazugehörigen Feuerspruch versehen.

Dabei nahm sich seine persönliche Erscheinung gegenüber diesen pompösen Vorgängen äußerst kläglich aus. Er war von kleiner Statur (den «kleinen Doktor» nannten ihn seine Gefolgsleute) und hatte ein verkürztes Bein, weshalb er vom Volksmund «Humpelstilzchen» oder «Schrumpfgermane» genannt wurde, zuweilen auch «Reichslügenmaul». «Die Lüge hat ein kurzes Bein», wurde oft bissig bemerkt.

Um diesen Klumpfuß hatte übrigens innerhalb der Parteihierarchie jahrelang ein wüster Kampf getobt, da die Brüder Strasser behaupteten, es sei ein Geburtsfehler, was Goebbels natürlich bestritt. Bestreiten mußte, da die nationalsozialistische Rassenlehre derartige Gebrechen für ein Zeichen der Minderwertigkeit nahm.

Besonders peinlich wirkte das Ganze, als Goebbels im Jahre 1933 als Vertreter des Reiches in Genf erschien und die dortige Presse eine Karikatur von ihm veröffentlichte, die ihn als verkrüppeltes schwarzhaariges Männchen zeigte.

Darunter stand: «Wer ist denn das?» – «Aber das ist doch der Vertreter der hochgewachsenen, gesunden, blonden und blauäugigen nordischen Rasse!»

Zur selben Zeit bezeichnete der englische Zeitungsverleger Lord Rothermere Hitler als «Judenstämmling» – eine in den Augen der NSDAP unerhörte Beleidigung.

Da auch Kabarettisten und Conférenciers hin und wieder solche Andeutungen wagten – wenngleich in vorsichtiger und äußerst geschickter Form –, ist es kein Wunder, daß Goebbels dieser Berufsgruppe ein besonders argwöhnisches Augenmerk widmete. Am 30. Januar 1941 kam es sogar zu einer «Anordnung betreffend Verbot des

Conférence- und Ansagewesens», in der sich Goebbels folgendermaßen über die von ihm geächteten Künstler ausließ: «In sogenannten politischen Witzen üben sie offen oder versteckt Kritik an der Politik, Wirtschafts- und Kulturführung des Reiches...

Auf Grund des § 25 der Ersten Verordnung zur Durchführung des Reichskulturkammergesetzes vom 1. November 1933 ordne ich hiermit an:

1. Jegliche sogenannte Conférence oder Ansage wird ab sofort für die ganze Öffentlichkeit grundsätzlich verboten.
2. Glossierungen von Persönlichkeiten, Zuständen oder Vorgängen des öffentlichen Lebens, auch angeblich positiv gemeinte, sind in Theatern, Kabaretts, Varietés und sonstigen öffentlichen Unterhaltungsstätten verboten.

Dieser Erlaß stellt eine letzte ernste und eindringliche Mahnung dar. Übertretungen werden auf Befehl des Führers mit schärfsten Strafen geahndet.»

In seinen Aktionen gegen den politischen Witz bemächtigte sich Goebbels auch der Presse, so daß der «Kladderadatsch» (Nr. 19/1941) ein Gedicht von Fred Endrikat unter dem Titel «Der Flüsterwitz» veröffentlichte, in welchem es wörtlich hieß:

Der Flüsterwitz ist eine Fliege,
die ausgebrütet auf dem Mist,
aus den Bazillen: Bosheit, Lüge.
Kein Mensch weiß, wer der Vater ist.

Der Flüsterwitz dünkt sich verboten.
Sein Lebenszweck ist zweierlei:
Verleumdung oder platte Zoten,
auf jeden Fall nur Schweinerei.

Am Stammtisch oder andern Winkeln
grinst er uns heimlich ins Gesicht,
mit plump vertrautem Augenzwinkeln.
Er lebt zwar – doch er traut sich nicht.

Der Flüsterwitz nach der Entstehung
schleicht um im Kreise, tief geduckt.
Er ist wie die versetzte Blähung,
die man vom lieben Nachbar schluckt.

Zu den auf solch zotige Art verpönten und von Goebbels offiziell verbotenen Witzen gehörte natürlich auch der folgende:

> Hitler steht mit seinen Getreuen auf dem Balkon der Reichskanzlei. Auf der Straße zieht ein endloser Fackelzug vorbei. Plötzlich wendet sich Hitler verwundert an seine Umgebung: «Was ist denn dem Göring jetzt wieder eingefallen? Jetzt schleppt er gar eine Schildkröte mit im Zug!»
> Da bemerkt der neben ihm stehende Himmler: «Das ist keine Schildkröte, mein Führer, das ist Goebbels mit dem Stahlhelm!»

Immer wieder blitzten derartige Vorwürfe auf. Im allgemeinen verstand es Goebbels jedoch, seine körperlichen Gebrechen zu verdecken, und für jene Deutschen, die ihn lediglich in der Filmwochenschau zu sehen bekamen, blieb der Makel des verkürzten Beines unbemerkt, wie überhaupt die nationalsozialistischen Führer darauf bedacht waren, negative Seiten zu vertuschen. Ich kann mich beispielsweise nicht erinnern, während des Dritten Reiches von einem Verhältnis zwischen Goebbels und der Filmschauspielerin Lida Baarova gehört zu haben, obwohl dies authentisch ist und Hitler seinen Propagandaminister deswegen für einige Zeit in die Verbannung geschickt hat. Auch das Verhältnis zwischen Himmler und der Barsängerin Nini Diehl, dem ein Kind entsprang, blieb der Bevölkerung verborgen, ganz zu schweigen von Hitlers Liebschaft zu seiner späteren Frau Eva Braun, die als Modell des Fotografen Hoffmann wenig geeignet war, dem Ansehen des untadeligen Führers Würde zu verleihen. Das gleiche gilt für die Liebesabenteuer Streichers. Wenn jedoch handfeste politische Ziele gefährdet waren, besaßen die Machthaber keine Skrupel, «moralische Entgleisungen» ins Feld zu führen. Dies geschah beispielsweise im Fall des Reichswehrministers Werner von Blomberg, der eine Prostituierte geheiratet hatte und zu dessen Hochzeit die obersten Führer der NSDAP erschienen waren, obwohl die Herkunft seiner Frau allgemein bekannt war. Im Februar 1938 allerdings, als es darum ging, Hitler entgegen dem Willen der Reichswehrführung zum Oberbefehlshaber der Wehrmacht zu machen, wurde plötzlich die «unwürdige Heirat» des Reichswehrministers zu einem der Gründe seiner Ablösung. Daß in Wirklichkeit schwerwiegende Unstimmigkeiten – auch hinsichtlich der von den Nationalsozialisten ausgearbeiteten Kriegsplanung – vorlagen, wurde in offiziellen Verlautbarungen verschwiegen.

Der Fall Blomberg kann jedoch als Ausnahme von der Regel gelten. Es gelang der NS-Führung trefflich, Übertretungen der von ihr selbst propagierten Moral durch ihre Mitglieder zu vertuschen. Auf diesem Gebiet kommt der Vernebelungsfunktion der nationalsozialistischen Propaganda eine besondere Bedeutung zu. Sie wurde allerdings hier von dem Umstand unterstützt, daß sich erotische Beziehungen im geheimen abspielten, während die Saufgelage des Robert Ley angesichts seines öffentlichen Verhaltens nicht zu leugnen waren.

Die Gesellschaft, in der sich Goebbels befand, bot somit genügend Anlaß zu satirischen Spitzen, und der Volksmund richtete seinen politischen Witz sowohl auf Goebbels' persönliche Erscheinung als auch auf die Stellung, die er kraft seines Amtes innerhalb der Nazihierarchie einnahm.

> «Ich habe meinen Knirps vergessen», soll eine bekannte Filmschauspielerin gesagt haben, worauf ihre Zofe wegeilt und bei ihrer Rückkehr meldet: «Der Herr Propagandaminister liegt noch im Bett!»
>
> Auf derselben Linie bewegt sich jenes Gerücht, wonach eine Erhöhung der Siegessäule geplant war.
> Und der Grund?
> Weil dort die letzte Jungfrau in Berlin steht, an die Goebbels nicht herankommen soll!

Von besonderer Bedeutung waren allerdings Witze, die den Propagandaminister auf seinem ureigensten Feld attackierten:

> Goebbels will in den Himmel, wird aber in die Hölle geschickt. Petrus will ihm den Weg dorthin erleichtern, gibt ihm ein Fernrohr und läßt ihn einen Blick ins Inferno werfen. Hier gewahrt Goebbels nur herrliche Dinge: eine schmucke Bar, hübsche Mädchen, tanzende Paare, rundum Fröhlichkeit. Hoffnungsvoll macht er sich auf den Weg – und findet alles ganz anders vor. Grauen und Schrecken umgeben ihn. «Was war denn das, was ich gesehen habe?» fragt er den Teufel. Dieser antwortet ihm grinsend: «Propaganda!»
>
> In diesem Zusammenhang mag jene Anordnung genannt werden, die Goebbels den bürgerlichen Zeitungen zugeleitet haben soll: Sie mögen ihre Texte enger drucken – damit man nicht soviel zwischen den Zeilen lesen kann.

«Eines hat mich immer gewundert», sagte ein alter Zeitungsmann, «daß unser Doktor Goebbels nicht auch noch seinen Klumpfuß den Juden in die Schuhe geschoben hat.»

Eine Zeitlang hielt sich das Gerücht, der Propagandaminister sei ernstlich erkrankt: Bei dem Versuch, die Stimmung der Bevölkerung zu heben, habe er sich einen schweren Bruch zugezogen.

Und noch ein Gerücht sei erwähnt: Es wurde gemunkelt, Goebbels verfolge die Schauspielerin Lida Baarova mit Liebeserklärungen, weshalb ihm ihr Freund und Kollege Gustav Fröhlich eine saftige Ohrfeige versetzt haben soll. Daraufhin habe ein bekannter Conférencier auf der Brettlbühne unter stürmischem Beifall des Publikums ausgerufen: «Wir möchten einmal Fröhlich sein!»

Fröhlich sollten übrigens auf Wunsch des Führers die am 20. Februar 1938 in der Berliner Krolloper versammelten Reichstagsabgeordneten werden, als dieser ihnen den Propagandaminister auf «humorige» Weise besonders populär machen wollte. Wörtlich führte er aus, in englischen Zeitungen werde davon geredet, «daß ich keine Stimme mehr besäße, der umsichtige Doktor Goebbels soeben Umschau halte nach einem Mann, der meine Stimme zu imitieren in der Lage sei, um mich in Zukunft von Platten sprechen zu lassen. Ich nehme an, daß dieser journalistische Wahrheitsfanatiker morgen entweder die Identität meiner Person am heutigen Tage bezweifelt oder behaupten wird, ich hätte nur Gesten gemacht, während hinter mir der Herr Reichspropagandaminister das Grammophon bediente.»

Dieser in der Presse mit den Kommentaren «schallende Heiterkeit», «erneute stürmische Heiterkeit» und «erneute Heiterkeit» versehene Teil der «Führerrede» ist insofern bemerkenswert, als es Hitler nur ganz selten für angebracht gehalten hat, in einer öffentlichen Rede seinen Propagandaminister zu erwähnen – und wenn, dann unter lächerlich anmutenden Begleitumständen, als wolle er sich selbst über den «Reichsspruchbeutel», wie ihn seine nächste Umgebung nannte, lustig machen. Andererseits zeigt der besagte Redeausschnitt, daß Hitler sehr wohl wußte, welches Ansehen Goebbels in der Öffentlichkeit genoß; denn sonst hätte er es vermieden, diesen mit seinen zum Lachen reizenden Ausführungen zu verquicken.

Im Grunde kann man davon ausgehen, daß die unseriöse Hülle, die Goebbels selbst in höchsten Regierungskreisen umgab, nur allzu berechtigt war. An einen durchschlagenden Erfolg seiner Propaganda glaubte niemand, zumal in der Bevölkerung nicht nur Witze kursierten, sondern auch anderweitige kritische Stimmen laut wurden. Beispielsweise lautete ein Gebet:

> Lieber Gott mach mich stumm
> Daß ich nicht nach Dachau kumm
> Lieber Gott mach mich taub
> Daß ich nicht am Radio schraub
> Lieber Gott mach mich blind
> Daß ich alles herrlich find
> Bin ich taub und stumm und blind
> Bin ich Adolfs liebstes Kind

Die «drei Affen», die in diesem Gebet beschworen wurden, waren das Markenzeichen der eisern in Schach gehaltenen Bevölkerung.

Daß die von Goebbels betriebene Propaganda so gut wie nichts bewirkte, erwies sich während der bereits genannten Röhm-Affäre, in der das Propagandaministerium eine führende Rolle übernommen hatte. Vom ersten Tag an war Goebbels – sowohl im Radio als auch in der Presse – als «Aufklärer» aktiv, hatte Hitler nach Bad Wiessee begleitet und ständig die Bevölkerung auf dem laufenden gehalten. Vergeblich. Bereits wenige Tage nach dem Mordfeldzug kursierte in weiten Teilen des Landes folgende Anekdote:

> Kurz nach dem 30. Juni 1934 erscheint Göring zu spät bei einem Abendessen des britischen Botschafters Sir Eric Phipps. Seine Entschuldigung, er sei soeben erst von der Jagd zurückgekommen, quittiert Sir Eric mit dem Bemerken: «Auf Tiere, wie ich hoffe.»

Die Verfälschung historischer Fakten war Ausdruck vieler Flüsterwitze über Goebbels.

> Friedrich der Große, Napoleon Bonaparte und Hindenburg unterhalten sich über die Kriegführung einst und jetzt.
> Friedrich der Große: «Wenn ich soviel Flugzeuge gehabt hätte wie Göring, dann wäre der Siebenjährige Krieg in vier Monaten beendet gewesen.»

Hindenburg: «Wenn ich soviel Panzer gehabt hätte wie Hitler, dann wäre nie ein Russe nach Ostpreußen hineingekommen.» Napoleon: «Ich hätte nur den Doktor Goebbels haben sollen, dann hätte das französische Volk nie erfahren, daß es den russischen Feldzug verloren hat!»

In die gleiche Richtung zielt eine Anekdote, derzufolge Goebbels eine Konfession gegründet haben soll, die als «geschichtsgläubig» bezeichnet wurde – weil sie seinen Geschichten glaubte.

Um in der Bevölkerung Anklang zu finden, wurden auf Geheiß des Propagandaministeriums allenthalben Denkmäler errichtet oder auch Bäume gepflanzt, die an «große Söhne des deutschen Volkes» erinnern sollten. Dabei spielten sich nicht selten unfreiwillige Possen ab, wie beispielsweise vor der Malzfabrik in Eisleben, wo am 1. Mai 1933 unter theatralischen Umständen eine «Luther-Eiche» gepflanzt wurde. Hinter einem mit einem großen Hakenkreuz verzierten Behelfsaltar hatte der Superintendent Valentin Aufstellung genommen und seine «Festansprache» mit den Worten beendet: «Wenn in diesen Tagen und Wochen Millionen marxistischer Volksgenossen zu ihrem Volke zurückfinden, so bedeutet das das Fanal zur Wiedergewinnung der deutschen Freiheit. Es lebe die deutsche Arbeit, es lebe die deutsche Freiheit, es lebe unser Kampf und unser Adolf Hitler. Sieg-Heil!»

«Begeistert stimmten die Tausende in den Heilruf ein», meldete das «Eisleber Tageblatt» vom 2. Mai 1933, «begeistert sangen sie das Kampflied der nationalsozialistischen Bewegung. Fünfzehntausend Hände reckten sich zum Schwure zum Himmel – ein machtvolles Gelöbnis zur Mitarbeit im neuen deutschen Staate.»

Und um das Kuriosum abzurunden: Die «Luther-Eiche» wurde vom Gärtnereibesitzer Willi Hesse mit der Rezitation eines langen Gedichtes («Heil deutsches Vaterland!») der Stadt Eisleben übergeben.

«Ich hoffe und wünsche», sagte zum Abschluß der pompösen Veranstaltung der Eisleber Bürgermeister, «daß sich die Luthereiche zu einem starken Baum entwickeln möge wie unser deutsches Volk durch den Nationalsozialismus.»

Wer heute in Eisleben zur Malzfabrik pilgert, wird sich eines Lächelns nicht erwehren können. Dort ist nämlich an jener Eiche auf einer Erinnerungstafel zu lesen:

«Zum Gedenken
an den 450. Geburtstag
von Martin Luther
1933 gepflanzt»

Danach wäre die Eiche von Martin Luther gepflanzt worden. Der Genitiv bereitet offensichtlich mehr Schwierigkeiten als der Ablativ.

Aber sprachliche Genauigkeiten konnte man von den Propagandisten des Dritten Reiches nicht erwarten, zumal ihr Steckenpferd auf diesem Gebiet eine gewisse Deutschtümelei war, die aus dem «Redakteur» einen «Schriftleiter» gemacht hatte, aus «Elektrizität» eine «Äthkraft» machen wollte und vieles andere mehr. Sehr empfindlich und nachhaltig wirkte sich diese Deutschtümelei auf Veränderungen von Ortsnamen aus, so daß beispielsweise die bei Halle an der Saale liegende Gemeinde «Schlettau» zu «Angersdorf» wurde, weil dies der Blut-und-Boden-Mystik mehr entsprach. Die beiden Ostseegemeinden Brunshaupten und Arendsee wurden 1938 in «Kühlungsborn» umbenannt, um das Nordisch-Germanische zu betonen. Der Name «Kühlungsborn» sollte zugleich eine gedankliche Synthese zur SS-Einrichtung «Lebensborn» herstellen und der Propagierung nationalsozialistischer Ideale dienen.

Zur «deutschen Wesensart» gehörte natürlich auch, daß man nicht rauchte («Eine deutsche Frau raucht nicht!» war ein geflügeltes Wort), und der Reichsfilmdramaturg unterzeichnete am 21. Januar 1941 folgende Verfügung an die Bavaria: «Aus volksgesundheitlichen Gründen ersuche ich Sie, darauf zu achten, daß das Tabakrauchen in sämtlichen von Ihrer Firma hergestellten Filmen nach Möglichkeit unterbleibt. Es soll hierdurch vermieden werden, daß der für die allgemeine Volksgesundheit schädliche Tabakgenuß durch das Rauchen der Darsteller in den Filmen noch einen besonderen Anreiz erfährt.»

Nun brauchte man kein Wort über die an sich lobenswerte Verfügung zu verlieren, wenn nicht der Unterzeichner als Schöpfer des Hetzfilms «Der ewige Jude» in die Annalen der Geschichte eingegangen wäre. Die Empörung Fritz Hipplers über das Rauchen wird hier zu einer mehr als makabren Angelegenheit. Sie ist jedoch Ausdruck einer damals allgemeinen Gepflogenheit: nämlich mit kleinen Polemiken von den großen Verbrechen abzulenken. Hitlers Attacken gegen das Kaffeetrinken, ja sogar gegen das Verzehren tierischer Produkte müssen vor allem in diesem Zusammenhang gesehen werden.

Von den unteren Organen wurde jeder solcher «Wink von oben» strikt befolgt, und ich habe an einem Winterabend des Jahres 1943 in der Wiener Gumpendorfer Straße einen Blockwart beobachtet, der systematisch die betreffenden Passanten mit dem Ruf «Zigarre aus!» einschüchterte – angeblich, um das Verdunklungsgebot wegen drohender Bombenangriffe rigoros durchzusetzen. Da es noch gar nicht dunkel war, wird der Grund eher in übertriebener Unterstützung der erwähnten Kampagne zu erblicken sein.

Zur bloßen Farce wurde es allerdings, wenn die Partei Schulungen zum Thema «Nikotingefahr» durchführte und dann wegen der langen Dauer der Veranstaltung Rauchpausen einlegte (was wiederum Stoff für einschlägige Witze bot).

Im übrigen erstreckte sich die staatliche Reglementierung auf alle Gebiete, und was die «politische Ausrichtung» betraf, wurde vor allem die Presse zum verlängerten Arm des Propagandaministeriums.

Zur Kennzeichnung der damaligen Atmosphäre, die im wesentlichen von den örtlichen Zeitungen geprägt wurde, seien im folgenden einige, sich chronologisch steigernde Beispiele aus dem «Eisleber Tageblatt» angeführt. Am 12. September 1939 kommt über «Makow, die Stadt der Juden» ein Frontberichterstatter zu Wort: «Die finsteren jüdischen Typen aller Schattierungen scheinen sich in Makow ein Stelldichein gegeben zu haben. Juda in seiner unverfälschten Ausprägung bevölkert kleine schmutzige Nebenstraßen, zehn bis zwölf Kinder sitzen auf den Treppenstufen der niedrigen, vor Schmutz starrenden Katen, aus denen ein unerträglicher Gestank dringt. Der Kaftan beherrscht das Straßenbild. Schmierige, bärtige Juden schleichen in gedrückter und gebückter Haltung an der Wand entlang und grüßen devot jeden vorbeikommenden Soldaten. Doch hat dieses Gedrückte etwas Lauerndes, Katzenartiges.»

Am 30. September 1939 wurde erstmalig außer dem Hauptfilm «Sensationsprozeß Casilla» eine Wochenschau rezensiert. Im Bericht heißt es: «Mit treffenden Randbemerkungen des Publikums wurden die Bilder bedacht, in denen Ghettojuden mit Schippe und Spaten wohl zum ersten Male in ihrem Leben körperliche Arbeit leisten müssen.»

Am 6. Oktober 1939 wurde unter der Überschrift «SA räumt auf und die Juden wundern sich» folgendes berichtet: «Ein Zug wurde unlängst in einer kleinen polnischen Stadt eingesetzt, die eben in deutsche Hand gefallen war. Welch Bild bot sich der einrückenden SA! Da standen sie dem Typ des dreckig-speckigen Ostjuden gegenüber, wie er leibt und lebt! 800 langbärtige Kaftanträger wagten sich, kaum daß der Krieg über ihre Stadt hinweggeschritten war, schon aus ihren Hehlerhöhlen heraus, streckten die lange Nase in die Luft und witterten nach neuen Geschäften.»

Soweit das «Eisleber Tageblatt» – und die Tonart derartiger Artikel mag eine ungefähre Vorstellung davon vermitteln, unter welchen Bedingungen jüdische Bürger im damaligen Deutschland lebten.

Dennoch waren der Propaganda Goebbels' Grenzen gesetzt, und sein Name wurde allmählich zum Synonym für Betrug und leere Versprechungen.

> «Haben Sie schon gehört», wurde in einem Flüsterwitz glossiert, «letzte Nacht ist im Propagandaministerium eingebrochen worden!»
> «Wurde etwas gestohlen?»
> «Ja, die Wahlergebnisse der nächsten zehn Jahre!»
>
> Als besonders charakteristisch mag jene Anekdote erwähnt werden, nach welcher eine Hutfabrik «Goebbelshüte» herausbrachte mit der Kennzeichnung: «Kleiner Kopf, großer Rand!»

Die für die Versammlungen charakteristische Lautstärke griff auch auf den Schulbetrieb über, und in unserem Gymnasium war es üblich, daß ein Schüler beim Eintreten des Klassenlehrers nach vorn ging, die Hakken zusammenknallte und mit erhobener Hand meldete: «Klasse mit vierundzwanzig Mann angetreten, einer krank. Heil Hitler!»

Vor Beginn des Unterrichts mußte von einem Schüler ein Zitat des Tages (möglichst von Hitler oder Goebbels) verkündet werden. Die ganze Klasse schmunzelte, als ich an die Reihe kam und mich der heiklen Aufgabe mit dem alten Mansfelder Schutz- und Trutzwort «Dennoch!» entledigte.

In ähnlicher Weise verfuhr unser Geographielehrer, Studienrat Pomberg, der jeden Morgen bei seinem Eintreten den die obligatorische Landkarte aufziehenden Schülern das Schillerwort zurief: «Ziehet, ziehet, hebt!», worauf die Klasse im Sprechchor erwiderte: «Sie bewegt sich, schwebt!» – und der Hitlergruß war damit umgangen.

Im übrigen wurde besonders in den Schulen die Stellung zum Judentum zu einem Gradmesser humanistischer Gesinnung, und der dadurch hervorgerufene ideologische Riß zog sich durch alle Bevölkerungskreise. Hierzu ein kurzes Beispiel. Im Jahre 1941 war an der Eisleber Handelsschule ein Lehrer tätig, der die Verse Heinrich Heines

Anfangs wollt ich fast verzagen,
Und ich glaubt, ich trüg es nie;
Und ich hab es doch getragen –
Aber fragt mich nur nicht, wie?

mit den Worten kommentierte: «Den hat der Schuh gedrückt!»

Damit sollte die Lyrik Heines lächerlich gemacht werden, und in derselben Unterrichtsstunde ging dieser Lehrer auf die Kompositionen Mendelssohns ein. «Die ‹Lieder ohne Worte› mögen ganz schön klingen», erklärte er, «aber ich spiele sie nicht!»

Eine wesentlich andere Gesinnung herrschte in der «Goldenen Kugel», wo der Eisleber Bürger Paul Böttge, der mit einer klangvollen Tenorstimme begabt war, fast ausschließlich verbotene Lieder jüdischer Komponisten sang, zum Beispiel das «Lied vom tanzenden Toren» von Alexander Schirmann – und das in aller Öffentlichkeit, zuweilen unter den Augen einiger als Spitzel eingeschleuster Gäste.

Es gab aber auch im offiziellen Theaterbereich verschiedentlich Kräfte, die sich der nationalsozialistischen Kulturpolitik entgegenstellten. So erlebte ich am 31. März 1939 in einer Aufführung der Oper «Rigoletto», die vom Mitteldeutschen Landestheater Halle in der Eisleber «Terrasse» dargeboten wurde, daß die Koloratursängerin Julia Lührs vom Opernhaus Berlin in der Rolle der Gilda (getreu der von Victor Hugo konzipierten Urfassung) unbeirrt von ihren Gebeten im «Tempel» berichtete, obwohl die Richtlinien des Propagandaministeriums derartige Eigenmächtigkeiten untersagten. («Wenn ich an Festestagen vor dem *Altare* kniete», hätte sie in der nazistischen Textfassung singen müssen.)

In der Hauptsache jedoch wurden Gasthäuser und Tanzlokale oftmals zu Zentren oppositioneller Regungen, und das Propagandaministerium versuchte alles, durch gezielte Beeinflussung solchen Entwicklungen entgegenzuwirken.

Die politischen Veranstaltungen rollten in den Kleinstädten nach dem Muster des Berliner Sportpalastes ab, hatten allerdings Miniaturformat, zumal die Gau- oder Kreisredner an ihr Vorbild Goebbels nicht herankamen. Zwar logen sie genauso, doch wirkten sie steifer, hatten keine persönliche Note, und der äußere Rahmen tat in seiner Ideenlosigkeit ein übriges.

Ich habe während des Krieges einige solcher Veranstaltungen, die meistens in der Eisleber «Terrasse» stattfanden, besucht und mich immer wieder über die Banalität damaliger Kundgebungen gewundert. Höhepunkt war meistens, daß der betreffende Referent ausrief: «Komme, was da wolle – wir werden siegen!» – und dann erhob sich ein Siegheilgeschrei, wobei die primitivsten Zuhörer am lautesten mitmischten. Manchmal wurden solche Farcen künstlerisch angereichert. Eines Abends gab ein Opernsänger namens Schmidt eine Führerhymne zum besten: Auf der Bühne wurde ein riesiges Hitlerbild aufgestellt, der Opernsänger Schmidt stellte sich davor und sang mit erhobener Hand die sogenannte Führerhymne. (Daß er zu diesem Zweck ausgerechnet von dem bekannten Operettenbuffo und Komiker Fred Roland angesagt wurde, verlieh dem Ganzen einen ungewollten Zug von Komik.)

Überhaupt war die Grenze zwischen Goebbelsscher Propaganda und Lächerlichkeit durchlässig, und Goebbels selbst war beliebte Zielscheibe derartiger Attacken.

So wurde erzählt, Goebbels habe – um der allgemeinen Spendefreudigkeit mit gutem Beispiel voranzugehen – sogar sein Bett der Winterhilfe gegeben.
«Ja, aber wo schläft er denn jetzt?» wurde gefragt.
«Sehr einfach, in seiner eigenen Klappe!»
Nun hieß es aber, er habe sich sein Bett wiedergeben lassen.
«Also schläft er doch nicht in seiner eigenen Klappe?»
«Nein», lautete die Antwort, «es war ihm darin zu laut!»

Verschiedentlich wurde gemunkelt, Goebbels sei Ehrenbürger von Schwetzingen geworden (weil er der einzige Deutsche ist, der den Spargel quer essen kann!).

Im Laufe des Krieges wurden die auf Goebbels abgezielten Witze immer bissiger, und man nahm ihn wiederholt in seiner Eigenschaft als Gauleiter von Berlin aufs Korn. Nach den furchtbaren ersten Luftangriffen auf die Stadt nannten ihn die Berliner ihren «Schuttpatron».

Charakteristisch für sein angeschlagenes Image war folgende erfundene Pressenotiz:

«Wenn England bis zum 30. September 1943 nicht mit den Terrorangriffen auf schutzlose deutsche Städte aufhört, wird Reichsminister Dr. Goebbels eine vernichtende Vergeltungsrede halten.»

Sein verzweifelter Ausruf: «Die Schlacht auf den Meeren ist kriegsentscheidend!» gab den Anlaß für folgenden Flüsterwitz:

> Hitler, Göring und Goebbels hängen nach dem Krieg am Galgen. Da wendet sich Göring noch einmal rechthaberisch zu Goebbels und röchelt ihm zu: «Ich habe es dir ja immer gesagt: Die Sache wird in der Luft entschieden!»

Im Grunde widerfuhr Goebbels in diesem Witz jenes Schicksal, das er in seiner Tagebucheintragung vom 26. Mai 1943 einem 73jährigen Rentner (!) zugedacht hatte: «In Berlin hat man einen kommunistischen Zirkel ausgehoben... Als Haupt ist ein 73jähriger Rentner gefunden worden, der offenbar nichts zu tun hatte und sich deshalb mit staatsfeindlichen Umtrieben beschäftigte. Wir werden ihn einen Kopf kürzer machen!» Bei diesem von Goebbels mit so zynischen Worten bedachten Rentner handelte es sich um den 1869 geborenen Wilhelm Lehmann, der keineswegs einem kommunistischen Zirkel angehörte, sondern als «Alleintäter» am 28. Oktober 1942 an die Wand einer Bedürfnisanstalt am Marienplatz in Berlin die Worte geschrieben hatte:

«Hitler, der Massenmörder muß ermordet werden,
dann ist der Krieg zu Ende.»

Gegen diesen Mann, der von einer Monatsrente von 78,80 RM leben mußte und hiervon noch 34,65 RM Miete monatlich zu zahlen hatte, entfaltete Goebbels eine großangelegte Hetzpropaganda, so daß am 22. Januar 1943 der Oberreichsanwalt die Mitteilung erhielt, «trotz des Alters des Beschuldigten sei es im Hinblick auf die Schwere des Angriffs, den der Beschuldigte gegen den Führer gerichtet habe, der Wunsch des Gauleiters von Berlin, daß Lehmann hingerichtet werde».

Befehlsgemäß verurteilte der Volksgerichtshof den Rentner am 8. März 1943 zum Tode und stellte in der Begründung fest: «Durch die von ihm gewollte Tötung des Führers wäre das Deutsche Reich seiner höchsten Führung beraubt worden, und es hätte ein für Deutschland namenloses Unglück eintreten können.»

Konnte in diesem Fall die direkte Einwirkung Goebbels' nachgewiesen werden, lassen sich angesichts des Schicksals der Schwester des Schriftstellers Erich Maria Remarque nur Vermutungen anstellen. Es handelt sich um die 1903 geborene Damenschneidermeisterin Elfriede Scholz, geb. Remark, aus Dresden, die am 29. Oktober 1943 vor dem Volksgerichtshof stand.

Ihr wurde von Freisler vorgeworfen, sie hätte «in monatelangen maßlos hetzenden defätistischen Äußerungen gegenüber einer Soldatenfrau» die übelsten Erklärungen abgegeben und über den Führer geäußert: «Will dieser Idiot etwa noch alle unsere Städte kaputt werfen lassen, ehe er Frieden macht?»

Eine andere Äußerung soll gelautet haben: «Was hat uns der für ein Glück gebracht? Die ganzen Leute, die zur Front kommen, sind doch nur Schlachtvieh, die er alle auf dem Gewissen hat. Wenn mir die Gelegenheit geboten würde, dann würde ich ihm selbst eine Kugel durch den Kopf jagen. Die Folgen würde ich gern tragen. Das deutsche Volk wäre dann wenigstens von diesem Mann befreit.»

Sie wurde zum Tode verurteilt – und da die Urteilsbegründung ausdrücklich auf ihren Bruder, den «Verfasser des berüchtigten Machwerks ‹Im Westen nichts Neues›» Bezug nimmt, der kurz vor ihrer Verhaftung im amerikanischen Rundfunk gesprochen hatte, ist der Gedanke nicht abwegig, daß Goebbels auch hier seine Hand im Spiel gehabt hat.

Da die Reden des letzteren – und nicht zuletzt seine Artikel in der Wochenzeitschrift «Das Reich» – an Quantität laufend zunahmen, während die Wehrmacht immer weiter zurückgedrängt wurde, machte sich der Volksmund in oftmals sarkastischen Äußerungen Luft. So erzählte man:

> Goebbels ist gestorben und begegnet im Jenseits einem in Eisen gepanzerten Herrn, der sich ihm vorstellt mit den Worten: «Ich bin Götz von Berlichingen mit der eisernen Hand.»
> Darauf Goebbels: «Ich bin Doktor Goebbels mit der feurigen Zunge!»
> Götz von Berlichingen zögert kurz, dann dreht er sich entschlossen um: «Und trotzdem ...»

Der Verdächtige

Auch wenn der «Stellvertreter des Führers», Rudolf Heß, am 10. Mai 1941 nach England flog und damit von diesem Zeitpunkt ab aus dem Blickfeld der Öffentlichkeit geriet, mindert dies keineswegs die wichtige Rolle, die dieser Mann im Dritten Reich spielte. Die noch vorhandenen Filmaufnahmen von seinen Reden, vor allem auf den Reichsparteitagen, weisen ihn als fanatischen, seinem Lehrmeister Hitler bedingungslos ergebenen Paladin aus.

Das Charakteristische an diesem Manne war eine absolute Humorlosigkeit, die er zwar mit vielen anderen nationalsozialistischen Führern teilte, die bei ihm jedoch besonders ausgeprägt erschien. Zweifellos gehörte er zu jenen Leuten, die sich selber ernst nahmen, und es ist kein Zufall, daß bis zum Jahre 1941 nicht ein einziger Witz über ihn im Umlauf war. Erst sein Flug nach England brachte hier eine schlagartige Änderung, als ob die Bevölkerung auf einmal alles nachholen wollte, was sie vorher versäumt bzw. was man ihr vorenthalten hatte. Man lachte über ihn erst, als er weg war, aber dafür um so heftiger und andauernder.

Das unvorhergesehene Ereignis hatte die unteren Organe der NSDAP hart getroffen. Sie waren in ihrem Nerv verwundet. Die gewundenen Erklärungen über eine angebliche Geistesgestörtheit des Führerstellvertreters konnte bei einem großen Teil der Bevölkerung nur geheime Schadenfreude hervorrufen.

«Was ist paradox?» lautete damals eine gängige Frage. «Wenn im Dritten Reich der zweite Mann als erster türmt!»

Und da Heß in Augsburg gestartet war, wurde diese Stadt vom Volksmund zur «Stadt des ungeahnten Aufstiegs» erklärt.

Im geheimen Lagebericht des Sicherheitsdienstes der SS Nr. 186 vom 15. Mai 1941 heißt es wörtlich: «Nach übereinstimmenden Meldungen aus allen Teilen des Reiches hatte die erste amtliche Verlautbarung zum Fall Heß große Bestürzung hervorgerufen. In der Parteigenossenschaft herrschte tiefe Niedergeschlagenheit... Es setzte eine Flut von Gerüchten und Vermutungen ein, wie es bisher kaum bei einem anderen Ereignis der Fall gewesen ist.»

Nicht erwähnt wird in diesem Bericht, daß zugleich eine Flut von Witzen losbrach, der gegenüber die NSDAP ziemlich machtlos war, weil sie selbst die Motive und Hintergründe für das Verhalten ihres zweitgrößten Chefs nicht durchschaute.

Zu diesen Flüsterwitzen gehörte die erfundene Schlußformel englischer Kriegsberichte: «Bei Tag und Nacht ist kein deutscher Reichsminister eingeflogen!»

Verschiedentlich wurde gespöttelt, Heß sei geflohen, weil er die Stimme von Zarah Leander nicht mehr hören konnte, und in Wien erzählte man sich, er habe seinen Koffer aus England zurückgeschickt mit einem Zettel, der die Worte enthielt: «Ich habe ausgepackt, jetzt könnt ihr einpacken!»

Dieser Witz mag der Wahrheit sehr nahe gekommen sein; denn zur Zeit des Abfluges lagen die Aufmarschpläne des Feldzuges gegen die Sowjetunion in den Schubfächern, und Heß gehörte zweifellos zu den Eingeweihten. Die Rede von seiner Geistesgestörtheit entsprang also einem gewissen Wunschdenken, verbunden mit der Vorstellung, ein Geisteskranker könne nichts Wichtiges aussagen. Aber gerade an diesem Punkte entzündete sich der Volkswitz.

In der Gestapohaft treffen sich zwei alte Bekannte.
«Warum bist du hier?»
«Ich habe am 5. Mai gesagt, Heß ist verrückt. Und du?»
«Ich habe am 15. Mai gesagt, Heß ist nicht verrückt!»
Da weht ihnen der Wind die neueste Zeitung durchs Fenster, und sie lesen: «Soeben erhalten wir die Nachricht, daß Heß wirklich verrückt ist – er will wieder nach Deutschland!»

An diesem Flüsterwitz fällt nicht nur auf, daß er eine der literarischen Kunstform nahekommende Dreigliederung aufweist, sondern mit seinem letzten Hieb aus dem scheinbar harmlosen Geplänkel um das Verrücktsein in den Bereich der realen Zustände vorstößt: er wird zur Attacke gegen die nationalsozialistische Politik. Ähnlich verhält es sich bei der folgenden Anekdote:

Churchill begrüßt Heß mit den Worten: «Also Sie sind der Verrückte?»
«Nein», wehrt Heß bescheiden ab, «ich bin nur der Stellvertreter.»

Sogar wirtschaftliche Nöte wurden in die Heß-Episode einbezogen:

Ein Bürger ruft fröhlich aus: «Jetzt bekommen wir bald wieder englische Stoffe!»
«Ist das möglich?»
«Ja. Heß sitzt in England und spinnt!»

Es folgte eine Vielzahl von Parodien und Versen, zum Beispiel:

Nun singen wir schon jahrelang:
«Wir fahren gegen Engelland!» –

Und wenn mal wirklich einer fährt,
dann wird er für verrückt erklärt.

Als treffende Persiflage sei noch die Anekdote von jener gewitzten alten Dame angeführt, die einen Tag nach dem erwähnten Ereignis in einer Zeitung kurz und bündig inserierte: «Brauner Wellensittich entflogen!»

Nest der Goldfasanen

Am 13. April 1945 übernahm der von den Amerikanern eingesetzte neue Landrat seine Amtsgeschäfte in Eisleben. Er versammelte sämtliche Angestellte auf dem Hof des Landratsamtes und bat diejenigen, die nicht der nationalsozialistischen Partei angehörten, um ihre Meldung. Es meldete sich *einer*. Alle anderen waren Mitglieder der NSDAP.

Dieses Beispiel charakterisiert die damalige Situation. So wie im Eisleber Landratsamt sah es überall aus, die NSDAP hatte ihre Netze weithin ausgeworfen, und nie werde ich den stolzen Blick des achtzehnjährigen Sohnes unseres Bäckermeisters vergessen, als er zum erstenmal mit dem Parteiabzeichen am Rockaufschlag auf der Straße erschien. Er war gerade von der Hitlerjugend in die NSDAP übernommen worden und fühlte sich nun als Mensch höherer Stufe. Ein solches Gefühl wurde systematisch gefördert und durchdrang alle Bereiche des öffentlichen Lebens.

Die Werbung für die NSDAP und ihre Gliederungen überschritt alle Grenzen des Geschmacks, und es ist durchaus kein Einzelfall, wenn die mir bis auf den heutigen Tag erhalten gebliebene Broschüre «Rund um die Wiese» (ein an und für sich lustiges Buch über den berühmten Eisleber Wiesenmarkt) mit den Worten schloß:

Mein Freund, du wirst die schönen Wiesentage
Vergnügt verleben, wie seit je es Brauch,
Doch viele sind dazu nicht in der Lage –
An diese Volksgenossen, Freund, denk auch!

Es ist so leicht für dich, mit beizutragen,
Daß lichter werde ihres Daseins Grau.
Laß alles Überlegen, alles Fragen,
Und werde Mitglied bei der NSV!

Diese dick aufgetragene Werbung für die «Nationalsozialistische Volkswohlfahrt» wurde noch von der Art und Weise übertroffen, wie man für die «Deutsche Arbeitsfront» warb, und daß in unserem Gymnasium ein neueingeführter Assessor seinen Unterricht mit der Frage «Wie ist das Zeichen der Deutschen Arbeitsfront?» begann, möge die Plumpheit und Allgegenwart der Werbung zur Genüge veranschaulichen.

Gelegentlich wurden allerdings derartige Übertreibungen auf die Schippe genommen, beispielsweise von dem Fähnleinführer Hans Böhm, der im Sommer 1938 im Eisleber Stadtbad – bevor er per Kopfsprung ins Wasser hechtete – ausrief: «‹Hinein in die Deutsche Arbeitsfront!› sprach er – und versank.»

Diese Blitzlichter aus vergangenen Tagen kennzeichnen in gewisser Weise jene Zeit, und selbst so nebensächlich erscheinende Dinge wie Straßennamen haben ihre besondere Bedeutung: sie waren sogar wichtiger als die zu Millionen herausgehängten Hakenkreuzfahnen. Die Fahnen hingen nicht immer, aber die Straßennamen blieben und wirkten als ständige Erinnerung fort. Das galt für alle Städte, und wenn ich die jüdische Familie Lettocha in Wien erwähnte, so wohnte diese eigentlich in der Hahngasse, aber von 1938 bis 1945 hieß diese nach irgendeinem nationalsozialistischen Protagonisten «Sennhofergasse». In Eisleben konnte man anhand der Straßennamen eine Art Geschichtsunterricht vermittelt bekommen: Den Anschluß Österreichs dokumentierte die «Ostmarkenstraße», den Kampf gegen den französischen Erzfeind der «Schlageter-Plan», die nationalsozialistische Märtyrerliste die «Horst-Wessel-Straße», das großdeutsche Streben die «Elsaß-Lothringer Straße», den Stahlhelm die «Franz-Seldte-Straße», die großen Parkanlagen hießen natürlich «Bismarck-Hain» und «Hindenburg-Park», und daß die schönste Straße der Stadt in «Adolf-Hitler-Straße» und die zweitschönste in «Hermann-Göring-Straße» umgetauft wurde, verstand sich von selbst. Hinzu kamen die Namen der nationalsozialistischen Ortsgruppen, die durchweg nach sogenannten alten Kämpfern benannt wurden, so daß die NSDAP im Bewußtsein der Bürger allzeit gegenwärtig war, und nimmt man die vielfältigen Arten der Propaganda mit ihren oftmals grotesken Auswüchsen hinzu, so wird verständlich, daß der politische Witz, soweit er sich gegen die nationalsozialistische Partei richtete, vor allem die geschilderten Erscheinungsformen im Auge hatte, aber daneben noch andere Gebiete durchdrang. Im wesentlichen waren es ideologische und ökonomische Zielrichtungen, wie im folgenden deutlich wird.

Was ist schwarz? Was ist weiß?

Es gibt kaum eine bessere Kennzeichnung der Vorgänge um den 30. Januar 1933 als durch jenen Wortwitz, der in Frankreich um diese Zeit die Runde machte:

«Le nazisme, c'est la victoire des boches sur les allemands!»

Bedauerlich ist nur, daß er schlechthin unübersetzbar ist. Man könnte ihn zwar mit der Formulierung «Der Nazismus ist der Sieg der schlechten Deutschen über die guten Deutschen» umschreiben, aber das wäre gestümpert und käme dem Original nur wenig nahe. Wir können lediglich den Sinn erahnen, der im wesentlichen darin liegt, daß eine Verbrecherbande das Volk unterjocht hat.

Auf der Suche nach einem Analogon im deutschen Flüsterwitz bin ich auf einen Satz gestoßen, der kurz und bündig lautete:

Endlich sind wir ein Volk; es gibt keine Preußen, Bayern, Thüringer und Sachsen mehr, nur noch Braun-Schweiger!

Was hier durch einen Wortwitz glossiert wurde, war ein Zustand, über dessen Ursache sich jeder denkende Mensch Gedanken machte, die er allerdings nicht offen aussprechen durfte. Das folgende Telefongespräch veranschaulicht die Situation:

«Hallo, ist dort Müller?»
«Wer bitte?»
«Müller! Ist dort Müller?»
«Nein, hier spricht Schmidt!»
«Ach, entschuldigen Sie, dann habe ich falsch gewählt!»
Darauf Schmidt resigniert:
«Bitte, bitte, das haben wir ja alle!»

Dieser seinerzeit weitverbreitete Flüsterwitz war allerdings ein zweischneidiges Schwert; er enthielt sozusagen nur die halbe Wahrheit und verlagerte die Schuld völlig auf eine Seite. Es ist gewiß richtig, daß Hitlers Partei durch die Millionen Wählerstimmen groß wurde, aber die Machtübertragung am 30. Januar 1933 erfolgte durch ein hinter den Kulissen geschmiedetes Komplott mit der ausdrücklichen Absicht, den spürbar gewordenen Machtzuwachs der Linken zu verhindern. Goebbels' Tagebuch vom Jahresende 1932 offenbart die tiefe Niedergeschlagenheit innerhalb der NSDAP (die Reichstagswahl vom 6. November

1932 hatte ihr einen Verlust von 2 Millionen und der KPD einen Zuwachs von 0,7 Millionen Stimmen erbracht, die gleiche Stimmenzahl verlor die SPD, das Zentrum erlitt nur leichte Verluste), und die Hilfestellung Hindenburgs und der Deutschnationalen, die ein Drittel der verlorenen NSDAP-Stimmen abgefangen hatten, kam wie eine Rettung aus höchster Not. Nichts ist daher falscher, als die Errichtung der braunen Diktatur auf einen angeblichen Volkswillen zurückzuführen, wie es der erwähnte Telefonwitz tat. Die Hindenburg-Wähler zum Beispiel hatten bei ihrer Stimmabgabe nicht Hitler im Auge. Es war also eine willkürliche Zurechtbiegung des Volkswillens, als Hitler zum Reichskanzler berufen wurde, und bei allen Abstimmungen *nach* diesem Gewaltakt kann man natürlich nicht mehr von Wahlen im eigentlichen Sinne sprechen, zumal nun die Kombination von Terror und Demagogie auf Hochtouren lief.

Dennoch gab es auch hier noch erstaunliche Vorgänge (fast 5 Millionen Stimmen für die KPD noch am 5. März 1933!), und die bereits erwähnte Abstimmung über den Anschluß Österreichs am 10. April 1938 erbrachte beispielsweise in Eisleben 50 Nein-Stimmen. Im Vereinslokal des Eisleber Männerturnvereins wurde dieses Wahlergebnis besprochen und dabei erwähnt, daß die Gestapo bereits einen Großteil dieser Wähler ermittelt habe.

Die gleichgeschaltete Presse sorgte darüber hinaus für eine einheitliche Willensbildung. Ein Flüsterwitz legte einem alten Pressemann die Worte in den Mund:

> Die Bäume des Waldes haben es gut. Sie färben im Herbst ihre Blätter einfach braun. Wenn wir nur erst wüßten, wie wir unsere Blätter jetzt färben sollen!

Man muß allerdings sagen, daß es die nazistische Propaganda nicht allzu schwer hatte, die Massen zu gewinnen, weil sie auf latente Ängste mit Heilsversprechungen unterschiedlichster Art reagierte, ein stolzes Wir-Gefühl vermittelte und ihre Angriffe auf Minderheiten – nämlich Juden und Kommunisten – richtete. Dies waren international gesehen zwar Gruppen von beträchtlicher Größe, aber innerhalb Deutschlands waren es Minderheiten, und die Masse des Volkes wurde von den Ausfällen nicht berührt. Insofern ist die Massenbasis des Nationalsozialismus in gewisser Weise erklärbar, und es ist kein Wunder, daß der politische Witz jener Tage dieses Thema wiederholt streifte.

Dr. Ley besucht eine Fabrik und fragt danach den Direktor nach der Haltung der Arbeiter.
«Haben Sie noch Sozialdemokraten?»
«Ja, 50%.»
«So! Haben Sie auch noch Kommunisten?»
«O ja, 30%.»
«Sind denn auch noch Zentrumsleute hier?»
«Gewiß, 20%.»
«Ja, aber haben Sie denn gar keine Nationalsozialisten?»
«Doch, das sind sie alle!»

Hier wurde in drastischer Form das ausgesprochen, was ein damals vielzitiertes chinesisches Sprichwort auf poetische Art so ausdrückt:

Das Wesen des Herrschers ist Wind.
Das Wesen des Volkes ist Gras.
Wenn der Wind kommt, beugt sich das Gras.

Unausgesprochen bleibt, daß sich das Gras, wenn der Wind vorüber ist, wieder aufrichtet.

Im Grunde ging es in dem oben zitierten Witz darum, die NSDAP als eine Partei von bloßen Heuchlern darzustellen, und man darf die Einzelheiten nicht auf die Goldwaage legen, zumal die Frage eines möglichen Widerstands völlig ausgeklammert wurde. Dies besorgte ein anderer Flüsterwitz:

«Ich bin ein uralter Kämpfer», sagt Tünnes, «ich bin schon hinter der Hakenkreuzfahne hergelaufen, als das Hakenkreuz noch gar nicht drin war!»

Damit wurde eine Thematik berührt, die sich nicht nur in der Tünnes-und-Schäl-Stadt Köln, sondern auch in Wien besonderer Beliebtheit erfreute, wo man von einem Mann in der Mariahilfer Straße berichtete, der eine zu lange Hakenkreuzfahne hatte, diese beschnitt, so daß das Hakenkreuz wegfiel und nur noch die rote Fahne übrigblieb – wie es vierzig Jahre später in dem Film «Der Bockerer» plastisch vor Augen geführt wurde.

Was den von Tünnes zitierten «alten Kämpfer» betrifft, so gab es in der Hitlerära folgende Scherzfrage:

«Was ist der Unterschied zwischen Veteranen und alten Kämpfern?»

Antwort: «Veteranen gibt's immer weniger, alte Kämpfer immer mehr!»

Dieser Witz verstummte jedoch in den Kriegsjahren und machte einem anderen Platz:

Viele Parteigenossen sind blasenkrank. Sie möchten gern austreten, können aber nicht.

Der Wechsel zwischen diesen beiden Witzen charakterisiert eine geistige Wende, die im unmittelbaren Zusammenhang mit der militärischen Situation stand. Die Partei wurde immer mehr zum lästigen Übel, so daß ein Flüsterwitz verkündete:

Wer der Partei 5 neue Mitglieder zuführt, darf selbst austreten. Wer 10 neue Mitglieder wirbt, bekommt sogar eine Bescheinigung, daß er nie in der Partei gewesen ist.

Sogar witzige Zeitungsinserate wurden erfunden, zum Beispiel:

Tausche goldenes Ehrenzeichen gegen Siebenmeilenstiefel!

Die Angriffe gegen die NSDAP und ihre Gliederungen beschränkten sich jedoch nicht auf das Erzählen von Witzen, sondern allenthalben wurden Versuche unternommen, irgendwie das selbstherrliche Agieren dieser Organisation zu stören und manchmal sogar lächerlich zu machen. Dazu zählt die im Jahre 1939 aufgekommene Sitte, hektographierte Einladungen zu Großkundgebungen persönlich ausführlich zu beantworten, um damit die Dienststellen der NSDAP zusätzlich zu belasten und unterschwellig zu verhöhnen. Mir liegt noch die Durchschrift eines Briefes vor, den mein Großvater am 15. April 1939 an den Ortsgruppenleiter Koch geschrieben hatte und den ich nachfolgend wörtlich zitiere:

«Für Ihre Einladung zur Großkundgebung sage ich meinen besten Dank, doch kann ich dieser zu meinem großen Bedauern nicht Folge leisten, da mein gegenwärtiger körperlicher Zustand den Besuch leider nicht gestattet. Ich fühle mich nicht im Stande, im Alter von 73 Jahren den weiten Weg von meiner Wohnung bis zum Versammlungslokal und zurück (6 km) bei Dunkelheit zurückzulegen, auch meine fast gleichaltrige Frau ist durch die nötigen vielen Einkaufswege und Hausarbeit abends so abgespannt, daß sie dann ihre nötige körperliche

Ruhe haben muß. Ich bitte dieserhalb, unser Ausbleiben zu entschuldigen.

Heil Hitler!
H. Ecke
Knappsch. Invalid»

Die Bedeutung, die der Gruß «Heil Hitler!» angesichts solcher in großer Anzahl verschickter Briefe bekommen mußte, dürfte auch dem phantasielosen Ortsgruppenleiter einigermaßen aufgegangen sein.

Eine andere Aktion, die ebenfalls im Jahre 1939 ins Leben gerufen worden war, richtete sich gegen stadtbekannte NS-Funktionäre. Diese erhielten unfrankierte Briefe, auf die sie natürlich Strafporto zahlen mußten und die den folgenden Spottvers enthielten:

Siehst du wohl, du Trauerkloß,
so wirst du deine Groschen los!

Eine zusätzliche Pointe war, daß die «Eisleber Zeitung» diese Verse abdruckte und das Ganze als «unverantwortlichen dummen Scherz» öffentlich anprangerte.

Im Männerturnverein, dem ich damals angehörte, wurden diese Vorgänge ausführlich glossiert und belacht, wie überhaupt die Gemeinschaft der Sportler ein besonderes Terrain für politische Witze war. Hier herrschte ein gesunder Menschenverstand, und als vom Reichsbund für Leibesübungen die Anordnung eintraf, beim Einmarsch zu Wettkämpfen ein Lied zu singen (vorgeschlagen wurde «Ein junges Volk steht auf» oder das «Niedersachsenlied»), erklärte unser Riegenführer: «Wir singen nicht. Sonst heißt es noch, der Text war falsch, und wir kriegen Punktabzug.»

Die Flüsterwitze gingen oft bis an die Grenze des Gewagten. So wurde im Anschluß an die Röhm-Affäre gespottet, die Reichsverfassung würde geändert und erhalte nur einen Paragraphen: «Der Führer ernennt und erschießt die Minister!» Und es wurde von einem Presseempfang berichtet, den Goebbels gegeben haben sollte, auf welchem er einem amerikanischen Journalisten sagte:

«Wenn Ihr Roosevelt eine SS hätte wie unser Führer, dann gäbe es in den USA keine Gangster mehr!»
«Bestimmt nicht», erwiderte der Amerikaner höflich, «die wären dann alle längst Standartenführer.»

Auch über Hitlers Buch «Mein Kampf» wurde gewitzelt: Es sei nur noch auf Kleiderkarte erhältlich, weil es zu den «Spinnstoffen» gehöre.

Ein weiteres Thema war die einsetzende Uniformierung großer Teile der Bevölkerung. Jede Gliederung und Untergliederung der NSDAP hatte eine besondere Uniform, selbst die «Technische Nothilfe». Aus diesem Grunde werde in der Wehrmacht überlegt, hieß es spöttisch, ob ihre Angehörigen nicht besser in Zivilkleidung gehen sollten – damit sie sich von der übrigen Bevölkerung unterscheiden!

Von besonderer Aggressivität war folgender Witz:

> «Welcher Unterschied ist zwischen der Wehrmacht und der SA?» «Bei der Wehrmacht heißt es: Legt an, gebt Feuer! bei der SA aber: Gebt an, legt Feuer!»

Nicht zu Unrecht wird dem Flüsterwitz nachgesagt, daß er vor allem auf eine Isolierung der NSDAP abzielte, das heißt, die Mauer sichtbar machte, welche diese Partei von einem Großteil der Bevölkerung trennte. Um diese Trennung irgendwie zu überbrücken, verfielen die nationalsozialistischen Ideologen auf alle möglichen, mitunter geradezu lächerlich wirkende Politinszenierungen: So wurde beispielsweise der 450. Geburtstag Martin Luthers am 10. November 1933 zu einer Tragikomödie ersten Ranges. Der Eisleber Marktplatz wimmelte von Hakenkreuzfahnen, SA war aufmarschiert, und in einem Festspiel (Titel: «Der Bergmann Gottes») wurde gleichsam durch die Hintertür der Beweis erbracht, daß Luther eigentlich ein Vorkämpfer der nationalsozialistischen Idee gewesen sei. Der Festzug selbst wurde durch ein Spalier von SA-Männern und Hitlerjungen geleitet, so daß der im historischen Lutherwagen sitzende Eisleber Rechtsanwalt Mehliß, welcher den Reformator darstellte, nur noch die Hand zum Hitlergruß hätte erheben müssen, um den Aufmarsch angemessen abzurunden.

In der offiziellen Kundgebung auf der Eisleber Wiese, zu der sich 25 000 Bürger eingefunden hatten, kam es zu einer verbalen Groteske von nie dagewesener Art. Der Reichsbischof Ludwig Müller hielt die Festrede und verstieg sich zu folgender Erklärung: «Seit Luther die Augen schloß, ist ein solcher Sohn dem deutschen Volk nicht wieder geschenkt worden... Erst einem war es beschieden, und euch war es beschieden, diesen einen zu erleben: Der arme kleine Waisenjunge aus Braunau, der Musketier des ersten Weltkrieges, er mußte kommen, damit das Volk noch einmal den Sohn aus seiner Mitte vor sich die Fahne tragen sah und seine Stimme verstand: Adolf Hitler, der neue Führer unseres Volkes. Und darum, Lutheraner, deutsche Männer, Frauen und Kinder, dem Führer des 20. Jahrhunderts unseren Gruß! Die Hände hoch, unserem Führer ein dreifaches Siegheil!»

Gehorsam wurde dieser Befehl des Reichsbischofs ausgeführt, worauf er hinzufügte. «Die evangelische Kirche Luthers, sie wird eine deutsche, eine nationalsozialistische Kirche sein oder sie wird nicht sein.»

Und um keine irgendwie gearteten Zweifel aufkommen zu lassen, machte er die abschließende Bemerkung: «Wenn dieser neugewordene Staat mit dieser neugewordenen Kirche Schulter an Schulter in den Kampf geht, da heben wir die Welt aus den Angeln.»

Fast überflüssig erschien es angesichts solcher Worte, daß der NSDAP-Kreisleiter v. Alvensleben zum Abschluß der Kundgebung feststellte: «Es hätte diese Lutherfeier und in Zukunft auch keine weitere mehr gegeben, auch kein evangelisches Christentum mehr, wenn Adolf Hitler nicht gekommen wäre!»

Wie mit Luther verfuhr man auch mit Thomas Müntzer, der in gleicher Weise ideologisch vereinnahmt wurde. In einem Festspiel an der Ruine Bornstedt traten Pimpfe als aufständische Bauern auf und sangen zum rhythmischen Klang ihrer Trommeln:

Die Bundschuhfahne weht uns voran.
Der Thomas Müntzer führt uns an.
Bauern, auf zum Sturm!

Der Sohn eines Eisleber Rechtsanwalts spielte den Thomas Müntzer, und sein Ausruf am Ende des ersten Aktes: «Ich komme!» ließ die Herzen der anwesenden NS-Funktionäre höher schlagen.

Die willkürliche Identifizierung mit Thomas Müntzer und seinen aufständischen Bauern führte so weit, daß verschiedene Einheiten des Jungvolks nach berühmten Bauernkriegern benannt wurden (beispielsweise gab es das «Fähnlein Frundsberg»), und das Lied «Die Bauern wollten Freie sein» gehörte zum Stammrepertoire ihrer Gesänge.

Es fehlte also nicht an ideologischen Klimmzügen, um die NSDAP nach vielen Seiten hin hoffähig zu machen, aber dennoch blieb ihr der Erfolg zu einem großen Teil versagt.

Zum Verständnis dieser Situation habe ich die Erinnerung an verschiedene gesellschaftliche Bereiche eingeblendet; denn nur am Wirken jener realen Kräfte läßt sich das Ausmaß der Distanz erkennen, die zur Ideologie und Politik der NSDAP bestand. Ich habe weit mehr Gegner des nationalsozialistischen Systems kennengelernt, als man angesichts der von Hitler und Goebbels heraufbeschworenen Massenpsychose vermuten könnte, und es bleibt also das erstaunliche Phänomen, daß unter den Millionen Heilrufern, wie sie die Großkundgebungen auch heute noch durch die Vorführung alter Wochenschauen dokumentieren, nur wenige waren, die sich der offiziellen Ideologie mit dem Herzen verschrieben hatten. Nach dem Rausch solcher Veranstaltungen – daheim in ihren vier Wänden oder am gewohnten Arbeitsplatz – waren sie wieder «sie selber», fühlten als Einzelmenschen und brachten die Courage auf, über einen Flüsterwitz zu lachen, der jene angeblich heiligen Güter angriff.

Zu den heiligen Gütern des deutschen Normalbürgers gehörte übrigens auch die Figur des Reichspräsidenten Paul von Hindenburg. Zur Kennzeichnung der Rolle, die dieser Mann im Bewußtsein der Bevölkerung einnahm, sei an eine Episode aus dem Jahre 1929 erinnert: Damals ging durch die Presse die Meldung, Hindenburg sei bei einem Ausritt unglücklich vom Pferd gestürzt. Diese an sich harmlose Nachricht nahm eine derartige Gestalt an, daß wir als Kinder daraus ein Spiel machten. Wir schwangen uns auf die Sofalehne und ließen uns mit dem Ruf «Hindenburg ist vom Pferd gefallen!» seitlich herab.

Eine solche bis in die Kinderzimmer ausstrahlende Popularität kam nicht von ungefähr. Viele Bürger, die Hitler ablehnten, stimmten nämlich für Hindenburg – und zwar in der ehrlichen Überzeugung, dieser sei etwas anderes als jener, nicht einmal sein Steigbügelhalter, und in der Verkennung dieser Umstände lag ein verhängnisvoller Irrtum großer Teile des Bürgertums. (Daß sogar ein Dichter wie Gerhart Hauptmann diesem Irrtum unterlag und in einem Nachruf auf den Tod Hindenburgs wörtlich schrieb: «In diesem Mann war Gott. Mit diesem Gefäß hatten die ewigen Mächte das deutsche Schicksal innigst vereint», mag zur Charakterisierung der Gesamtsituation am Rande vermerkt werden.)

Es kann deshalb nicht hoch genug eingeschätzt werden, daß der politische Flüsterwitz gleichsam in einer ideologischen Vorstufe auch auf Hindenburg zielte, um ihn als Wegbereiter des Nationalsozialismus zu kennzeichnen, wobei man in Ansehung seines hohen Alters zumeist den Begriff der Trottelhaftigkeit ins Feld führte.

So soll es, nachdem Hitler als neuer Reichskanzler den Reichspräsidenten verlassen hatte, zu folgendem Gespräch zwischen letzterem und seinem Staatssekretär gekommen sein:

«Sagen Sie mal, Meißner – da war doch früher immer so ein netter junger Mann mit 'ner Brille bei uns Reichskanzler?»
«Ach, Sie meinen Dr. Brüning, Herr Reichspräsident?»
«Richtig! Der kommt aber gar nicht mehr. Ist der denn nicht mehr bei uns?»

Nach einer anderen Version fragt Hindenburg seinen Staatssekretär, nachdem Hitler seinen Vortrag beendet hat und gegangen ist: «Seit wann trägt Brüning eigentlich einen Schnurrbart?»

Allmählich wurden die Glossen immer schärfer.

Goebbels teilt Hindenburg stolz mit, morgen werde wieder ein großer Fackelzug stattfinden.
«Fein», ruft Hindenburg aus, «dann darf ich wieder bis 10 Uhr aufbleiben!»

Diese Anekdote knüpft an eine Episode an, die man Hindenburg am Ende der Weimarer Republik nachsagte, als er bereits nicht mehr imstande war, ohne Souffleur eine Rede zu halten.

Hindenburg wettert über die Verlotterung der Jugend, und der Souffleur spricht ihm vor: «Nächtelang treiben sie sich in Bars herum ...»
Hindenburg wiederholt: «Nächtelang treiben sie sich in Bars herum ...»
Der Souffleur fährt fort: «... und auf Bällen ...»
«Wie?» flüstert Hindenburg.
Der Souffleur wiederholt: «... und auf Bällen ... Bällen ...»
Hindenburg mit sonorer Stimme: «Wau – wau!»

In dieses vom politischen Witz gezeichnete Bild paßt der historisch verbürgte Vorgang, daß Hitler nach seinem letzten Gespräch mit Hindenburg kurz vor dessen Tod erklärt hat: «Er hat mich nur noch mit ‹Majestät› angeredet.»

In der Tat war Hindenburg noch zu seinen Lebzeiten bereits von der Bevölkerung abgeschrieben, und es hieß: «Alles ist nur möglich, weil er schon gar nicht mehr da ist, er wird von Adele Sandrock gespielt.»

Sarkastisch munkelte man: «Die Wilhelmstraße muß dauernd gefegt werden, er unterschreibt nämlich sonst jedes Blatt Papier!»

Damit wurde der nahtlose Übergang von Hindenburg zum Hitlerregime plastisch veranschaulicht, und in der Folgezeit hat sich der Flüsterwitz, soweit er die ideologische Plattform der NSDAP aufs Korn nahm, immer wieder auf historische Vergleiche, die zuweilen psychologischen Charakter annahmen, gestützt.

«Was ist der Unterschied zwischen Luther, Hitler, Goebbels und Schacht?» lautete eine Frage, und die Antwort war:
«Luther sagt, was er glaubt.
Hitler glaubt, was er sagt.
Goebbels glaubt nicht, was er sagt.
Schacht sagt nicht, was er glaubt.»

Ganz zwangsläufig erfaßte der politische Witz auch die ökonomischen Seiten der als Ideologie getarnten nationalsozialistischen Richtung, und es spricht für den sicheren Instinkt der damaligen Bevölkerung, daß die Attacken auf die NSDAP diesem Umstand besonders Rechnung trugen.

Alles hat seinen Preis

An der Spitze der Beispiele aus diesem Bereich könnte jener Witz stehen, der vor allem in Österreich beharrlich die Runde machte:

«Was ist ein Reaktionär?»
«Der Inhaber eines gutbezahlten Postens, der einem Nazi gefällt!»

Das Denunziantentum stand nach dem Anschluß Österreichs an das Reich 1938 in höchster Blüte, und der zitierte Witz gründet sich auf einen historischen Vorgang, der in Wien Stadtgespräch war und die Methoden der nationalsozialistischen Führung hemmungslos bloßlegte: Der Reichsaußenminister Ribbentrop hatte auf einer Fahrt durch das Salzkammergut das Schloß des Wiener Barons Fuschl gesehen und daran Gefallen gefunden. Er bewirkte, daß der Baron in das Konzentrationslager Dachau kam, und konnte sich auf diese Art Schloß Fuschl aneignen.

In Wien löste dieses Vorgehen Ribbentrops helle Empörung aus, und es ist kein Zufall, daß die ökonomische Seite des Flüsterwitzes besonders von den Wienern, die von alters her eine besondere Einstellung zum persönlichen Eigentum haben und dieses heilige Requisit nun gefährdet sahen, gepflegt wurde. Und was Ribbentrop als unmittelbaren Verursacher dieser Erscheinung betrifft, so war den Wienern beispielsweise bekannt, daß er gar keinen Adelstitel besaß, sich vielmehr völlig unberechtigt «v. Ribbentrop» nannte. Unter Ausnutzung einer nach dem Jahre 1918 entstandenen veränderten Rechtssituation hatte er sich von einer entfernten Verwandten gleichen Namens adoptieren lassen, worauf Goebbels höhnisch bemerkte: «Seinen Namen hat er gekauft, sein Geld hat er geheiratet, und sein Amt hat er sich erschwindelt.» Über Ribbentrop kursierte folgender aufschlußreicher Witz:

> Hitler will Ribbentrop protegieren und sagt zur Göring: «Für unsere Beziehungen zu England ist Ribbentrop sehr wichtig, da er ‹Lord So und So› und ‹Mr. So und So› kennt.»
> Darauf Göring: «Ja, aber die Schwierigkeit ist, daß diese ihrerseits Ribbentrop kennen.»

Auch ein Gespräch zwischen Hitler und Ribbentrop wurde Gegenstand eines Witzes:

> Ribbentrop: «Wenn der Krieg vorbei ist, werde ich mir eine vornehm geschnitzte Truhe anfertigen lassen. Dahinein werde ich alle Staatsverträge legen, die ich während meiner Amtszeit gebrochen habe und die ich in Zukunft brechen werde.»
> Hitler: «Und ich werde Ihnen eine zweite Truhe schenken, wenn die erste voll ist.»

Der Volksmund sprach sehr beziehungsreich von «Ribbensnob», und es wurde eine sarkastische Bemerkung von Goebbels verbreitet, derzufolge «jeder der führenden Männer wenigstens eine lobenswerte Seite habe, nur Ribbentrop nicht».

Nicht von ungefähr wurde dieser Mann in den folgenden Flüsterwitz einbezogen:

> «Wer wird gerettet, wenn der Führer, Göring, Ribbentrop über das Schwarze Meer fahren und das Schiff umkippt?» – «Deutschland!»

Die wirtschaftliche Not vieler Menschen bildete den Hintergrund derartiger Attacken, und der 1876 geborene Karl Jarosch aus Wien-Fünfhaus hatte bei seiner Verhaftung durch die Gestapo neben anderen Witzen das folgende Wortspiel bei sich:

Kreuzer Gulden – Schulden
Kronen Heller – nichts im Teller
Schilling Groschen – halten Goschen
Mark Pfennig – alles zuwenig
Rubel – dann Jubel

Das Sondergericht verurteilte ihn zu acht Monaten Gefängnis und führte in der Urteilsbegründung aus: «Seine staatsfeindliche Einstellung spricht dafür, daß er diese ‹Witze› in der Absicht weitergegeben hat, um sie als politisches Kampfmittel in Anwendung zu bringen.»

Zur selben Zeit wurde ein Bürger zu sechs Monaten Gefängnis verurteilt, weil er nach dem Absturz des Jagdfliegers Werner Mölders und dem nahezu gleichzeitigen als Fliegerunfall getarnten Selbstmord des Generaloberst Udet ausgerufen hatte: «Schade, daß Göring nicht fliegt!»

Auch das Schicksal jenes Hernalser Straßenbahners, der in den Dienstraum des Straßenbahnhofs Hernals mit den Worten hineinplatzte: «Was sagt ihr zu unserem neuesten Sieg in Charkow? Charkow haben wir planmäßig geräumt. Ist das nicht ein Schlager?» und hierfür ein Jahr Gefängnis erhielt, sei an dieser Stelle erwähnt, wobei hinzugefügt werden muß, daß die Betroffenen nach ihrer Haftverbüßung zumeist in Konzentrationslager kamen.

Zu den Witzen, die seinerzeit in Wien erzählt wurden, gehört der von jenem Diener Görings, der um seine Entlassung bittet, weil der Dienst zu «lebensgefährlich» sei.
«Wieso?» fährt Göring auf. «Wir sind doch im Hinterland!»
Da erklärt der Diener: «Wenn ich in den Weinkeller gehe, rutsch' ich auf der Butter aus, und wenn ich mich nicht an der Salami festhalte, falle ich ins Eierfaß.»

Die Wut des Normalverbrauchers über die Freßdelirien der «Großkopfeten» ist hier unüberhörbar, wie auch in folgendem:

Zur Zeit des sogenannten Vierjahresplanes sitzen Hitler und Göring beieinander in der Reichskanzlei, als unten von der Straße der Ruf ertönt: «Selbst gezogene Bananen!»
«Das ist großartig!» ruft Hitler und springt auf. «Jetzt sind wir also schon so weit, Bananen in Deutschland zu züchten.»
Göring, der Lenker des Vierjahresplanes, wirft sich selbstgefällig in die Brust, öffnet das Fenster und ruft zu dem Straßenver-

käufer hinunter: «He, Sie! Seit wann ziehen Sie denn Bananen?»
«Ja, lieber Herr», schreit der Mann zurück, «seit mein Gaul an dem verdammten Vierjahresplan verreckt ist. Jetzt muß ich meine Bananen selbst ziehen!»
Der Mann spannt sich wieder vor seinen Karren und ruft weiter: «Selbst gezogene Bananen!»

Nicht auf einem Wortspiel, sondern einer unvermuteten Enthüllung basierte die Pointe des folgenden Flüsterwitzes:

Zu der Zeit, als die Hamsterer in allen Landstrichen mit Feuer und Schwert verfolgt wurden, riß auf einer kleinen Bahnstation ein Wachtmeister plötzlich die Abteiltür auf und schrie den dort sitzenden Fahrgast mit blutunterlaufenen Augen an: «Ham's a Butter?»
«Um Gottes willen, nein», beteuerte der Fahrgast.
Der Polizist dämpft die Stimme:
«Brauchn's aane?»

Von Weiß Ferdl wurde berichtet, daß er – als das berühmte «Platzl» in München von lauter hohen Naziführern besucht war – zu Beginn der Vorstellung eine Sammelbüchse nahm und die Reihen abklapperte.
Die Besucher spendeten gutgelaunt.
Dann begann aber Weiß Ferdl seine Sammlung wieder von vorne, und schließlich sammelte er auch noch zum dritten Male.
Da wurden die Gäste äußerst ungeduldig, und einer rief laut:
«Wann soll denn der Unsinn mit dem Sammeln aufhören?»
Weiß Ferdl antwortete verschmitzt: «Lieber Mann, dös frag' i mi aa immer!»

Ums liebe Geld drehten sich zu dieser Zeit, in der eigentlich das Geld gar nicht mehr so viel wert war, merkwürdigerweise sehr viele Witze. Zuweilen setzten sie sich mit der Gefahr auseinander, daß die gesparten Notgroschen irgendeinem neidischen Denunzianten zum Opfer fallen konnten. Aus diesem Gefühl heraus resultierte der folgende Flüsterwitz:

Stutzinger hat mit Müh und Not dreihundert Mark erspart und trägt sie auf die Bank, weil er gehört hat, daß man das so macht.

Als er am Bankschalter steht, um einzuzahlen, kommen ihm aber doch Bedenken, sich von dem schönen Geld zu trennen.
«Sagen Sie», fragt er den Bankbeamten, «ist das Geld bei Ihnen bestimmt gut aufgehoben? Ich meine, falls mir etwas zustößt, ist es dann noch da, wenn ich einmal wiederkomme?»
«Aber ich bitte Sie!» antwortet ihm der Beamte mit überlegenem Lächeln. «Natürlich steht Ihnen die Bank für den Betrag jederzeit gut!»
«Was ist aber», fragt Stutzinger vorsichtig, «wenn Herrn Bankdirektor Rosendahl etwas zustößt und die Bank zum Konkurs gezwungen wird?»
«Das ist zwar sehr unwahrscheinlich, lieber Herr... aber bitte, in diesem Fall würde natürlich das Deutsche Reich die Garantie übernehmen.»
Stutzinger ist noch nicht zufrieden. «Und wenn das Deutsche Reich zugrunde geht?»
«Also, das sollte Ihnen dreihundert Mark wert sein!»

Zu einer drastischen Äußerung des Volkswillens kam es, als das nationalsozialistische Regime eine angeblich dem Allgemeinwohl dienende finanzpolitische Maßnahme verkündete: die Kinderbeihilfe.

Der Ausruf eines Zimmermannes aus Neustift: «Die Kinderbeihilfe gehört weg! Da zahlt man fürs Huren, damit sie wieder Leute haben zum Erschießen!» ging von Mund zu Mund, und als das Sondergericht Wien diesen Zimmermann wegen seiner Äußerung zu acht Monaten Gefängnis verurteilt hatte, war das Zitat von der Kinderbeihilfe in den Augen der demokratisch eingestellten Bürger sozusagen heiliggesprochen.

Es ist vielleicht angebracht zu erwähnen, daß dieses Zitat – wie überhaupt die meisten politischen Flüsterwitze – vor allem in einem ganz bestimmten Milieu kursierte, nämlich am Wiener Naschmarkt. Ich hatte ein Jahr lang – vom Sommer 1943 bis zum Sommer 1944 – mit den dortigen Gemüsehändlern beruflich zu tun, weil ich zum Gartenbauwirtschaftsverband in der Köstlergasse dienstverpflichtet war, und in dieser Atmosphäre waren die politischen Witze sozusagen zu Hause. Nicht umsonst war die «Fratschlerin» vom Naschmarkt eine beliebte Persönlichkeit in Wienerliedern, und man sagte ihr eine besondere Zungenfertigkeit nach. Die hielt sogar in Stunden äußerster Bedrängnis an, und als ich während eines alliierten Luftangriffs, dem unter anderem die Staatsoper, das Burgtheater und das repräsentative Hotel Heinrichshof zum Opfer fielen, in einem Luftschutzkeller am Naschmarkt Zuflucht fand, machten diese Fratschlerinnen unentwegt ihre bissigen Bemerkungen über Hitler.

Im übrigen hatten die in den Wiener Gartenbaubetrieben tätigen Bürger natürlich mitbekommen, welche Personalpolitik in diesem Bereich betrieben wurde. Direktor des Wirtschaftverbandes war ein SS-Führer und der Leiter unserer Abteilung ein pensionierter Oberstleutnant, so daß man sich vorstellen kann, nach welchen Gesichtspunkten die Obst- und Gemüseverteilung für die Stadt Wien erfolgte. Der Löwenanteil ging an die NSDAP und ihre Gliederungen, so daß der Unmut der Bevölkerung über diese Zustände rapide wuchs und im Dezember 1943 am Wiener Naschmarkt von Stand zu Stand folgendes verkündet wurde:

> «Die deutsche Weihnachtsgans muß sein: fett wie Göring, schnatternd wie Goebbels, gerupft wie das deutsche Volk und braun wie die Partei!»

Die Erfindung dieses Witzes wurde übrigens dem Schauspieler Rudolf Carl in den Mund gelegt, der in der Köstlergasse direkt über den Büroräumen des Gartenbauwirtschaftsverbandes wohnte. Aber hier gilt, was bereits über andere populäre «Urheber» gesagt wurde: der Volksmund suchte berühmte Leute, um die Wirkung eines Flüsterwitzes zu erhöhen.

Um diese Zeit wurden auch Erscheinungen wie das Eintopfessen, das man amtlicherseits dem Volk vorschrieb, satirisch aufgespießt, und zwar nicht nur in Flüsterwitzen, sondern auf offener Bühne. So kam es in einer Aufführung der Operette «Der Bettelstudent», die peinlicherweise vom Rundfunk übertragen wurde, zu einem vielbelachten Vorfall:

> Der Sänger des Oberst Ollendorf, der soeben seiner Partnerin berichtet hatte, daß er wegen eines Kusses auf die Schulter mit dem Fächer ins Gesicht geschlagen worden war, wurde von dieser gefragt: «Was taten Sie darauf?»
> «Ich kochte.»
> «Was kochten Sie?»
> «Eintopf – Nein, Wut!»

Solche Eintopfwitze – so harmlos sie auch oft ausfielen – waren Anzeichen der Unzufriedenheit mit den Versorgungsverhältnissen, genauer gesagt: mit der ungleichen Verteilung der Güter. Die Protektionswirtschaft war so offenkundig, daß es kleinere Bühnen wagten, in bestimmten Stücken diese Zustände öffentlich anzuprangern. So brachte es der bekannte Wiener Schauspieler und Theaterdirektor Fritz Eckhardt fertig, in einer Nestroy-Bearbeitung des Lustspiels «Nur keck», dessen Aufführung ich 1943 erlebte, ein Couplet über die Protektion einzubauen, das beängstigende aktuelle Bezüglichkeiten enthielt und jeweils mit dem Reim endete:

Ja, die Sach' mit der Protektion is a heikle G'schicht:
Der eine, der hat sie, der andre hat sie nicht!

Die Sonderzuteilungen an Funktionäre der NSDAP und überhaupt ihre zahlreichen Privilegien stießen auf Unverständnis und Widerwillen, und häufig geschah es, daß jemand wegen angeblich gehässiger Äußerungen, die auf diese Zustände zielten, vor Gericht gestellt wurde.

Durch Urteil vom 10. Januar 1941 wurde ein Bergarbeiter vom I. Strafsenat des Reichsgerichts wegen Vergehens gegen § 2 Abs. 2 des Heimtückegesetzes bestraft, weil er an seiner Arbeitsstelle – etwa 100 Meter unter Tage – gegenüber einem ihm nicht befreundeten Arbeitskameraden «gehässige Äußerungen über den Führer und Reichskanzler und den Reichsmarschall» gebrauchte, ohne daß diese Auslassungen von einem Dritten gehört werden konnten. Er hätte – so wurde in dem Urteil festgestellt – «den Umständen nach annehmen müssen, daß seine Äußerung in die Öffentlichkeit dringt».

Mit gleicher Schärfe reagierte das Reichsgericht durch Urteil vom 14. April 1942 auf die Tatsache, daß ein Arbeiter auf die Kunde hin, daß ein Funktionär der NSDAP im Feldzug gegen Frankreich gefallen sei, bemerkte: «Gott sei Dank! Der Herrgott hätte nichts Besseres tun können!» Hier wurde durch die juristische Konstruktion, entehrende Äußerungen über einen Gefallenen würden eine Beleidigung der hinterbliebenen Witwe enthalten, die Bestrafung nach § 185 StGB ermöglicht.

Im allgemeinen jedoch gingen derartige Verfahren nicht so harmlos aus, und es wurde bereits darauf hingewiesen, daß viele der Erzähler von politischen Witzen, die vor dem Volksgerichtshof standen, zum Tode verurteilt wurden.

Wie systematisch diese Richter zu Werke gingen, zeigt der Fall des

Potsdamer Verlagsbuchhändlers Bonneß, den der Volksgerichtshof Anfang 1944 zum Tode verurteilte, weil er am Stammtisch in witziger Form eine Wiederherstellung der Monarchie als wünschenswert bezeichnet hatte. In der Urteilsbegründung finden sich folgende Ausführungen: «Daß diese an sich kindischen Redereien aber doch hochgefährlich wirken und günstigen Nährboden finden können, zeigt ihre wiederholte Aufnahme am Stammtisch. Die alten Herren schwiegen meist, einzelne nickten, und andere erklärten sogar, das ließe sich theoretisch erörtern.»

Diese Hinweise offenbaren, daß die Justizbehörden das gesamte Umfeld eines politischen Angeklagten ergründeten, wie es auch im Fall des Wieners Steffek geschehen ist, der 1943 vom Volksgerichtshof zum Tode verurteilt wurde, weil er geäußert hatte: «Was die vom Propagandaministerium bringen, das glauben wir Wiener nicht, das frißt ja kein Hund!»

Die Urteilsbegründung macht deutlich, daß dieser Vorfall, der sich am 31. Mai 1943 in einer öffentlichen Gastwirtschaft in Rettenegg in der Steiermark zugetragen hatte, zum Gegenstand eingehender Untersuchungen der gesamten Gespräche in dieser Gastwirtschaft gemacht wurde.

Die genannten Fälle zeigen, daß Gastwirtschaften und Stammtischrunden nicht erst in den Kriegsjahren ein wesentliches Forum für die verschiedenartigsten Dokumentationen der Unzufriedenheit der Bürger darstellten. Ein Lagebericht der Gestapo Berlin stellte zum Beispiel Anfang 1936 fest, daß hinsichtlich der Stimmung «eine weitere Verschlechterung eingetreten ist... In ungünstigem Sinne wird die Stimmung der Bevölkerung nach wie vor in erster Linie durch die materielle Not beeinflußt!»

Die Flüsterwitze jener Zeit glossierten dieses Verhältnis auf ihre Weise:

> Eine Köchin, die ohne Fett Bratkartoffeln zubereiten soll, beginnt die Hakenkreuzfahne über dem Herde hin und her zu schwingen. Auf die Frage nach dem Sinn ihres Tuns gibt sie zur Antwort: «Unter dieser Fahne sind schon viele fett geworden!»

Zur selben Zeit, als dieser Witz im Umlauf war, bildeten sich die nach Butter anstehenden Käuferschlangen (Görings Motto «Kanonen statt Butter» hatte seinen Einzug gehalten), und der Eisleber Theologe Fritz

Wenk, der diese Schlangen fotografierte, wurde verhaftet und im August 1937 vom Volksgerichtshof zu acht Jahren Zuchthaus verurteilt. Er kam später im Konzentrationslager Bergen-Belsen ums Leben.

Die Tatsache, daß zahlreiche Pfarrer die von der NSDAP heraufbeschworenen Mißstände anprangerten, brachte in den Flüsterwitzen jener Zeit immer wieder die Kirche ins Spiel, so zum Beispiel in einer Attacke auf das sogenannte Winterhilfswerk:

> Katholizismus und Nationalsozialismus haben sich endlich auf einer gemeinsamen Basis geeinigt. Die Katholiken sagen: «Morgens Gebet, mittags Gebet, abends Gebet!», die Nazis: «Gebet morgens, gebet mittags, gebet abends!»

Um zu veranschaulichen, was es mit dem von der Bevölkerung so oft und schlagkräftig verspöttelten Winterhilfswerk auf sich hatte, einige kurze Erläuterungen: Am 1. Dezember 1936 wurde das Winterhilfswerk durch ein besonderes Gesetz ins Leben gerufen. Da es ausdrücklich durch den Reichsminister für Volksaufklärung und Propaganda geführt und beaufsichtigt wurde, kommt seinem dekorativen Charakter besondere Bedeutung zu, was vor allem aus der «Verfassung für das Winterhilfswerk des Deutschen Volkes» vom 24. März 1937 hervorgeht, deren § 1 lautete: «Das Winterhilfswerk des Deutschen Volkes, in dem Einsatzbereitschaft und Opferfreudigkeit eines Volkes im Kampf gegen Hunger und Kälte des Winters ihren lebendigen Ausdruck gefunden haben, wird nach dem Befehl des Führers als ständiges Werk der Tat gewordenen Volksgemeinschaft fortgeführt. Die Arbeit des Winterhilfswerks des Deutschen Volkes wird bestimmt von dem Leitsatz: Gemeinnutz vor Eigennutz!»

Damit war ein Schlagwort geprägt, das in der Folgezeit Objekt zahlreicher satirischer Angriffe wurde; denn die Bevölkerung hatte sehr bald begriffen, daß hinter dem angeblichen «Gemeinnutz» der Nutzen der nationalsozialistischen Führer stand.

> «Der Reichstag ist des deutschen Volkes teuerster Gesangverein», wurde gewitzelt. «Er versammelt sich einmal jährlich, singt ein Lied, und jedes Mitglied bekommt dafür 600 Mark monatlich.»

Wesentlich höheren Nutzen erzielten natürlich die obersten Angehörigen der Parteihierarchie, wobei Hitlers luxuriöser Berghof auf dem Obersalzberg, Görings protziges Anwesen Karinhall und Goebbels'

Villen an der Ostsee im Bewußtsein der Bevölkerung eine große Rolle spielten, zumal die Gerüchte nicht verstummten, daß sich Himmler, Ribbentrop und verschiedene Gauleiter noch während der Winterhilfsaktion mit privaten Vermögensverschiebungen ins Ausland befaßten.

Die Folge war eine merkliche Zurückhaltung bei den Sammlungen (obwohl man zum Anreiz bekannte Filmschauspieler auf die Straße schickte), und der politische Witz nahm die populäre Kurzbezeichnung für das Winterhilfswerk (WHW) in sein Repertoire auf, so daß einem Schießstand im Wiener Prater folgende Episode angedichtet wurde:

> Der Budeninhaber gibt einem Kunden das Gewehr in die Hand, lädt es aber nicht.
> «Was soll das bedeuten?» fragt der Kunde.
> «Dös is a neies Spül», erwidert der Inhaber.
> «Was für a Spül?» fragt der Kunde.
> «WHW», erklärt der Schießbudeninhaber. «Sie halten die Büchse hin – i steck' nix rein!»

Der Ausverkauf moralischer Werte war auch in folgendem Flüsterwitz enthalten:

> «Wann ist das Ziel des Vierjahresplanes erreicht?»
> «Wenn sämtliche Werke geschlossen hinter dem Führer stehen!»

Verschiedentlich wurde festgestellt, es gäbe in Deutschland zwei Sorten Menschen: Unterernährte und unterderhand Ernährte!

Und was die bereits erwähnte Butter betraf, wurde man auf die Zeit nach dem Kriege vertröstet: dann nämlich würden sämtliche Führerbilder entrahmt!

Unter Anspielung auf den Reichsbauernführer kam der Spruch «Lieber dreißig Jahre Dürre als ein Jahr Darré» in Mode, und die Frage, welches Eintopfgericht in Deutschland am weitesten verbreitet sei, wurde mit «Gedämpfte Zungen» beantwortet.

Bleibt noch zu erwähnen, daß ungefähr 1938 das Gerücht auftauchte, der neue Volkswagen würde anstelle der Winker WHW-Sammelbüchsen erhalten: Dann weicht das Volk schon von selber aus!

Die Hauptstoßrichtung der von der Bevölkerung geübten Kritik an der Wirtschaft traf natürlich den Mann, der im Hintergrund die Fäden zog:

Göring, Goebbels und Schacht waren am vergangenen Sonnabend in einem Restaurant und wurden von niemandem erkannt. Woran das lag? Ganz einfach: Göring war in Zivil, Goebbels hat während der ganzen Zeit den Mund nicht aufgemacht... und Schacht hat bezahlt!

Im Volksmund galt Schacht nämlich als derjenige, der für die Aufrüstung in aller Welt Schulden machte, Kredite aufnahm und nie bezahlte – was man im übrigen auch dem seinerzeitigen Wirtschaftsminister Schmitt nachsagte.

Eine Parodie auf das Horst-Wessel-Lied lautete:

Die Preise hoch,
Kartelle fest geschlossen,
Das Kapital marschiert mit festem Schritt,
Die Börsenfürsten sind Parteigenossen,
Und für den Sozialismus sorgt Minister Schmitt.

Fortan waren auch die Flüsterwitze – besonders im Anprangern des Kontrastes zwischen Arm und Reich – von aggressiverer Natur.

«Welches Land hat die größte Flotte?» wurde gefragt. «Deutschland», lautete die Antwort. «Es besitzt nicht nur 80 Millionen Kohldampfer, sondern auch den größten Zerstörer der Welt!»

Und die Frage: «Weshalb gibt es so wenig Fett?» ergab die Antwort: «Weil Goebbels so viel schmalzige Reden gehalten hat!»

Auch Göring mußte für diesen Kontrast herhalten, wobei es an direkten Anspielungen nicht fehlte:

In der Kleidung eines Obersteigers mit voller Bergmannsausrüstung geht Göring durch Berlin. «Wohin des Wegs?» wird er gefragt. «Zum Schacht!» erwidert er.

Die Bezeichnung seiner Hochzeit als «Millionenhochzeit im Eintopfland» entsprach durchaus dem Empfinden großer Teile des Volkes, ebenso der folgende Witz:

Ein Nazibonze kommt zu einem Bauern und erklärt ihm, er müsse mehr opfern. Wenn er noch zwei Kühe habe, müsse er eine abgeben, und wenn er zwei Anzüge habe, könne er auch

gut einen abgeben. Die Schwarzen in Afrika zum Beispiel brauchten überhaupt keine Anzüge.
«Wie lange regieren denn dort schon die Nazis?» fragt der Bauer.

Bemerkenswert ist, daß im Verlauf des Krieges, als immer deutlicher wurde, wem der Krieg eigentlich Vorteile brachte und wer die Lasten ganz allein zu tragen hatte, eine große Zahl von Conférenciers und Kabarettisten dazu überging, das Thema «Versorgungslücken und Mangelware» ungeschminkt in ihre Programme, die teilweise vom Rundfunk übertragen wurden, aufzunehmen. Verschiedentlich mußten sie das mit Repressalien büßen – wie beispielsweise die drei Ruhlands –, aber in den meisten Fällen ließ man die Dinge durchgehen, wahrscheinlich in der Meinung, daß ein kleines Ventil zugebilligt werden mußte. Dabei waren die Witze nicht immer so harmloser Natur wie jener, den ich 1943 im Radio von dem Komiker Brandes hörte und der von den Wurstwaren eines Fleischers handelte:

«Wenn das rauskommt, was da reinkommt,
dann kommen die rein und nie wieder raus!»

Vielmehr gingen manche witzigen Vergleiche an den Nerv der Dinge, wobei allerdings oft die Grenze zum unterschwellig wirkenden pronazistischen Witz überschritten wurde. Wenn beispielsweise von einem «Westwallkaffee» gesprochen wurde, der «uneinnehmbar» sei, so stand hier das Lob für die Rüstungsindustrie weit über der Kritik an der Qualität des Kaffees.

Im Gegensatz zum Flüsterwitz war der geduldete offizielle politische Witz ein raffiniertes Mittel nationalsozialistischer Manipulation, der vor allem nebensächliche Dinge aufbauschte, um die echten Probleme desto unangetasteter zu lassen. Der Flüsterwitz jedoch trifft sehr oft den Kern der Dinge, und keine Bühne und kein Rundfunksender hätten es gewagt, jene Scherzfrage, die damals von Mund zu Mund ging, wiederzugeben:

«Was ist für ein Unterschied zwischen Indien und Deutschland?»
«In Indien hungert ein Mann für das ganze Volk, in Deutschland hungert das ganze Volk für einen Mann!»

Das Kriegsgespenst

Um jedwedem Mißverständnis vorzubeugen: Es kann keine Rede davon sein, daß am 1. September 1939 in Deutschland eine allgemeine Antikriegsstimmung geherrscht hätte. Eher war das Gegenteil der Fall. Die Masse der Bevölkerung war durch raffinierte Propaganda, vor allem durch die Berichte über angebliche Untaten an sogenannten Volksdeutschen in Polen, aufgeputscht und sah im Kriegsausbruch ein durchaus begrüßenswertes Ereignis, wobei viele Leute es mit Fatalismus und in der Hoffnung hinnahmen, die Sache werde bald zu Ende sein, natürlich zugunsten Deutschlands. Das spiegelte sich in Anzeigen wider, die vom «Heldentod» eines Angehörigen kündeten und zumeist mit den Worten «Auf dem Felde der Ehre fiel für seinen geliebten Führer, unser Volk und Vaterland...» begannen und mit der Floskel «In stolzer Trauer» schlossen. So tragisch diese Opfer für die einzelnen Familien gewesen sein mochten, sie können nicht den Irrweg vergessen lassen, den viele Deutsche beschritten hatten.

Ein Blick in die Werkzeitung «Nappian und Neucke», die insbesondere den Bürgern im Mansfelder Land zugedacht war, gibt die Stimmung der damaligen Zeit sehr anschaulich wieder.

Im Feldpostbrief des Arbeiters Wilhelm Pfeiffer an den Bergwerksdirektor Wirths vom 23. Dezember 1939 heißt es: «Die Polen haben wir in ganz kurzer Zeit zugrunde geschlagen; aber gegen England und Frankreich wird es wohl nicht so schnell gehen. Hier im Westen haben wir noch nichts Besonderes durchgemacht. Hoffentlich geht es bald los; es müßte wieder kurz und kräftig gehen. Wir wollen und werden siegen; denn was der Führer sagte, das ist immer richtig gewesen.»

Am 11. Januar 1940 schreibt ein gewisser Franz Kaczmarek an die Direktion des Vitzthumschachtes: «Die Engländer sind eine Schweinebande, so wie sie es 1914 waren, ein vom Judenklüngel geführtes und verführtes Volk! Wir wollen hoffen, daß auch dort einmal ein ‹Erwachen› kommt.»

Der Soldat Franz Meyer bedankt sich bei der Direktion des Vitzthumschachtes für ein Päckchen vom 13. Februar 1940 mit den Worten: «Wir werden es den Engländern schon noch zeigen, was es heißt, uns und unserem Führer den Krieg zu erklären, nur um ihre Herrschaft und Sklaverei über die Völker der Erde zu behaupten. Wir werden uns das schon holen, was uns als Großdeutschland zusteht und den Engländer zur Rechenschaft ziehen für die vielen Morde an den armen Volksdeutschen in Polen.»

An die Betriebsgemeinschaft des Wolf-, Hohenthal- und Ernstschachtes schreibt der Soldat Fritz Jordan am 1. Mai 1940: «Mögen sich die von den habgierigen Briten verhetzten polnischen Arbeiter einen Begriff machen von dem unerschütterlichen Sieges- und Opferwillen unseres deutschen Volkes. Der Schlag gegen England, die Besetzung der nordischen Länder, wird den Tommies ewig in Erinnerung bleiben. Wir, die Soldaten unseres Führers, werden nicht eher ruhen und rasten, bis unsere Feinde völlig zermürbt am Boden liegenbleiben.»

Der Soldat K. Kahlefeld brüstet sich in einem Brief an die Betriebsführung des Clotildeschachtes vom 6. Juli 1940 sogar mit einem Mord: «Im Umkreis von Reims trieben sich noch viele Neger in den Wäldern herum. Einer hatte sich sogar nachts in die Stadtmitte gewagt, wo er von unserer Wache festgenommen wurde und dann am nächsten Tag in sein Grab hereinfiel.»

Aufschlußreich ist auch der Brief des Gefreiten Köhler vom 16. Juni 1940 an die Betriebsführung der Krughütte: «Hier ist jetzt tiefster Frieden, aber die Anzahl der Gefangenen, die an uns vorüberziehen, nimmt immer mehr zu. Ich koche, brate, backe und bin auf Huhn-, Hähnchen-, Eier- und Milchjagd, um meinem Chef, dem Zugführer, nach den anstrengenden Wochen etwas zur Stärkung vorzusetzen. Das ist jetzt ein Leben! Lange kann der Franzose nicht mehr kämpfen. Wir überholen die Feinde, der Franzose macht einen völlig geschlagenen Eindruck. Ach, ich könnte noch so viel schreiben, aber ich muß noch Leber braten und Milchkakao kochen, dazu gibt es als Abschluß Sekt. Den gibt's hier in Mengen.»

Über die Franzosen macht sich ein gewisser Otto Dorl in seinem Brief vom 8. August 1940 an «Führer und Gefolgschaft» der Krughütte Gedanken: «Manchmal weiß man tatsächlich nicht, ist es ein Franzose, ein Jude, ein Neger oder irgendein Angehöriger eines französischen Kolonialvolkes. Von einer Rasse kann hier keine Rede sein. Solche Menschen wollen uns Kultur und wer weiß was alles bringen. Darüber lacht jeder, der sich in Frankreich umsehen kann! Und wie stolz dürfen wir Deutsche dagegen sein und wie dankbar zugleich unserem großen Führer.»

Zur selben Zeit, als diese Briefe geschrieben wurden, beobachtete ich im D-Zug nach Cottbus einen Angehörigen der Waffen-SS, der den Mitreisenden großspurig erklärte, die Invasion in England stünde unmittelbar bevor. Hitler habe der Waffen-SS die Einnahme dieser Insel versprochen – und er wurde hierin von der Mehrzahl der Reisenden unterstützt.

Ein Lagebericht des Sicherheitsdienstes der SS vom 4. Juli 1940 weist darauf hin, daß die allgemeine Stimmung der Bevölkerung «durch die feindlichen Fliegerangriffe auch jetzt in ihrem Kern nicht beeinträchtigt» sei, und man nehme sie zum Teil mit Humor hin, was beispielsweise in dem Abendgruß «Ich wünsche Ihnen eine splitterfreie Nacht» zum Ausdruck komme.

Eine eigentliche Antikriegsstimmung, die nicht nur einzelne, sondern auch die Masse erfaßte, kam erst auf, als die Dauer des Krieges mit den immer fühlbarer werdenden Entbehrungen an den Nerven der Bevölkerung zerrte. In den Jahren 1943/44 wuchs diese Stimmung merklich an. Flüsterwitze machten sich breit, welche die Allianz von Nationalsozialismus und Faschismus und deren gemeinsamen Raubzug attakkierten. In diese Zeit fallen auch die meisten wegen derartiger «Delikte» gefällten Todesurteile, da die Richter des Volksgerichtshofs angesichts der enorm angestiegenen Zahl gefallener deutscher Soldaten keinen Grund sahen, die in ihren Augen als Defätisten und Wehrkraftzersetzer auftretenden Witzerzähler zu schonen. Selbst für Bagatellfälle verhängte der Volksgerichtshof die Todesstrafe, und obwohl sich der Strafrahmen bei Wehrkraftzersetzung zwischen einem Tag Gefängnis und der Todesstrafe bewegte, wurde letztere fast stereotyp ausgesprochen.

Besonderes Aufsehen erregte der Fall des Schriftstellers und Journalisten Erich Knauf, der Anfang 1934 als Nachfolger von Walther Victor beim «8-Uhr-Abendblatt» und später als Feuilletonredakteur der «Plauener Volkszeitung» tätig gewesen war. Mit der von ihm geschaffenen Figur des Hullebulle attackierte er Goebbels:

Hullebulle kam jedoch in Fühlung
Mit Kultur und was so drum und dran.
Er wohnt jetzt möbliert mit Wasserspülung
Und beweist, was ein Komparse kann.

Weder Hitler noch Goebbels vergaßen solche Angriffe, und als Erich Knauf zusammen mit dem bereits erwähnten Zeichner e. o. plauen von einem Hauptmann der Reserve wegen defätistischer Äußerungen denunziert wurde, war die Zeit der Rache gekommen: Er wurde am 2. Mai 1944 hingerichtet. Die von ihm geschriebenen Filmschlager «Mit Musik geht alles besser» und «Ich freue mich, daß wieder Sonntag ist», die zu dieser Zeit überall gesungen wurden, standen in makabrem Kontrast zum Prozeß gegen Knauf.

Die Presse lieferte mitunter hämische Kommentare zu den Hinrichtungen, wie es beispielsweise im Fall des Pianisten Karlrobert Kreiten geschehen ist, der – obwohl er von Claudio Arrau zu einer der größten pianistischen Begabungen des Jahrhunderts erklärt worden war – im September 1943 auf dem Schafott endete, weil er geäußert hatte, der Führer sei krank, und einem solchen «Wahnsinnigen» sei nun das Volk ausgeliefert.

Der Drang nach freier Meinungsäußerung konnte jedoch durch Justizmorde nicht aus der Welt geschafft werden, und ein SD-Bericht zu Inlandsfragen vom 8. Juli 1943 stellt fest, es herrsche in der Bevölkerung die Meinung, «daß einer heute schon jeden Witz erzählen könne, ohne mit energischer Abfuhr, geschweige denn Anzeige bei der Polizei, rechnen zu müssen. Das Gefühl dafür, daß das Anhören und Weitererzählen politischer Witze eines gewissen Schlages für den anständigen Deutschen und Nationalsozialisten einfach eine Unmöglichkeit ist, sei weiten Kreisen der Bevölkerung und auch einem Teil der Parteimitgliedschaft offenbar abhanden gekommen.»

Als weitverbreiteten Witz prangert dieser Bericht an, «Zarah Leander sei zum Führerhauptquartier verpflichtet worden, wo sie dem Führer vorsingen muß: ‹Ich weiß, es wird einmal ein Wunder geschehn!›»

Auch wird kritisiert, daß sich eine bombengeschädigte Frau in Erörterungen über die Kriegslage dahin geäußert habe, die ganzen Mißerfolge hätten vermieden werden können, wenn die «braunen Bonzen» nicht in der Heimat, sondern an der Front wären und genauso ihre Pflicht täten «wie die roten Kommissare in Rußland, die an der Front wären».

Gefördert wurde diese Art Antikriegsstimmung durch die Propagandapraxis des Oberkommandos der Wehrmacht, dessen Berichte so naiv verlogen waren, daß sie der dümmste Bürger durchschauen konnte, und die sich in ihrem Inhalt immer mehr jenem erfundenen italienischen Heeresbericht näherten, der damals spöttisch von Mund zu Mund ging.

«Ein Fahrrad wurde umzingelt, die Lenkstange ist fest in unserer Hand, um die Pedale wurde erbittert gekämpft, das Vorderrad hat sich planmäßig abgesetzt, der Rest wurde am Boden zerstört.»

Daß ein solcher Vergleich nicht übertrieben war, zeigt die Berichterstattung über die Schlacht von Stalingrad: Obwohl Stalingrad bereits am 23. November 1942 von den sowjetischen Truppen eingekreist war, wurde die Einschließung der 6. Armee erst am 16. Januar 1943 mit der Formulierung zugegeben, die deutschen Truppen stünden in Stalingrad «seit Wochen in heldenmütigem Abwehrkampf gegen den von allen Seiten angreifenden Feind».

In der Folgezeit wurden solche absichtlichen Fehlinformationen ständige Bestandteile der Wehrmachtsberichte, was die Antikriegsstimmung innerhalb der Bevölkerung wesentlich verschärfte.

Es wurden sogar Stimmen laut, die zur sofortigen Beendigung des Krieges aufriefen. So verurteilte der Volksgerichtshof unter Vorsitz Freislers am 23. August 1943 den 1891 geborenen Regierungsrat Dr. Theodor Korselt wegen Wehrkraftzersetzung zum Tode, weil er in einer Rostocker Straßenbahn kurz nach der Regierungsumbildung in Italien gesagt hatte: So müsse es auch hier kommen; der Führer müsse zurücktreten, denn siegen könnten wir ja nicht mehr, und alle wollten wir doch nicht bei lebendigem Leibe verbrennen. (Die Anzeige war übrigens von einem Rostocker Stadtrat erstattet worden, der mit Dr. Korselt in der Straßenbahn gesprochen hatte.)

Das Sondergericht Frankfurt am Main verurteilte am 13. September 1943 den als Werkschutzleiter in einem großen Betrieb tätigen Kaufmann und Offizier aus dem Ersten Weltkrieg P. wegen Vergehens nach § 2 des Heimtückegesetzes zu einem Jahr Gefängnis, weil er im Juni 1943 folgendes geäußert hatte: «Wir stehen im Herbst, spätestens November dieses Jahres am Brenner. Im nächsten Jahr ist hier im Westen überhaupt nichts mehr. Adolf steht dann hinter der Elbe.»

Auf einen Einwand des Angesprochenen erklärte er: «Was wollen Sie denn, das sind doch alles Nichtskönner; der Göring ist Morphinist, Goebbels Vereniker, Adolf Hysteriker und Choleriker, Keitel eine alte Tante, der schon in Fulda als Regimentskommandeur die Regimentstante hieß.»

Die genannten Beispiele offenbaren die Einstellung eines großen

Teiles der damaligen Bevölkerung, was sich insbesondere in jenen Flüsterwitzen, die sich mit der militärischen Situation auseinandersetzten, kundtat.

Entrüstung über Rüstung

Den ersten politischen Witz, der die deutsche Aufrüstung ins Visier nahm, hörte ich am 22. Juli 1939 anläßlich eines Militärkonzertes, das in der Eisleber «Terrasse» stattfand. Dieses war ursprünglich im Freien vorgesehen, aber nach dem Eröffnungsstück (dem «Ungarischen Marsch von Kutsch», wie die schneidige Ansage lautete) setzte ein Gewitter ein, und das Ganze fand nunmehr – in Anlehnung an ein bekanntes Wort – «im Saale statt», so daß die Besucher ihre Plätze wechseln mußten und bis zur Fortsetzung des Musikprogramms Zeit hatten, einige Gedanken miteinander auszutauschen. Es waren zumeist Vertreter des Mittelstandes, und einer von ihnen erzählte im Verlaufe der Unterhaltung folgenden Witz:

> Volkswagensparer, die wöchentlich ihre fünf Mark einzahlten, ließen sich zur Sicherheit jedesmal ein Ersatzteil aushändigen. Als die Gesamtsumme erreicht war, wurden die Teile zusammengesetzt. Und was kam heraus? Jedesmal eine Kanone!

Das Gelächter am Tisch war jedoch kein kritisches – wie bei anderen Flüsterwitzen –, sondern ein durchaus zustimmendes. Man fand es völlig in Ordnung, daß aufgerüstet wurde, und dieser Witz gehörte mithin zu jenen, die von pronazistisch eingestellten Kleinbürgern kolportiert wurden. Außerdem besaß er als Nährboden eine frappierende Aktualität: Der «Volkswagen» war in aller Munde, hatte doch Hitler bei der Grundsteinlegung des Volkswagenwerkes in Fallersleben am 26. April 1938 feierlich erklärt: «Wem es möglich ist, sich das Teuere zu kaufen, der tut es ohnehin. Die Masse aber kann es nicht. Für diese breite Masse nun ist dieser Wagen geschaffen worden!»

Spätestens mit Kriegsbeginn stellte sich heraus, wozu in Wirklichkeit die «breite Masse» zur Kasse gebeten worden war, und der oben erwähnte Witz enthüllte das offenkundig.

Es muß schon wie eine Verhöhnung der betrogenen Volksmassen gewirkt haben, wenn noch nach 1940 die Deutsche Arbeitsfront weiterhin für den Volkswagen warb:

«Schaffender Deutscher!
Der Führer hat deinem Fahrzeug den verpflichtenden
Namen KdF-Fahrzeug gegeben.
Hilf mit! Werde KdF-Wagen-Sparer!»

Bis zum Ausbruch des Krieges hatten 336668 Sparer insgesamt 236 Millionen Reichsmark eingezahlt. Kein einziger Volkswagen wurde an die Sparer ausgeliefert, da das VW-Werk fast ausschließlich Militärfahrzeuge herstellte. Die Sparguthaben der Bevölkerung wurden für die Rüstung mißbraucht.

Eine ähnliche Bedeutung besaßen die Reichsautobahnen, die keineswegs zur Bequemlichkeit der Bürger gebaut wurden, sondern als strategische Straßen der Kriegsvorbereitung dienten und deshalb «panzerfest» angelegt waren. Daß durch ihren Bau auch das Problem der Arbeitslosigkeit zum Teil behoben wurde, ist ein weiteres Indiz für die demagogische Politik der Nationalsozialisten. Sie wirkt noch nach, wenn beides – Abschaffung der Arbeitslosigkeit und Bau der Reichsautobahnen – bis in die heutige Zeit hartnäckig als Belege für die positive Seite des Nationalsozialismus angeführt werden.

Bereits am 19. Januar 1934 hatte jedoch die französische Zeitung «Le Temps» in Anbetracht der Tatsache, daß die Kosten für einen Autobahnkilometer 965 000 RM betrugen, unter der Überschrift «Die Militärautobahnen in Deutschland» geschrieben: «Man sieht an diesen Zahlen, welches Interesse die deutsche Militärführung dem schnellen Ausbau eines strategischen Netzes moderner Straßen entgegenbringt.»

Trotz solch hellsichtiger Kritik konnte Hitler seine Aufrüstungspolitik unbehelligt fortsetzen. Am 16. März 1935 verkündete die nationalsozialistische Regierung die Wiedereinführung der allgemeinen Wehrpflicht und den Ausbau des Heeres auf 36 Divisionen. Damit streifte Hitler die Militärklauseln des Versailler Vertrages ab, ohne auf nennenswerten Widerstand der Vertragspartner zu stoßen. England protestierte am 18. März 1935 ziemlich schwach, und Frankreich wartete mit seiner förmlichen Protestnote sogar bis zum 21. März 1935.

In einer Proklamation vom 16. März 1935 begründete Hitler seinen Schritt mit der angeblichen bolschewistischen Gefahr und der Einführung der zweijährigen Dienstzeit in Frankreich, sichtlich um den Eindruck zu erwecken, als werde Deutschland von allen Seiten angegriffen. Wörtlich sagte er: «Inmitten dieser hochgerüsteten und sich immer mehr der modernsten motorisierten Kräfte bedienenden Kriegsstaaten war Deutschland ein machtmäßig leerer Raum, jeder Drohung und jeder Bedrohung jedes einzelnen wehrlos ausgeliefert.»

Dieser Proklamation waren Reden vorhergegangen, die auf die kommenden Ereignisse schließen ließen. Auf der Parteigründungsfeier am 24. Februar 1935 hatte er gedroht, daß sich das deutsche Volk «Mann um Mann zur Wehr setzen» werde, und kurz vorher in einem «Aufruf an das deutsche Volk» vom 30. Januar 1935 festgestellt: «Neben die fanatischen Kämpfer unserer revolutionären nationalsozialistischen Partei traten die Soldaten der traditionsreichen Wehrmacht. Eine Mobilisierung menschlicher Kräfte in einem bisher kaum vorausgeahnten Umfange trat ein.»

Das Wehrgesetz vom 21. Mai 1935 legte die Wehrpflicht vom 18. bis zum 45. Lebensjahr fest und bestimmte als Obersten Befehlshaber der Wehrmacht den «Führer». Einen Tag nach Erlaß dieses Gesetzes wurde die Dauer der aktiven Dienstpflicht auf ein Jahr festgesetzt.

Daß es sich bei allen diesen Maßnahmen nicht nur um ein harmloses Vorgeplänkel, sondern um reale Angriffsabsichten handelte, wurde deutlich, als noch vor Ablauf eines Jahres der erste militärische Schritt vollzogen wurde: die Besetzung der entmilitarisierten Zone des Rheinlands am 7. März 1936. Hitler hatte sich selbstherrlich von den Territorialklauseln des Versailler Vertrages gelöst und unter dem Vorwand, Frankreich habe durch die Ratifizierung des französisch-sowjetischen Vertrages am 27. Februar 1936 den Locarno-Vertrag gebrochen, die Besetzung des Rheinlands verfügt.

Obwohl seine These, der französisch-sowjetische Vertrag verstoße gegen den Geist von Locarno, juristisch nicht aufrechtzuerhalten war, verzichteten die Westmächte auf Gegenmaßnahmen. Hitler selbst erklärte später in einem Gespräch: «Wären die Franzosen damals ins Rheinland eingerückt, hätten wir uns mit Schimpf und Schande wieder zurückziehen müssen; denn die militärischen Kräfte, über die wir verfügten, hätten keineswegs auch nur zu einem mäßigen Widerstand ausgereicht.»

Die gesamte Entwicklung seit dem ersten Auftreten der nationalsozialistischen Partei macht deutlich, daß die hinter der Aufrüstung stehenden Kräfte in Hitler den Mann gefunden zu haben glaubten, der ihnen ungeahnte Profite sicherte. Es genügt nicht, Kanonen zu bauen; man muß auch Leute haben, die sie einsetzen – und politische oder religiöse Fanatiker sind seit alters her die besten Garanten für ein solches Unterfangen, zumal diese meist in dem Wahn befangen sind, es geschehe alles nur für ihre Ideen. So kann man Hitler also getrost zubilligen, daß er sich nicht als Werkzeug anderer verstand, sondern als Vollstrecker eigener Pläne mit einer gehörigen Portion pathologischer Überheblichkeit.

Nicht hoch genug kann deshalb eingeschätzt werden, daß der politische Witz den Zusammenhang zwischen Aufrüstung und Geschäftsinteresse bloßlegte, wenngleich er dies oft mit naiven Mitteln bewerkstelligte, mehr aus einer Ahnung heraus, aber stets mit einer zielgerichteten Wirkung.

Das gilt beispielsweise von jenem Flüsterwitz aus dem Jahre 1938, der lediglich aus Frage und Antwort bestand.

«Wer ist der tüchtigste Exporteur?»
«Adolf Hitler; denn er liefert alles franko!»

Hier wurden Begriffe aus der Geschäftswelt sehr geschickt mit einem aktuellen Thema - nämlich der Entsendung der Legion Condor nach Spanien – verknüpft. Das Wortspiel um den Diktator Franco, dem die deutsche Militärmaschinerie sozusagen «portofrei» (franko) geliefert wurde, enthüllt zugleich tiefere Zusammenhänge. Die Legion Condor vollzog in der Meinung vieler eine Generalprobe für den bevorstehenden wirklichen Krieg, von dem offiziell nie die Rede war. Auch im Sommer 1939 wurde allenthalben mit einem Krieg gegen Polen gerechnet, nicht zuletzt hervorgerufen durch die bereits erwähnten aufputschenden Zeitungsartikel. Der folgende Witz verdient in diesem Zusammenhang besondere Beachtung:

Drei Schweizer unterhalten sich im Juli 1939 über ihre Urlaubspläne. Sie wollen alle Deutschland kennenlernen, der eine will nach München, der zweite nach Berlin. Der dritte sagt: «Ich fahre nach Warschau!»
«Aber Warschau liegt doch nicht in Deutschland», erwidern die anderen.
Darauf der dritte: «Ich nehme ja meinen Urlaub erst im Oktober!»

Es ist nicht zu verkennen, daß hier – ähnlich dem Witz mit dem Volkswagen – eine nazistische Wunschvorstellung mitschwingt, so daß dieser Witz jener Kategorie zuzuzählen ist, die unterschwellig der Propagierung nationalsozialistischer Ideen diente.

Ein besonderes Beispiel dieser Art lernte ich im Frühjahr 1941 kennen, als ein der Mansfeld AG angehörender Bauwerkmeister, der zugleich Funktionär der Technischen Nothilfe war, im Büro der Eisleber Häuserverwaltung ein bestimmtes Vorgehen Hitlers mit einem an sich treffenden, aber im letzten Grund wiederum bedenklichen Witz glossierte.

Es ging um die nur wenige Monate zurückliegenden Vorgänge der Besetzung neutraler Länder durch Hitlers Truppen. Letztere hatten am 9. April 1940 Dänemark und Norwegen, am 10. Mai 1940 Belgien, Holland und Luxemburg und am 6. April 1941 Jugoslawien und Griechenland überfallen und in Besitz genommen. Nach Hitlers Worten wurden sie dem «Schutz des Deutschen Reiches» unterstellt, und es taten sich Parallelen zu den Ereignissen des Jahres 1938 auf, als Hitler die Einverleibung Österreichs und der Tschechoslowakei mit angeblichen Hilferufen der dortigen Regierungen begründete. Diesem Komplex also widmete sich der besagte Witz, den ich im folgenden wörtlich zitiere:

> Hitler steht mit seinen Paladinen vor zwei Aquarien. An dem einen klebt ein Hakenkreuz, aber es ist leer. Das andere hat kein Hakenkreuz, doch dafür tummelt sich ein wunderschöner Fisch im Wasser. Ratlos blickt sich Hitler um. Zu gern hätte er den Fisch in seinem Behälter. Aber wie soll er es anfangen? Stehlen will er nicht, das würde ein schlechtes Licht auf ihn werfen. Schließlich kommt ihm eine Idee. Er zieht aus dem Aquarium, in welchem sich der Fisch befindet, den Stöpsel heraus. «Der arme Fisch», murmelt er, indessen das Wasser herausläuft. «Seht ihn euch an! Wenn man ihm doch helfen könnte!» Das Wasser wird immer weniger. «Ach, der arme Fisch!» ruft er aus. «Ist es nicht furchtbar, wie es ihm geht? Man müßte ihn retten! In meinem Aquarium hätte er es so schön!» Schließlich ist das Wasser völlig herausgelaufen und der Fisch liegt auf dem Trockenen. «Nun nimm ihn endlich heraus!» drängt Göring. «Wieso?» fragt Hitler und sieht seine Paladine bedeutsam an. «Er hat doch noch nicht um Hilfe gerufen!»

Was hier geschildert wurde, war im Grunde eine prächtige satirische Spitze, aber das Milieu und die am Witz Beteiligten forderten eine gänzlich andere Auslegung heraus, nämlich den Gedanken: «Seht mal, so schlau ist unser Führer! Er legt am Ende alle herein!»

Sowohl der Erzähler dieses Witzes als auch die Zuhörer waren in der Hauptsache Parteigenossen und absolute Anhänger der nationalsozialistischen Ideologie. Sie empfanden die geschilderte Handlungsweise Hitlers als durchaus richtig, und ich habe als damals Siebzehnjähriger durch diesen Witz die erste Lektion über verschiedene Wirkungsweisen ein und desselben Witzes erhalten.

Daß einige dieser Personen Jahre später, als sich das Kriegsglück gewendet hatte, dem Generalfeldmarschall Keitel die Bezeichnung «Lakeitel» anhängten, offenbart in gewisser Weise den im Lauf der Jahre eingetretenen Sinneswandel.

Die Verspottung Keitels kam übrigens nicht von ungefähr; denn er galt allgemein als willenloses Werkzeug Hitlers und hatte sich durch Unterzeichnung der Kriegssonderstrafrechtsverordnung vom 17. August 1938, die im § 5 die Todesstrafe für «Zersetzer» – also auch für die Erzähler politischer Witze – festlegte, schuldig gemacht.

Zu denen, die gemäß § 5 dieser Verordnung zum Tode verurteilt wurden, gehörte der Wiener Schauspieler Fritz Muliar. Als Gefreiter der deutschen Wehrmacht hatte er Witze über Hitler, Göring und Goebbels gesammelt und war von einem Denunzianten dem Militärstrafgericht überantwortet worden. Die Anklage lautete auf «Zersetzung der Wehrkraft und Beleidigung des Führers in 36 Fällen». Ein am Weihnachtsabend des Jahres 1942 unternommener, mißglückter Selbstmordversuch führte im Fortgang der Ereignisse zu dem seltenen Fall einer Umwandlung des Todesurteils in eine Zuchthausstrafe von fünf Jahren. Als ich Muliar im Februar 1961 im Wiener Kabarett «Simpl» in der Figur eines gewissen Papanek bewundern konnte, war mir klar, daß seine Erlebnisse aus der Militärzeit einen nicht unerheblichen Einfluß auf seine satirische Gestaltungskraft gehabt haben mußten.

Im Jahr 1942 kursierten Flüsterwitze in Wien so häufig wie nie zuvor, und die folgende Anekdote stammt aus dieser Zeit.

> Ein Gauleiter sagt zu Hans Moser: «Sie können mich immer anrufen, jeden Tag!»
> Darauf Moser: «Und was mach' ich in der Nacht?»

Eine unmißverständliche Anspielung auf Aktionen der Gestapo, die meist nach Einbruch der Dunkelheit vor sich gingen.

Die im Fall Muliar angewendete Kriegssonderstrafrechtsverordnung war übrigens wegen der implizit ausgedrückten Kriegsabsicht Hitlers ein Jahr lang geheimgehalten und erst am 26. August 1939 im Reichsgesetzblatt veröffentlicht worden.

Zu welchen Überspitzungen diese Verordnung führte, zeigt die am 31. März 1943 ergangene Neufassung, die strafbare Handlungen gegen die Manneszucht oder das Gebot des soldatischen Mutes («Vorwärts, wir müssen zurück!» lautete damals ein geflügeltes ironisches Wort der Landser) mit der Todesstrafe bedrohte, wenn es die Aufrechterhaltung der Manneszucht oder die Sicherheit der Truppe erforderte. Das gleiche galt für strafbare Handlungen, durch die der Täter einen besonders schweren Nachteil für die Kriegführung oder die Sicherheit des Reiches verschuldet hatte, wenn der regelmäßige Strafrahmen «nach gesundem Volksempfinden» zur Sühne nicht ausreichte.

Nunmehr war «der brave Mann vorn», wie Hitler in der Rede am 8. November 1943 seine Soldaten bezeichnete, denselben Maßstäben unterworfen wie der «Volksschädling». Seine Handlungen wurden nach «gesundem Volksempfinden» beurteilt, wobei es durch die fünfte Ergänzungsverordnung vom 5. Mai 1944 sogar zu einer Schlechterstellung gegenüber dem «Volksschädling» kam, da die nochmalige Neufassung des § 5 der Kriegssonderstrafrechtsverordnung die auf das gesunde Volksempfinden gegründete Todesstrafe auch auf fahrlässige (!) Handlungen ausdehnte.

Die Todesstrafe bei Fahrlässigkeit war ein Novum in der Geschichte der Gesetzgebung, und wenn man angesichts der im Dritten Reich betriebenen Rechtsprechung immer wieder den berüchtigten Präsidenten des Volksgerichtshofs, Roland Freisler, zitieren muß, so kann man getrost den Namen Keitel hinzusetzen, der durch seine Verordnung vom 17. August 1938 die Verfahren wegen Wehrkraftzersetzung erst möglich gemacht hat. Die Schuld Keitels wird vollends deutlich, wenn man sich seine am gleichen Tag erlassene Kriegsstrafverfahrensordnung vor Augen hält, insbesondere § 103: «Die Todesstrafe wird durch Erschießen, bei Frauen grundsätzlich durch Enthaupten vollzogen.»

Diese ausdrückliche Anweisung Keitels beantwortet hinreichend die manchmal gestellte Frage, wieso in Nürnberg die «Militärs» neben Verbrecher gesetzt wurden.

Obwohl die Justizorgane der Wehrmacht schon kleinste Verstöße gegen das Militärstrafrecht mit drakonischen Strafen ahndeten, legte man in der Öffentlichkeit großen Wert auf die besondere Stellung der Soldaten, so daß zum Beispiel jeder Programmzettel der Wiener Staatsoper den Hinweis enthielt: «Das Publikum wird gebeten, sich vor Beginn der Vorstellung beim Erscheinen unserer verwundeten Frontsoldaten in der Mittelloge von den Plätzen zu erheben.»

Mir liegen noch mehrere solcher Programmzettel vor (Programmhefte gab es wegen der Papierknappheit schon lange nicht mehr), und es ist von makabrem Witz, daß die allerletzte Aufführung in Wien vor Goebbels' totalem Spielverbot für Theater und Opern Wagners «Götterdämmerung» war, die am 30. Juni 1944 unter Hans Knappertsbusch über die Bühne ging.

Es war eine «Götterdämmerung» im doppelten Sinne, und überhaupt war die Wiener Staatsoper des öfteren Schauplatz seltsamer Duplizitäten. So erlebte ich, daß während einer Aufführung der Oper «Turandot» Fliegeralarm gegeben wurde – und zwar ausgerechnet in dem Augenblick, als der Chor zu singen begann: «Heute nacht soll in Peking keiner schlafen!» (Ein Ereignis, das für so merkwürdig gehalten wurde, daß sogar die Presse am nächsten Tag darauf einging.)

Für die Soldaten hatte sich allenthalben ein Ritus bevorzugter Behandlung ergeben. Als beispielsweise im Wiener Konzertsaal ein Liederabend mit dem Bariton Hans Hotter stattfand und in der Ehrenloge der Komponist Richard Strauss mit seinem Enkel saß, richtete das Publikum auf diese beiden nicht mehr Blicke als auf die in der Nebenloge sitzenden Frontsoldaten, und der Schlußbeifall galt eigentlich beiden. Zu jener Zeit wandelten Mädchen die Vorstrophe des populären Schlagers «Rosamunde» auf ihre Art ab und sangen:

Gehn Sie weiter! Gehn Sie weiter!
Sie sind ja nur Gefreiter.
Das müßten Sie doch wissen,
daß wir nur Leutnants küssen!

Filme taten das Ihre zu dieser Glorifizierung, wie die Streifen «Pour le mérite», «Fronttheater», «Dreizehn Mann und eine Kanone», «Junge Adler», «Kadetten», «Stukas», «Urlaub auf Ehrenwort» und vor allem «Wunschkonzert». Der letztere bemühte sich um eine geradezu poetische Verklärung des Soldatenstandes. Zur Kennzeichnung der damaligen Situation – der Film wurde 1940 uraufgeführt – hier ganz kurz die Handlung:

Bei den Olympischen Spielen in Berlin lernt ein Leutnant ein junges Mädchen kennen, aber ein geheimer militärischer Auftrag (die Teilnahme am spanischen Bürgerkrieg auf seiten der Legion Condor) beendet vorzeitig die Liaison. Erst ein Wunschkonzert im Rundfunk Jahre später bringt die beiden wieder zusammen. Jener Leutnant, der inzwischen zum Hauptmann avanciert ist, wünscht sich «zur Erinnerung an die Olympischen Spiele die Olympia-Fanfare». Das Mädchen hört das natürlich – und einem Happy-End steht nichts mehr im Wege.

Daß ein solcher populärer Film mehrere Millionen Mark Gewinn einspielte, verwundert nicht, zumal sich die Zeitungen beeilten, den Film entsprechend hochzuloben. «‹Wunschkonzert› baut eine Brücke zwischen der Heimat und der Front», schrieb ein Rezensent im «Illustrierten Filmprogramm», «er vereint alle zu einer großen Volksgemeinschaft.»

Man kann ohne Übertreibung sagen, daß kaum ein anderer Film so auf das Verhältnis zwischen jungen Mädchen und Soldaten eingewirkt hat wie dieser. Und wenn nun gar ein Offizier das «Ritterkreuz» trug, war der Gipfel der Glückseligkeit erreicht.

Übrigens wurde zur Popularisierung des Soldatenstandes in den letzten Kriegsjahren ein neues Spiel auf den Markt gebracht: das «Wehrschach». Vom herkömmlichen Schach wich es dadurch ab, daß die Bauern zu Infanteristen, die Läufer zu U-Booten, die Springer zu Fliegern, die Türme zu Panzern wurden, wobei jedoch der erhoffte Erfolg – nämlich eine schnelle Verbreitung des Wehrschachs und damit verbunden ein allgemeines militärisches Denken – ausblieb. Das «Wehrschach» entpuppte sich, wie so manche nationalsozialistische Erfindung, als Eintagsfliege und konnte den Verfall der «Wehrbegeisterung» in der Gesellschaft und in der Wehrmacht nicht aufhalten.

Zu meinen einprägsamsten Erinnerungen gehört ein Vorfall auf dem Bahnhof von Finsterwalde, wo ein Soldat aus einem haltenden Zug, der an die Front fuhr, sprang und von einer Eskorte mit den Rufen «Halt! Stehenbleiben!» verfolgt wurde. Höchstwahrscheinlich hat man ihm wegen «Fahnenflucht» den Prozeß gemacht.

Dies war bereits zu jener Zeit, als viele Soldaten die wahren Zusammenhänge erahnten und Hitlers Politik für den Krieg und seine Folgen verantwortlich machten. Die beiden Landser, denen ich im Frühjahr 1945 begegnete und die sich beim Anblick eines üppigen, in brauner Uniform steckenden Hoheitsträgers zuraunten: «Wenn den der Iwan erwischt!», sprachen gewiß vielen ihrer Schicksalsgefährten aus dem Herzen.

Kurz zuvor hatte ich bei der bereits erwähnten Familie Lettocha einen Witz gehört, der für die Endphase des Krieges charakteristisch war. Allerdings kann er nur unter Berücksichtigung des Wiener Dialektes, für den die Worte «näht» und «naht» identisch sind, verstanden werden.

«Alle Nähmaschinen müssen abgegeben werden», hieß es.
«Warum?»
«Der Feind naht!»

Spott über Trott

Die erste Verspottung der Militärmaschinerie Hitlers durch einen Flüsterwitz liegt bereits vor Beginn der in den Wehrmachtsberichten als «planmäßige Absetzbewegungen» ausgegebenen Rückzüge. Es war jener Tag, an welchem Göring von der Bevölkerung den Spitznamen «Meier» erhielt, weil er großspurig erklärt hatte, er wolle Meier heißen, wenn ein feindliches Flugzeug jemals eine deutsche Stadt bombardieren würde.

Nun war dieser Tag gekommen: Am 10. Mai 1940 fielen zum erstenmal Bomben auf deutschen Boden, und zwar auf Freiburg im Breisgau. Zwar war dies kein feindlicher Angriff, sondern eine diabolische Provokation der nationalsozialistischen Luftwaffe, die eine eigene Stadt bombardierte, um – ähnlich wie beim Anschlag auf den Sender Gleiwitz – einen Vorwand für Vergeltungsaktionen zu erhalten; doch das konnte die Bevölkerung nicht wissen, zumal Hitler in seiner Rede am 10. Dezember 1940 wörtlich erklärte: «Da fiel es dem großen Strategen Churchill ein, den unbeschränkten Luftkrieg bei Nacht zu beginnen. Er hat in Freiburg im Breisgau begonnen ...»

Für die Bevölkerung stand also fest, daß die Engländer Freiburg bombardiert hätten, und mit diesem Tag erhielt Göring seinen Spitznamen «Meier», den er im Verlauf des Krieges, wie sich zeigen sollte, zu Recht behielt.

Die ständige Gefahr eines Luftangriffes bezog auch die Zivilbevölkerung in Deutschland unmittelbar in das Kriegsgeschehen ein, es entstand sozusagen eine zweite Front, während die Ereignisse auf den Schlachtfeldern vorläufig weit weg waren. Deshalb ist es nicht verwunderlich, daß mit den immer häufigeren Fliegeralarmen und den Zerstörungen der Städte auch der Unmut über Görings Versagen in der Luftabwehr wuchs und sich in bissigen Bemerkungen äußerte.

So wurde von einem Hamburger berichtet, der nach der Entwarnung in den Keller rief: «Fietje, du kannst raufkommen! Wir haben wieder die Luftherrschaft!»

In Berlin kursierte die Meldung, Rommel sei anstelle Goebbels' Gauleiter von Berlin geworden – weil er sich in der Wüste besser auskenne.

Auf die Frage: «Was ist Berlin, als Kunstwerk betrachtet?» lautete die Antwort: «Eine Radierung Churchills nach Ideen von Hitler!»

Und die Wiener waren in eine derartige Hektik verfallen, daß die für Wien ominöse Luftlagemeldung «Feindliche Verbände im Anflug auf Kärnten und Steiermark» völlig das Alltagsleben beherrschte. Bei der Familie Lettocha hörte ich folgenden Witz:

Die Inhaberin eines kleinen Ladens läßt gerade ihre Jalousien herunter, als ein Vorbeigehender fragt: «Entschuldigen Sie bitte, können Sie mir sagen, wie spät es ist?» Die Geschäftsfrau erwidert hastig: «Kärnten-Steiermark!» und verschwindet im Haus.

Werden sie kommen oder nicht? Diese Frage war praktisch das A und O und alles andere Nebensache.

Je härter und ausdauernder der Luftkrieg wurde, um so aggressiver wurden die Flüsterwitze.

«Der Luftangriff war so schwer», sagt ein Berliner zu einem Essener, «daß noch 5 Stunden hinterher die Scheiben aus den Fenstern gefallen sind!»
«Das bedeutet gar nichts», erwidert der Angesprochene. «In Essen sind noch 14 Tage nach dem letzten Angriff die Hitlerbilder aus den Fenstern geflogen!»

Das Ansehen der «Flak» (der Fliegerabwehrkanone), das vom Propagandaministerium durch Verbreitung entsprechender Schlager künstlich aufgemöbelt wurde, geriet immer mehr ins öffentliche Zwielicht. So erlebte ich, daß unmittelbar nach Erscheinen des Liedes

Wir fahren hin und her,
wir fahren kreuz und quer.
Im ganzen Land
sind wir bekannt
bei jedem Mädel mit Geschmack
als Fahrer von der Flak!

eine Parodie aufkam, die mir ausgerechnet ein Eisleber Fliegeroffizier anvertraute. Nach der Melodie des Schlagers «Auf dem Dach der Welt, da steht ein Storchennest» würde in seiner Einheit heimlich gesungen:

Auf dem Dach der Welt,
da steht 'ne Flakbatt'rie,
die schießt die ganze Nacht
und treffen tut sie nie!

Wenn man sich vor Augen hält, daß um diese Zeit das Schlagwort von der «Vergeltung» überall die Runde machte, kommt dieser Parodie eine sarkastische Bedeutung zu. Nicht einmal die eigenen Fliegeroffiziere glaubten an eine solche Vergeltung, um wie vieles weniger konnte man dies der zur Passivität verurteilten Bevölkerung zumuten.

So gänzlich passiv blieben die meisten Bürger allerdings nicht, und die angeblich bevorstehende Vergeltung wurde Gegenstand spezieller Flüsterwitze, von denen einige als Beispiele herausgegriffen seien:

«Beim letzten Angriff auf Berlin», hieß es, «haben die Engländer Heu für die Esel abgeworfen, die noch an die Vergeltung glaubten!»

«Die Vergeltung kommt», lautete ein anderer Witz, «wenn an den Altersheimen steht: ‹Wegen Einberufung geschlossen!›»

«Die Gasmaskenproduktion ist eingestellt worden», verkündete ein Gerücht und gab die Begründung: «Die alten Modelle passen nicht mehr, da die Gesichter zu lang geworden sind.»

Zu dieser Zeit kursierte folgende Kinderliedparodie:

Maikäfer flieg!
Der Vater ist im Krieg.
Den Opa ziehn sie auch noch ein.
Das wird wohl die Vergeltung sein.
Maikäfer flieg!

Man schreibt das letzte Kriegsjahr. Besprechung im Führerhauptquartier über den Termin der Vergeltung. Sie wird noch einmal vertagt, weil keine Einigung darüber erzielt wird, ob die beiden Flugzeuge neben- oder hintereinander fliegen sollen.

Alle diese Flüsterwitze enthalten bereits die Vision einer kommenden militärischen Niederlage, wenngleich diese vor der Schlacht um Stalingrad noch nicht für alle erkennbar war. Mit diesem Zeitpunkt änderte sich die Situation jedoch schlagartig, und die Vergeltungswitze wurden von solchen, welche die Ereignisse an der Front unter die Lupe nahmen, abgelöst. Es waren zunehmend die Rückzüge der deutschen Armee, die anfangs ironisch, später bissig-satirisch kommentiert wurden, wobei – wie bereits erwähnt – die verklausulierten Formulierungen des Oberkommandos der Wehrmacht ihr gut Teil dazu beitrugen. Mit Recht weist Victor Klemperer darauf hin, daß die seinerzeitige stereotype Wendung «Unsere heldenhaft kämpfenden Truppen» aufschlußreicher war als alles andere: «Heldenhaft klingt wie Nachruf, verlassen Sie sich drauf.»

Es spricht für das gute Gespür eines Großteils der Bevölkerung, daß solche Finessen der Propaganda durchschaut wurden, und wenn der Londoner Rundfunk in seiner Sendung am 5. August 1943 bemerkte: «Die Deutschen bringen Rüstungsziffern – wir sagen Orel, die Deutschen bringen Statistiken – wir sagen Catania» und damit zwei entscheidende Einbrüche an der Ost- und Südfront kommentierte, so wurde damit der Unterschied zwischen Propaganda und Realität unterstrichen.

Die nächtlichen Sendungen des Londoner Rundfunks, die sich durch die rhythmischen Klopfzeichen aus Beethovens 5. Symphonie ankündigten, waren übrigens die meistbenutzte Quelle zur Kenntnis der tatsächlichen Frontlage, und wenn ich gegen 24 Uhr heimlich zum Radio ging, las ich unwillkürlich den damals an jedem Gerät angebrachten Aufkleber:

«Denke daran.
Das Abhören ausländischer Sender
ist ein Verbrechen gegen die nationale Sicherheit
unseres Volkes.
Es wird auf Befehl des Führers
mit schweren Zuchthausstrafen geahndet.»

Als gesetzliche Grundlage hierfür galt die Verordnung über außerordentliche Rundfunkmaßnahmen vom 1. September 1939, deren Präambel als Dokument der Unterdrückung hier wiedergegeben werden soll:

«Im modernen Krieg kämpft der Gegner nicht nur mit militärischen Waffen, sondern auch mit Mitteln, die das Volk seelisch beeinflussen und zermürben sollen. Eines dieser Mittel ist der Rundfunk. Jedes Wort, das der Gegner herübersendet, ist selbstverständlich verlogen und dazu bestimmt, dem deutschen Volk Schaden zuzufügen. Die Reichsregierung weiß, daß das deutsche Volk diese Gefahr kennt, und erwartet daher, daß jeder Deutsche aus Verantwortungsbewußtsein heraus es zur Anstandspflicht erhebt, gründsätzlich das Abhören ausländischer Sender zu unterlassen. Für diejenigen Volksgenossen, denen dieses Verantwortungsbewußtsein fehlt, hat der Ministerrat für die Reichsverteidigung die nachfolgende Verordnung erlassen.»

Welche Bedeutung die Nationalsozialisten dieser Verordnung beimaßen, geht aus der Tatsache hervor, daß die in ihr angeführten Delikte gemäß einer Verordnung vom 21. Februar 1940 in die Zuständigkeit der Sondergerichte fielen, also jener Institutionen, die vorwiegend zur Aburteilung wegen Hochverrats gebildet worden waren.

Trotz dieser Strafandrohungen wurden die sogenannten Feindsender von vielen Bürgern – mitunter sogar regelmäßig – abgehört, und auch der politische Witz nahm sich dieses Themas an:

> Tünnes ist als Fliegermajor nicht vom Feinde zurückgekehrt. Die Seelenmesse soll im Kölner Dom stattfinden. Kein Mensch erscheint, auch der Erzbischof nicht. Warum? Am Abend vorher hatte London gesendet, Tünnes sei in Gefangenschaft.

> Weiß Ferdl berichtete, er sei von einer Dame zum Kaffee eingeladen worden, und das größte Stück Kuchen habe das Dienstmädchen bekommen. «Ich muß nett zu ihr sein», erklärte die Dame des Hauses, «sie hat mich neulich erwischt, als ich einen ausländischen Sender da hatte!» Wörtlich fügte Weiß Ferdl hinzu: «Dabei kann einem das jetzt sehr leicht passieren, denn die unseren reden oft französisch – und die anderen deutsch. Man kennt sich nicht mehr aus. Es kann dem besten Deutschen passieren, daß er schon eine halbe Stunde zuhört und plötzlich erst draufkommt – daß er falsch gehört hat.»

Insbesondere der aktuelle Frontverlauf wurde den genannten Sendungen entnommen. Ich hatte in der Baufirma Rost eine Karte liegen, auf der ich jeweils am anderen Morgen die in der Nacht zuvor vernommenen Änderungen eintrug. Mein Abteilungsleiter machte hierzu die Bemerkung: «Wenn die Gestapo mal den Schreibtisch durchsucht, um verdächtige Dinge zu finden, brauchen sie nur die Karte anzusehen!»

In der Tat wurde die Räumung der eingezeichneten Gebiete offiziell von der deutschen Wehrmacht oft erst Wochen später – manchmal überhaupt nicht – zugegeben.

Der Widerspruch zwischen amtlicher Verlautbarung und konkretem Sachverhalt, der viele Bereiche im damaligen Deutschland kennzeichnete, wirkte sich hinsichtlich der Frontberichterstattung am empfindlichsten aus; denn hier ging es um Sieg oder Niederlage – letztlich um Bestand oder Untergang des Regimes.

Kein Wunder, daß der Flüsterwitz – besonders im Blick auf die Ostfront – ausreichende Nahrung fand und üppig gedieh.

> «Was ist der Unterschied zwischen Adolf Hitler und der Sonne?» wurde gefragt, und die Antwort lautete: «Die Sonne geht im Osten auf, doch Adolf geht im Osten unter!»

Ein Eisleber Bergmann erzählte mir im Februar 1943 folgendes:

Sie hätten im Schacht eine Beratung gehabt. Ein Funktionär der NSDAP habe sich mit ihnen unterhalten und dabei auch gefragt, ob politische Witze erzählt würden. Da das bejaht wurde, kam es zu einer ausgiebigen Diskussion. Es ging ziemlich hart her, und schließlich wurde er gefragt, welche Witze eigentlich gestattet wären. Darauf habe er sinngemäß diese Antwort gegeben: «Wir machen einen Unterschied zwischen harmlosen und gehässigen Äußerungen. Vor allem werden von uns jene Witze bekämpft, die den Führer persönlich angreifen. Nehmen wir ein Beispiel. Da wurde uns neulich zugetragen – natürlich in Form eines Witzes – es habe sich jemand vor ein Hindenburg-Denkmal gestellt und ausgerufen, Hindenburg solle vom Sockel heruntersteigen, denn

‹Im Osten steht ein Gefreiter,
der kann nicht weiter!›

Es liegt auf der Hand, daß der Führer mit einem solchen Witz persönlich angegriffen wird, und zwar in seiner Eigenschaft als unerfahrener Gefreiter, der nichts von Kriegskunst verstehe. Derartige Witze lehnen wir aufs entschiedenste ab und werden die Verbreiter zur Rechenschaft ziehen!»

Wie gesagt, das seien die Worte jenes Funktionärs gewesen, und der Bergmann wiederholte: «Man darf also nicht verbreiten: ‹Im Osten steht ein Gefreiter, der kann nicht weiter!› – denn da wird der Führer persönlich angegriffen!»

Und diesen Bericht gab er an jeden weiter – immer unter dem Deckmantel einer Wiedergabe der durch den NS-Funktionär erteilten Lektion, so daß der Witz auf diese Art durch ganz Eisleben wanderte. «Habt ihr schon gehört: ‹Im Osten steht ein Gefreiter, der kann nicht weiter!› darf man nicht sagen. Da wird der Führer persönlich angegriffen!»

Ich habe selten eine raffiniertere Methode der Verbreitung eines politischen Witzes kennengelernt, wenngleich dieser Witz nicht zu den gelungensten zählt. Hindenburg war wohl kaum als geeigneter Retter anzusehen, aber darauf kam es in dem Witz offenbar nicht an, das Ganze zielte auf den «Gefreiten» Hitler. Daß die Funktionäre der NSDAP in ihren Diskussionen auf diesen Witz eingingen, belegt seine weite Verbreitung, die freilich durch ebendiese Diskussionen – wie wir gesehen haben – noch vergrößert wurde.

Um diese Zeit war eine besondere Parodie aufgekommen. Die Sängerin Maria von Schmedes hatte einen populären Schlager kreiert, dessen Refrain lautete:

Es geht alles vorüber,
es geht alles vorbei.
Auf jeden Dezember
folgt wieder ein Mai.

Der Volksmund machte daraus:

Es geht alles vorüber,
es geht alles vorbei.
Erst geht Adolf Hitler
und dann die Partei!

Das Debakel des militärischen Zusammenbruchs wurde in den Flüsterwitzen mit großer Vorliebe Hitler angelastet, obwohl er natürlich nicht der Alleinverantwortliche für die sich immer deutlicher abzeichnende Katastrophe war. Aber er hatte sich nun einmal in unzähligen Reden als größten Feldherrn aller Zeiten gepriesen («Gröfaz» nannte ihn deshalb der Volksmund), und so zielte der politische Witz mit Recht auf ihn, wie beispielsweise in diesem Gespräch zwischen Tünnes und Schäl:

«Nie wird Hitler den Krieg gewinnen! Sieh dir den Globus an, Schäl: Da das kleine Deutschland in der Mitte – und das alles gehört zu England, das zu Frankreich, dort das riesige Rußland, von Amerika ganz zu schweigen...»

«Ja, ich weiß es, Tünnes. Aber weiß das auch der Hitler?»

Ein anderes Gespräch zwischen beiden beschäftigt sich mit der Zeit nach dem Krieg:

«Wenn der Krieg aus ist, Schäl, dann kaufe ich mir ein Fahrrad und fahre damit durch ganz Deutschland!»
«Das ist wunderbar, Tünnes. Und was machst du am Nachmittag?»

Vorerst und in der Hauptsache befaßten sich die Flüsterwitze jedoch mit der momentanen Situation, und hier war es Göring, dem als Beauftragten für den Vierjahresplan und Vorsitzenden des Ministerrates für die Reichsverteidigung eine Mitschuld am eingetretenen Fiasko zugeschrieben wurde.

Einmal wurde bemerkt, daß Göring fleißig in die Kirche ging. Alles war erstaunt. Was hatte Göring in der Kirche zu suchen? Ganz einfach: Er suchte dort den Gott, der Eisen wachsen ließ!

Ein solcher «Gott, der Eisen wachsen ließ» sollte sich Ende 1944 finden, und zwar in Gestalt des Volkssturms, über den sich eine Fülle von Flüsterwitzen ergoß, so daß es zum Beispiel hieß, an der Front würden als letztes Aufgebot weißhaarige Opas mit Sensen und Gummischleudern eingesetzt – da würden sich die Russen totlachen, und der Krieg ist gewonnen!

Ganz so lächerlich, insbesondere für die Betroffenen, vollzog sich die Sache natürlich nicht, und den ersten Eindruck von dieser angeblich kriegsentscheidenden Einrichtung bekam ich, als ich mit meinem bäuerlichen Nachbarn am Radio jene Rede des ostpreußischen Gauleiters Koch hörte, in welcher der Volkssturm zum Schutz der deutschen Grenzen aufgerufen und als unfehlbares Heilmittel gepriesen wurde.

Was den Volkssturm betrifft, seien einige Fakten in Erinnerung gerufen: Am 25. September 1944 war ein Erlaß Hitlers über die Bildung des Deutschen Volkssturms ergangen, der mit folgenden Worten eingeleitet wurde: «Nach fünfjährigem schwersten Kampf steht infolge des Versagens aller unserer europäischen Verbündeten der Feind an einigen Fronten in der Nähe oder an den deutschen Grenzen. Er strengt seine Kräfte an, um unser Reich zu zerschlagen, das Deutsche Volk und seine soziale Ordnung zu vernichten. Sein letztes Ziel ist die Ausrottung des deutschen Menschen.»

In dieser Präambel benutzte Hitler das Wort «Ausrottung», welches er im Blick auf seine Gegner geradezu strapaziert hatte (so in seiner Rede vom 30. September 1942: «Wir werden diese Verbrecher ausrotten, und wir haben sie ausgerottet!»), plötzlich als moralischen Vorwurf gegen die Alliierten.

Nach der Wiederholung bekannter Phrasen mündet die Präambel in das eigentliche Anliegen ein: «Zur Verstärkung der aktiven Kräfte unserer Wehrmacht und insbesondere zur Führung eines unerbittlichen Kampfes überall dort, wo der Feind den deutschen Boden betreten will, rufe ich daher alle waffenfähigen deutschen Männer zum Kampfeinsatz auf.»

Charakteristisch für die Volkssturm-Präambel ist der in ihr niedergelegte Wille Hitlers, den von ihm entfachten Krieg «bis zum letzten Mann» weiterzuführen. An diesem Vorhaben hatte er nie Zweifel gelassen. Bereits in seinen Reden vor der Machtübertragung spielte der Gedanke an ein «letztes Bataillon» eine herausragende Rolle: «Je mehr die Ereignisse zur Entscheidung drängen, um so mehr Opfer erfordert der Kampf. Entscheidend ist allein, wer in diesem Kampf das letzte Bataillon auf die Walstatt bringt.»

In Parallele zu dieser Behauptung vom 5. Dezember 1932 erklärte er in seiner Rede vom 15. Januar 1936 in Detmold: «Nicht die Summe der Verluste entscheidet in einem Kampf, sondern nur der, der mit dem letzten Bataillon übrigbleibt, hat den großen Kampf gewonnen.»

Das Schicksal des Volkssturms war in allen diesen Reden bereits vorprogrammiert. Aber es war auch in den häufigen Erklärungen Hitlers enthalten, «niemals zu kapitulieren», die ebenfalls schon vor der Machtübertragung laut geworden waren: «Ich kämpfe nicht, um Konzessionen zu machen oder gar um zu kapitulieren!» hatte er am 17. Dezember 1932 in Halle ausgerufen und am 6. November 1933 in Kiel: «Aber für mich und für uns alle sind Rückschläge nie etwas anderes gewesen als Peitschenhiebe, die uns dann erst recht vorwärts getrieben haben. Niemals haben wir deshalb kapituliert.»

Anläßlich des Führerappells im Coburger Rathaussaal am 19. Oktober 1935 bekräftigte er, er werde «niemals kapitulieren».

Daß dies auch für den Kriegsfall galt, machte er zum erstenmal in seiner Rede am 24. Februar 1939 deutlich, als er unter Bezugnahme auf äußere Feinde erklärte: «Sie werden uns mit ihren Drohungen nicht erschüttern! Sollten sie aber wirklich jemals die Völker zum Wahnsinn eines Kampfes bringen, dann würden wir erst recht nicht kapitulieren.»

Am Tag des Überfalls auf Polen gab Hitler in seiner Reichstagsrede eine Fülle diesbezüglicher Andeutungen von sich: «Ich werde diesen Kampf, ganz gleich gegen wen, so lange führen, bis die Sicherheit des Reiches und seine Rechte gewährleistet sind! –

Ich habe damit wieder jenen Rock angezogen, der mir selbst der heiligste und teuerste war. Ich werde ihn nur ausziehen nach dem Sieg – oder ich werde dieses Ende nicht mehr erleben! –

Ein Wort habe ich nie kennengelernt, es heißt: Kapitulation! –

Der Umwelt aber möchte ich versichern: Ein November 1918 wird sich niemals mehr in der deutschen Geschichte wiederholen! –

Wenn wir diese Gemeinschaft bilden, eng verschworen, zu allem entschlossen, niemals gewillt zu kapitulieren, dann wird unser Wille jeder Not Herr werden!»

Die Ablehnung jeglicher Kapitulation – und damit das Kämpfen bis zum letzten Mann – zog sich wie ein roter Faden durch die Kriegseröffnungsrede Hitlers. Noch drastischer wurde er bei seiner bereits erwähnten Ansprache, die er am 29. April 1941 vor Offiziersanwärtern im Berliner Sportpalast hielt: «Ein Wort habe ich als Nationalsozialist im Kampf um die Macht nie gekannt: Kapitulation! Ein Wort kenne ich nie und werde ich nie kennen als Führer des deutschen Volkes und als euer Oberster Befehlshaber, es heißt wieder: Kapitulation, d. h. Ergebung in den Willen eines anderen – niemals, niemals! Und genau so haben Sie zu denken!»

Damit hatte sich Hitler treffend charakterisiert: «Ergebung in den Willen eines anderen» war für ihn das Schlimmste, was es geben konnte. Gleichzeitig beweist dieser Ausfall die hochgradige Nervosität, die Hitler zu diesem Zeitpunkt, als bereits der Überfall auf die Sowjetunion geplant war, kennzeichnete. Seine Aufforderungen zum Kampf bis zur letzten Patrone nahmen verbrecherisch wirre Züge an.

Indem er jegliche Form der Kapitulation zum Tabu erklärte, besorgte Hitler das Geschäft der völligen Zerstörung. Noch während sich die letzten Volkssturmeinheiten zu einem sinnlosen Widerstand rüsteten, rief er dazu auf, «die Waffen zu führen, ganz gleich wo und ganz gleich unter welchen Umständen, so lange, bis am Ende der Sieg unsere Anstrengungen krönt» (Rundfunkansprache vom 30. Januar 1945).

Das Schicksal, das dem Volkssturm zugedacht war, kann man anhand der angeführten Zitate am deutlichsten ermessen, deutlicher jedenfalls als durch die Wehrmachtsberichte, in denen auf nüchterne Art vom «tapferen Einsatz der Männer des Volkssturms» berichtet wird.

Der gesamte Volkssturm-Erlaß war jedoch nur ein Anfang, und bald ging Hitler daran, zwölfjährige Jungen, ja sogar Frauen für den letzten Verteidigungskampf auszubilden.

Gleichwohl hielt er den Erlaß für so publizistisch wichtig, daß er ihn am Abend des 18. Oktober 1944, des Jahrestags der Völkerschlacht bei Leipzig, im Rundfunk verlesen ließ.

Nicht von ungefähr kam zu diesem Zeitpunkt ein Flüsterwitz auf, demzufolge der Rückzug der deutschen Truppen aus den russischen Gebieten als «Kaiser-Napoleon-Gedächtnis-Rennen» bezeichnet wurde, und das Gespräch zweier sich auf der Straße begegnenden Bekannten erschöpfte sich in folgendem Wortwechsel:

«Wie geht's?»
«Danke, mir auch nicht schnell genug!»

In der Tat waren durch die Ardennen-Offensive Rundstedts, jenem verzweifelten Aufbäumen der deutschen Wehrmacht im Dezember 1944, die Dinge zeitweilig ins Stocken geraten, aber im ganzen war trotz des propagandistischen Rummels, der um den Volkssturm verbreitet wurde, das Ende abzusehen. Die geschilderten, den Volkssturm betreffenden Maßnahmen und die ebenfalls zitierten unaufhörlichen Reden riefen eine immer größere Verbitterung in der Bevölkerung hervor, so daß es kein Wunder ist, wenn ich im Frühjahr 1945 in Wien den folgenden, die Großsprechereien der nationalsozialistischen Führer aufs Korn nehmenden Witz hörte:

Hitler, Göring, Goebbels und der Ernährungsminister Backe halten Kriegsrat.
Hitler zu Göring: «Wie lange reichen Flugzeuge und Benzin?»
Göring: «Fünf Jahre, mein Führer!»
Hitler zu Goebbels: «Wie lange ist das Volk durch Propaganda noch bei der Stange zu halten?»
Goebbels: «Zehn Jahre, mein Führer!»
Hitler zu Backe: «Und wie lange können Sie uns noch ernähren?»
Backe: «Zwanzig Jahre, mein Führer!»
Hitler mit gewohnter Energie: «Dann können wir den Krieg ja noch lange weiterführen!»
Schüchtern meldet sich nochmals Backe: «Ich meinte aber nur uns vier!»

Die mit der Gründung des Volkssturms verbundenen neuen Funktionen der nationalsozialistischen Gauleiter brachten es mit sich, daß auch dieser Personenkreis zunehmend in den politischen Witz einbezogen wurde:

Bei einem Verkehrsunfall in München wird ein Droschkenkutscher von einem Sicherheitspolizisten zur Feststellung seiner Personalien vernommen.
«Name?»
«Alois Hinterhuber.»
«Beruf?»
«Führer!»
«Quatsch! Es gibt nur einen Führer, und das ist Adolf Hitler!»
«Schön, schreiben Sie: Gaulleiter!»

Wie schnell sich derartige Wortschöpfungen verbreiteten, zeigt die Tatsache, daß ungefähr zur selben Zeit folgender Flüsterwitz im Umlauf war:

Tünnes und Schäl sind zum Volkssturm eingezogen und begegnen einander auf dem Kasernenhof. Tünnes führt einen lahmen Gaul zum Pferdelazarett. Schäl darf die welken Blätter zusammenkehren und in Körben forttragen.
Schäl: «Na, Tünnes, du bist ja schon ‹Gaulleiter› geworden!»
Tünnes: «Ja, und du hast es schon zum ‹Eichenlaubträger› gebracht!»

Es war dies zugleich eine Spitze gegen die Ordensflut, die in den letzten Jahren hereingebrochen war, und das Ritterkreuz mit Eichenlaub und Schwertern und Brillanten geriet durch solche Anhäufungen in den Geruch der Lächerlichkeit.

Der wachsende Unmut vieler junger Männer, am Dienst in der Wehrmacht – und damit am direkten Kriegseinsatz – teilzunehmen, kam in folgendem Flüsterwitz zum Ausdruck:

Max Jeschke wird zur Musterung vorgeladen. Er will mit allen Mitteln um eine mögliche Einberufung herumkommen und stellt sich blind. Das gelingt ihm so gut, daß der untersuchende Stabsarzt von der Blindheit des jungen Mannes überzeugt ist und ihn für wehruntauglich erklärt. Aus Freude über diesen Erfolg geht Max Jeschke am Abend ins Kino – und wer sitzt neben ihm? Der Stabsarzt! Jeschke bekommt einen tüchtigen Schreck, aber dann faßt er sich und raunt dem Stabsarzt zu: «Entschuldigen Sie, Fräulein! Bin ich hier richtig im Autobus nach Osterode?»

Zahlreiche andere Witze machten sich über den Kadavergehorsam in der Wehrmacht oder über den geistigen Horizont gewisser Ausbilder lustig. So erinnere ich mich, daß in Eisleben ein Lehrer im Jahre 1941 öffentlich folgendes zum besten gab:

> Ein Nazifeldwebel verteilt die Löhnung. Nachdem er die Schützen Meier III, Müller II, Schulze und so weiter abgefertigt hat, ruft er: «Schütze Übertrag!» Keiner meldet sich. Er wiederholt: «Schütze Übertrag!» Keine Antwort. «Merkwürdig», brummt er vor sich hin, «der ist nie da – und kriegt immer das meiste Geld!»

Man kann diesen Witz zwar in gewisser Weise den Militärschwänken zuordnen, die es zu allen Zeiten gegeben hat, aber in der Hitlerära hatten solche Angriffe auf den als heilig geltenden Soldatenstand eine wesentlich andere Bedeutung und dienten – je nach der Schärfe ihrer Pointe – der Aushöhlung jenes Nimbus, mit dem sich die Wehrmacht umgab.

Im übrigen sei noch einmal darauf hingewiesen, daß die letzten Kriegsmonate durchaus nicht, wie es durch die zitierten Witze den Anschein haben könnte, von Gegenstimmen und unzufriedenen Bürgern erfüllt waren; vielmehr gab es auch zu dieser Zeit reichlich Anhänger der nationalsozialistischen Ideologie, und ich habe noch Ende 1944 eine Wiener Hausfrau beobachtet, die während eines Fliegeralarms ihre Rolläden herunterließ mit dem Ausruf: «Die verdammten Juden!» Das kann man nicht nur mit einem den Wienern um die Jahrhundertwende vom Bürgermeister Lueger eingeimpften Antisemitismus begründen, sondern es gehörte zum unmittelbaren Einfluß der Goebbelsschen Propaganda.

Der politische Witz setzte sich natürlich auch mit solchen Erscheinungen auseinander und griff hierbei oft zu historischen Vergleichen:

> General von Ludendorff hält in einem Münchner Kaffeehaus eine antisemitische Hetzrede. «Die Juden und nur die Juden waren schuld an Deutschlands Niederlage!» ruft er aus. Da tritt ein jüdisch aussehender Herr auf Ludendorff zu und

sagt höflich: «Ich wußte gar nicht, Herr Generalfeldmarschall, daß Sie Jude sind!»

Tatsächlich hat es bis in die letzten Tage des Zweiten Weltkriegs Menschen gegeben, welche die Schuld für die hereingebrochene Katastrophe an allen möglichen Enden suchten, nur nicht im nationalsozialistischen System selbst.

Das Gegenüber verschiedener ideologischer Blöcke kennzeichnete den Alltag insbesondere der letzten Kriegsjahre. Die Menschen hatten einige Übung darin erlangt, schon nach wenigen Worten zu erkennen, welcher Gruppe ihr Gesprächspartner angehörte.

Als ich im März 1945 in der Nähe von Linz mit einem Oberleutnant der deutschen Wehrmacht ins Gespräch kam und dieser auf meine Bemerkung zum Frontverlauf erwiderte: «Warten Sie ab! Der Führer weiß schon, was er vorhat!», wußte ich ohne weitere Belehrung Bescheid. Aber ebenso wußte ich, mit wem ich es zu tun hatte, als ein alter Eisleber bei Erwähnung der propagandistischen Ausfälle über Churchill bemerkte: «Von wem sie reden, der kann was!»

Es war eine gefährliche Straße, auf der sich die Menschen bewegten, und besonders der Umgang mit dem politischen Witz schärfte die Sinne und das Gespür für Grenzen und Möglichkeiten. Im Grunde war es das Zerbröckeln, zumindest die Verringerung der nationalsozialistischen Massenbasis, die den Weg des Flüsterwitzes kennzeichnete, wobei jene Kommentare, die er den Rückzügen der Wehrmacht widmete, wertvolle Hinweise waren. Für diejenigen, die den Untergang des Hitlerreiches herbeisehnten, waren Witze wie der folgende, der den Namen einer bekannten Brauerei geschickt einbezog, geradezu eine Erleichterung:

In der Armee sollte Ende 1944 der deutsche Gruß «Heil Hitler!» abgeschafft werden. Dafür sollte es heißen: «Heil Schultheiß!»
Wie war das zu verstehen?
Ganz einfach: An jeder Ecke eine Niederlage!

Die Stimme des Volkes

Der Glaube an die Gerechtigkeit, vor allem an die gerechte Sache des Volkes, war es im Grunde, der den Flüsterwitz im Dritten Reich kennzeichnete, und wenn dieser zuweilen äußerst krasse und aggressive Züge annahm, dann deshalb, weil sich die allgemeine Stimmung, die in derartigen Witzen zum Ausdruck kam, keine irgendwie geartete Schranken auferlegte.

> So wurde von einem Ehepaar berichtet, das in einem Kunstgeschäft drei Bilder – Hitler, Göring und Goebbels darstellend – kaufte. Bei genauer Untersuchung stellen sie fest, daß nur die Bilder von Göring und Goebbels Haken besitzen.
> «Ich bitte Sie», erklärt der Geschäftsinhaber, «das macht doch nichts. Göring und Goebbels werden einfach aufgehängt, und Hitler wird an die Wand gestellt!»

Die direkte Art, vermittels derer sich des Volkes Stimme hier Luft verschaffte, wird begreiflich, wenn man sich die penetrante Form vor Augen hält, durch welche die nationalsozialistischen Führer mit aller Gewalt populär gemacht werden sollten. Nicht nur, daß Hitlerbilder in die privaten Wohnungen gelangten, sogar die unzugänglichsten Stellen wurden mit Zitaten versehen, und ich erinnere mich, daß in der damals zu Helfta gehörenden Eisleber Straße Nr. 3 – am «großen Haus», wie wir es nannten – gleich nach dem 30. Januar 1933 unmittelbar unter dem Dach, für aus Halle Anreisende schon kilometerweit sichtbar, die Worte angebracht waren:

DEIN FÜHRER:
ADOLF HITLER!

Nach Kriegsende mußte die Feuerwehr anrücken, um diesen Spruch zu beseitigen.

Nicht umsonst entzündete sich der Flüsterwitz an solchen Erscheinungsformen, und die Hitlerbilder in den Kunsthandlungen wurden beliebte Objekte derartiger Attacken, wovon besonders die folgende Variante kündet:

Ein Betrunkener steht vor einem Hitlerbild, hebt drohend den Finger und ruft: «Dich, dich kauf' ich mir noch!»
Natürlich wird er verhaftet, und ein Gestapobeamter benachrichtigt die Ehefrau.
«Dieser verdammte Kerl!» ruft die Frau aus. «Wenn er besoffen ist, kauft er jeden Dreck!»

Ein anderer Witz gab der Kritik an der Selbstinszenierung Hitlers in Frage und Antwort Ausdruck:

«Warum sitzt Hitler im Theater immer in der ersten Reihe?»
«Damit er wenigstens hier das Volk hinter sich hat!»

Angesichts solcher gegen das Regime gerichteten Äußerungen erhebt sich freilich die Frage, weshalb die Masse des Volkes, wenn sie schon gegen Hitler war, nicht zu entscheidenden Aktionen ausholte, sich vielmehr auf das Weitererzählen von Flüsterwitzen beschränkte, mit einem Wort: warum es nicht zu einem Aufstand gekommen ist.

Die Annahme, ein «Aufstand» sei möglich gewesen, bleibt rein spekulativ. Ganz abgesehen davon, daß den einzelnen Bürgern der Zugang zu den Schalthebeln der Macht in jeder Hinsicht verschlossen war (nicht einmal die Männer des 20. Juli 1944 konnten den Sicherheitsring in letzter Konsequenz durchbrechen), liefert die spezifisch deutsche (Vor-)Geschichte des Dritten Reichs ein Bündel von Erklärungen. Vor allem der Mangel an demokratischen Traditionen, eine verbreitete Mischung von Mitmachen und Dagegensein, die offensichtlichen und scheinbaren Erfolge des Systems – alles dieses gab sich die Hand. Eine «Revolte gegen Hitler» war aus denselben Gründen undenkbar, wie sie Heinrich Heine hundert Jahre zuvor den «Helden» des Hambacher Festes nachgesagt hatte: Bei der Beratung darüber, ob sie eigentlich kompetent seien, eine Revolution im Namen ganz Deutschlands durchzuführen, hatten sie entschieden, «man sei nicht kompetent».

«Venedey möge es mir verzeihen, wenn ich diese geheime Kompetenzgeschichte ausplaudre und ihn selbst als Gewährsmann nenne», schreibt Heinrich Heine, «aber es ist die beste Geschichte, die ich auf dieser Erde erfahren habe. Wenn ich daran denke, vergesse ich alle Kümmernisse dieses irdischen Jammertals, und vielleicht einst, nach dem Tode, in der neblichten Langeweile des Schattenreichs wird die Erinnerung an diese Kompetenzgeschichte mich aufheitern können... Ja, ich bin überzeugt, wenn ich sie dort Proserpinen erzähle, der mürrischen Gemahlin des Höllengotts, so wird sie lächeln, vielleicht laut lachen... O Schilda, mein Vaterland!»

Diese Worte Heinrich Heines ragen in das folgende Jahrhundert hinein: Auch für die Bürger im Dritten Reich war die Frage der Kompetenz für einen tatkräftigen Aufstand noch lange nicht entschieden, und man beschränkte sich aus gewissermaßen reduzierter Opposition auf das Erzählen von Flüsterwitzen. Im Grunde schufen sich die Bürger auf diese Art eine «gesprochene Zeitung», die zum beliebtesten Organ breiter Schichten wurde.

Wie gefährlich dem herrschenden Regime dieses Organ geworden war, belegt folgende Pressenotiz aus dem Jahre 1934: «Die Polizeidirektion Gotha weist darauf hin, daß jeder, der sich herabwürdigende Äußerungen über die Mitglieder der Regierung oder über den Führer der nationalsozialistischen Bewegung in Form sogenannter Witze erlaubt, gerichtliche Bestrafung zu gewärtigen habe.»

Goebbels geiferte in einer Rede im Oktober 1934 gegen «gewisse Brunnenvergifter, die auf dem Wege über sogenannte Witzeleien ihre Zersetzungstätigkeit auszuüben suchen», und der Frankenführer Julius Streicher rief wörtlich aus: «Wenn es hier in der Stadt der Reichsparteitage noch einmal ein solcher Schwätzer wagen sollte, einen politischen Leiter zu bewitzeln, dann schließen wir dem Kabarett die Bude. Ich werde jeden solchen Ansager herunterhauen.»

Derartige Ausfälle bestätigen die Erkenntnis, daß den Diktaturen zu allen Zeiten eine absolute Humorlosigkeit anhaftete, weil sie ihre Ideologien völlig ernst nahmen. Jeden Witz über einen ihrer Repräsentanten sahen sie als eine Art Erdolchung an. Ähnlich dem Treiben fanatischer Sekten, die ein etwaiges Schmunzeln über ihre Bräuche als Gotteslästerung betrachten, hatte sich im Dritten Reich eine Hexenjagd entwickelt, die vor allem auf die Kleinkunstbühnen zielte. Selbst ein Ansager, der bei einer harmlosen Modenschau auftrat, tat gut daran, vorher seine Texte mit einem politischen Leiter durchzugehen.

Unter dem Eindruck einer solchen Atmosphäre hatte der Kabarettist Werner Finck die Worte geprägt:

Am seidnen Faden hing ein Schwert,
Sich auf mein Haupt zu laden.
Glaubt ihr, daß mich das Schwert gestört?
– Mich schreckte nur der Faden.

Es ist kein Wunder, daß der Flüsterwitz allmählich die Sprache der Kabarettisten annahm; denn das verfolgte politische Kabarett wurde zum Vorbild für den politischen Witz, und es entstanden Wortspiele wie diese:

> Der Deutsche ist entweder klug und Nationalsozialist. Dann ist er nicht ehrlich.
> Oder er ist ehrlich und Nationalsozialist. Dann ist er nicht klug.
> Oder er ist klug und ehrlich. Dann ist er nicht Nationalsozialist.

Auch die Umwandlung des Slogans «Führer befiehl – wir folgen» in «Führer befiehl – die Folgen tragen wir!» ist durchaus kabarettistisch, wie auch jenes Frage-und-Antwort-Spiel, das ich im Sommer 1943 in Wien hörte:

> «Ihr saudummen Österreicher! Wollt ihr denn nicht begreifen, daß unser Hitler ein Geschenk Gottes an das deutsche Volk ist?»
> «Oho, andersrum! Den Hitler – den haben wir Österreicher auf euch losgelassen als Rache für 1866!»

Die Wiener Parteifunktionäre waren auch dafür bekannt, in ihren Kreisen politische Flüsterwitze mit besonderer Vorliebe zu kolportieren, und es entstand das Gerücht, sie würden diese ironisch mit der zu erwartenden Strafe taxieren: «Der ist zehn Mark wert!» oder «Das ist einer für ein Jahr!»

Da Hitler aus Österreich stammte, war er in Wien natürlich beliebte Zielscheibe vieler Spötteleien, und man legte zum Beispiel Charlie Chaplin folgende Worte über Hitler in den Mund:

> «Daß er mir das Schnurrbärtchen nachgemacht hat, ist verzeihlich. Daß die Welt von ihm fast ebensoviel spricht wie von mir, auch. Daß aber die Welt über ihn mehr lacht als über mich – das werde ich ihm nie verzeihen!»

Das allgemeine Gelächter ergoß sich aber auch ebenso – wie bereits gezeigt wurde – über Göring und Goebbels:

> Göring und Goebbels kommen ins Fegefeuer. Dort werden sie furchtbar gestraft: Göring bekommt 1000 neue Uniformen und keinen Spiegel – Goebbels 1000 Radioapparate und kein Mikrophon.

Den Tantalusqualen des letzteren wurde folgende Variante hinzugefügt:

«Ich lüge nie!» ruft Goebbels aus. «Für jede Lüge will ich mich nach dem Tode noch einmal um mich selbst drehen.»
Nach seinem Tod fragt Frau Goebbels Petrus an der Himmelspforte nach ihrem Mann.
Petrus weist mit dem Finger an die Decke: «Der sitzt noch immer im Ventilator!»

Zuweilen wurden derartige Witze phantasievoll und vor allem anschaulich angereichert:

Ein exotischer Baumstamm wird zum Gaubüro der NSDAP gebracht. Ein Arbeiter schlägt vor, den Stamm in der Mitte durchzusägen. «Das dürfen wir nicht», sagt der andere, «dann hat der Stamm nicht mehr das richtige Maß. Er soll zu einer Mundharmonika für Goebbels verarbeitet werden.»

Nicht von ungefähr wurden in den gegen Hitler gerichteten Flüsterwitzen in zunehmendem Maße Arbeiter als die Vertreter des Volkes herausgestellt.

Ein Arbeiter steht wegen eines Witzes über Hitler vor dem Sondergericht.
«Schämen Sie sich nicht», ruft der Vorsitzende aus, «den großen Mann zu beleidigen, der Deutschland aus finsterster Not zu lichten Höhen geführt, der Millionen wieder Arbeit und Brot gab, der bewirkt hat, daß aus finsteren, verzweifelten Menschen wieder fröhlich lachende, glückliche Volksgenossen wurden, der...»
«Entschuldigen Sie», unterbricht der Angeklagte, «den Witz habe ich aber nicht gemacht!»

Mitunter traten in den gegen Hitler gerichteten Witzen auch alte Menschen auf, sie ließen die Attacken gegen den «Führer» als Angelegenheit aller Kreise der Bevölkerung erscheinen.

So wurde erzählt, Hitler habe eine hundertjährige Frau an ihrem Geburtstag besucht und sie gebeten, ihm einen Wunsch zu äußern.
«Ich habe keine irdischen Interessen mehr», sagte sie,

«höchstens noch den Wunsch, meinen Tod in einer recht schönen großen Zeitungsanzeige angezeigt zu haben.»
Sofort verspricht ihr Hitler eine halbseitige Todesanzeige im «Völkischen Beobachter».
«Ach, nein», sagt sie, «nicht im ‹Völkischen Beobachter›, dann glaubt es kein Mensch!»

Die Diskrepanz zwischen der Meinung breiter Bevölkerungskreise und der offiziell gepredigten Weltanschauung kam auch in folgendem Flüsterwitz zum Ausdruck:

Hitler möchte erfahren, wie das Volk wirklich über ihn denkt. Er verschafft sich eine Perücke, schneidet sich das Bärtchen ab und begibt sich auf die Straße. Den ersten besten, den er trifft, fragt er: «Was denken Sie über den Führer?»
Der Mann flüstert: «Das kann ich Ihnen hier auf der Straße nicht sagen.»
Er führt Hitler in eine Seitengasse, betritt mit ihm ein Hotel, geht mit ihm in ein Zimmer, sieht dort unters Bett, verschließt die Tür, kontrolliert die Schränke und deckt das Telephon mit einem Kissen zu. Dann nähert er sich Hitler und flüstert ihm ins Ohr: «Ich sympathisiere mit dem Führer!»

Charakteristisch für solche verbalen Attacken war die Konzentrierung auf die gesamte Nazispitze, also nicht nur auf Hitler allein, wobei die Deutlichkeit der Sprache keine Zweifel offenließ:

Hitler, Göring und Goebbels wollen inkognito die Pariser Weltausstellung besuchen. Nachdem es ihnen gelungen ist, die Grenze unerkannt zu passieren, hören sie beim Aussteigen auf dem Bahnsteig hinter sich rufen: «Bagage, Bagage!»
«Seht ihr», raunt Göring den beiden andern zu, «wir sind erkannt!»

Dieser aus den Anfangsjahren der nationalsozialistischen Herrschaft stammende Witz kam den Gefühlen eines Großteils der Bevölkerung durchaus entgegen. Nicht nur die Ereignisse um den Reichstagsbrand mit den anschließenden Verfolgungen, sondern auch Verbrechen wie der «Fall Potempa» waren noch in bester Erinnerung. In der oberschlesischen Ortschaft Potempa hatten fünf SA-Männer einen Bergarbeiter in der Nacht vom 9. zum 10. August 1932 in Gegenwart seiner Mutter mit viehischer Brutalität zu Tode getrampelt. Sie wurden am 22. August 1932 zum Tode verurteilt und von Hitler in einem Telegramm als «seine Kameraden» bezeichnet, denen er sich «in unbegrenzter Treue verbunden» fühle. Es wurde eine Art Kumpanei geschaffen, und das auf die nationalsozialistischen Führer gemünzte Wort «Bagage» war durchaus zutreffend und ging weit über die Bedeutung eines Witzes hinaus.

Das Bild rundete sich ab mit den Ereignissen des 30. Juni 1934, jenem bereits erwähnten Mordfeldzug gegen die SA, nach dessen Abschluß Hitler in dem Bestreben, die SS vor jeglicher Strafverfolgung zu schützen, ein «Gesetz über Maßnahmen der Staatsnotwehr» erlassen hatte, dessen einziger Artikel lautete: «Die zur Niederschlagung hoch- und landesverräterischer Angriffe vom 30. Juni, 1. und 2. Juli 1934 vollzogenen Maßnahmen sind als Staatsnotwehr rechtens.»

Eine Formulierung, die vom Reichsjustizminister noch überhöht wurde, indem er feststellte, die «Notwehrmaßnahmen» seien nicht nur rechtens, sondern «staatsmännische Pflicht».

In seiner Reichstagsrede am 13. Juli 1934 begründete Hitler die Ermordung seiner SA-Führer mit den Worten: «Das Schlimmste aber war, daß sich allmählich aus einer bestimmten gemeinsamen Veranlagung heraus in der SA eine Sekte zu bilden begann, die den Kern einer Verschwörung nicht nur gegen die Auffassungen eines gesunden Volkes, sondern auch gegen die staatliche Sicherheit abgab.»

Kein Wunder, daß der Volkswitz dieses Thema ohne Zögern aufgriff, so daß allenthalben gemunkelt wurde, Hitler sei früher nur deshalb so oft nach München gefahren, um mit Röhm Dame zu spielen, und von Röhms Chauffeur wurde spöttisch berichtet, er habe Witwenpension beantragt.

Besonders sarkastisch verfuhr der Volksmund mit jenem größenwahnsinnigen SA-Mann, der unentwegt ausgerufen haben soll: «Ich bin größer als Nero! Nero hat Rom angesteckt. Ich aber, ich habe Röhm angesteckt!»

Man kann solcherart Witze nicht einmal makaber nennen, weil im Grunde eine Verbrecherbande von der anderen liquidiert wurde, und die Bevölkerung sah sich nicht veranlaßt, die SA etwa zu bemitleiden. Wenn Mitleid angebracht war, dann nur in einem besonderen Falle: Der Musikkritiker Dr. Willi Schmidt, der sich in seiner Münchner Wohnung beim Cellospiel befand, wurde von SS-Leuten abgeholt und erschossen – infolge einer «Namensverwechslung», wie sich später herausstellte. Dies zur Illustration der Art des Vorgehens. Abschließend möge noch das «Danktelegramm» Hindenburgs an Hitler vom 2. Juli 1934 zitiert werden: «Aus den mir erstatteten Berichten ersehe ich, daß Sie durch Ihr entschlossenes Zugreifen und die tapfere Einsetzung Ihrer eigenen Person alle hochverräterischen Umtriebe im Keime erstickt haben. Sie haben das deutsche Volk aus einer schweren Gefahr gerettet. Hierfür spreche ich Ihnen meinen tiefempfundenen Dank und meine aufrichtige Anerkennung aus.»

Das Ineinandergreifen von Terror und Demagogie kam hier sinnfällig zum Ausdruck, und wenn man sich fragt, was neben diesen Machenschaften die Aufmerksamkeit des Volkes besonders erregte, so ist vor allem die organisierte Bettelei zu nennen, die ebenfalls bereits in den ersten Jahren nach 1933 im größten Maßstab einsetzte. Damals fing, so verkündete ein Flüsterwitz, ein Schupo einen dieser Bettler ab, der nebenbei noch eine kleine Privatbettelei begangen hatte. «Sie wissen doch, daß Betteln verboten ist!» fuhr der Schupo den Bettler an. «Donnerwetter!» meinte der Bettler. «Ist die Regierung schon wieder gestürzt?»

Der Vergleich des Hitlerstaates mit einer Bettelanstalt kam auch in folgendem Witz zum Ausdruck:

> Ein englischer Schutzmann fragt einen deutschen Kollegen, wie er ohne Gummiknüppel eine Menschenansammlung auseinandertreiben wolle. Der Deutsche sagt: «Das ist höchst einfach. Ich nehme meinen Tschako ab, drehe ihn um und sammle für das WHW. Dann sollen Sie mal sehen ...!»

Verschiedentlich wurden die WHW-Sammlungen unverblümt als Diebstahl bezeichnet:

> Schacht habe die Frage der künftigen Reichsmark nunmehr gelöst, hieß es. Er führe die Stahlmark ein: 10 Prozent Kruppstahl, 90 Prozent Diebstahl.
> Im übrigen gäbe es einen bedeutsamen Unterschied zwischen Schacht und einem Veilchen: «Das Veilchen blüht im Verborgenen, und Schacht borgt noch im Verblühen.»

Das weite Gebiet des Wortwitzes, dem dieses Beispiel zuzuordnen ist, wurde in der Zeit der nationalsozialistischen Herrschaft besonders gepflegt. Allerdings kann vieles aus diesem Bereich nur verständlich werden, wenn man die dahinterstehenden Begriffe erklärt – denn wer weiß heute noch, daß der seinerzeitige protestantische Bischof von Württemberg «Wurm» und der Reichsstatthalter desselben Landes «Murr» hieß. Nur so aber kann jener Wortwitz verstanden werden, demzufolge der protestantische Kirchenkampf in Württemberg dadurch entstanden sein soll, «daß es Murr gewurmt hat, daß Wurm gemurrt hat».

Einen sarkastischen Wortwitz machte mein Eisleber Großvater, als er meinem holländischen Onkel Evert van der Steen anläßlich seines Besuchs im Jahre 1938 in bezug auf die Nationalsozialisten sagte: «Arier wollen sie sein? Arschier sind's!»

In Eisleben ereignete sich auch jener Vorfall, den der Hamburger Buchhändler Felix Jud vor einigen Jahren in einem NDR-Interview erwähnte und der hier etwas näher beschrieben werden soll:

Ein Bruder des erwähnten Buchhändlers namens Reinhard Jud lebte als Sportlehrer in Eisleben und war dafür bekannt, unter seinem Kurznamen «Reiju» bei öffentlichen Veranstaltungen als Conférencier und Stimmungssänger aufzutreten. Er war von besonderer Schlagfertigkeit, und eine Probe davon bekam der seinerzeitige Gauleiter Jordan anläßlich eines Aufenthaltes in Eisleben zu spüren. Bemerkt werden muß in diesem Zusammenhang, daß die Familie Jud zwar «Jud» hieß, aber nicht jüdisch war. Der Gauleiter Jordan trat also vor versammelter Mannschaft an Reinhard Jud heran und sagte mit kaum verhehltem Spott: «Herr Jud, Sie müssen mal daran denken, Ihren Namen zu ändern!» Worauf ihm promt entgegnet wurde: «Da ändern Sie erst mal I h r e n!»

Wie gesagt, der Gauleiter hieß «Jordan», und die treffende Antwort des gewitzten Sportlehrers war am nächsten Tag Stadtgespräch.

Um diese Zeit kursierte ein besonderer Flüsterwitz, der mit dem zwischen Halle und Eisleben gelegenen Ort Nietleben zusammenhing.

> Nietleben beherbergte eine psychiatrische Klinik, und es wurde erzählt, Hitler habe die Kranken besucht und ihnen zugerufen: «Wißt ihr, wer ich bin? Ich bin Adolf Hitler, besitze alle Macht, bin fast so mächtig wie der liebe Gott!»
> «Ja, ja», habe ein Insasse erwidert, «so hat es bei uns auch angefangen ...!»

> Die Frage «Was ist paradox?» beantwortete der Mansfelder Volksmund mit den Worten: «Wenn der Antialkoholiker Hitler das ganze deutsche Volk mit seinen Schnapsreden besoffen macht!»

Es wäre allerdings vereinfacht, wenn man die in diesem Witz angesprochene Vernebelung des politischen Bewußtseins eines Großteils der Bevölkerung lediglich auf die Wirkung der Reden Hitlers oder Goebbels' zurückführen wollte. Da gab es noch andere, nicht minder entscheidende Faktoren, beispielsweise die zweifelhafte Haltung angesehener Persönlichkeiten, durch welche die Durchschnittsbürger noch mehr verunsichert wurden. Was sollten sie denken, wenn prominente Künstler Hitler begrüßten und sich in der NSDAP betätigten? Zwar waren es nur wenige Namen, aber sie hatten in der Öffentlichkeit Klang, und es kann nicht verkannt werden, daß ihr Beispiel für viele Bürger richtungweisend war. Wenn man nun gar die damals populärste Kunstform, den Film, heranzieht, so kann man sich eines Schauders nicht erwehren: Da gab es die Burgschauspieler Paula Wessely und Attila Hörbiger, die in dem antipolnischen Hetzstreifen «Heimkehr» zum Völkerhaß aufriefen; den altehrwürdigen Rudolf Forster, der 1940 aus den USA nach Hitlerdeutschland kam und in «Wien 1910» vordergründig antisemitisch wirkte; die populären Schauspieler Heinrich George und Werner Krauß, die sich in «Jud Süß» für alle Zeiten kompromittierten – und es gab noch unzählige andere Namen, die zur Legitimation des Regimes beitrugen, ganz zu schweigen von den Sportlern, Autorennfahrern und dem Heer sonstiger Publikumslieblinge, die der nationalsozialistischen Diktatur den Anschein von Erfolg und Popularität verliehen.

Das alles muß bedacht werden, wenn man die allgemeine Stimmung jener Zeit beschreiben will, und es stellt sich bei alldem eine weitere Frage: Wie steht es mit jenen Künstlern, die sich dem Regime zu völlig unpolitischen, rein unterhaltenden Zwecken zur Verfügung stellten? Haben sie nicht auch ihr Teil beigetragen, die Hitlerherrschaft zu etablieren und hoffähig zu machen?

Diese Frage erheischt eigentlich zwei Antworten: Zum einen war Unterhaltung als Ablenkung und Entspannung gar nicht «völlig unpolitisch»; denn sie wurde von den Nationalsozialisten durchaus gezielt eingesetzt, auch wenn sie selbst nicht offene politische Ziele verfolgte. Dadurch, daß sie die an sich schwere Zeit «erträglich» machte, unterstellte sie sich dem Ziel, Loyalität gegenüber dem Regime zu erreichen oder zu befestigen. Zum andern muß jedoch gesagt werden: um wieviel trostloser wäre das Leben ohne diese Menschen gewesen! Die bereits genannten Namen von Heinz Rühmann, Theo Lingen und Hans Moser stehen hier für ein Programm, wobei zu bemerken ist, daß alle drei den nationalsozialistischen Rassengesetzen unterlagen (Heinz Rühmann hatte eine «Vierteljüdin», Theo Lingen eine «Halbjüdin» und Hans Moser eine «Volljüdin» zur Frau). Auch Künstler wie Paul Henckels (selbst «Halbjude»), Georg Alexander (mit einer «Volljüdin» verheiratet) und der unvergessene Leo Slezak (ebenfalls mit einer «Volljüdin» verheiratet) trugen zur Aufheiterung der Menschen in dieser schweren Zeit bei. Sie stehen in dieser gesellschaftlichen Bedeutung hoch über den oben genannten Künstlern, die ihr Können in den Dienst der nationalsozialistischen Propaganda stellten.

Zur Ehre der Urteilskraft der Menschen im Dritten Reich muß gesagt werden, daß dieser Unterschied gewürdigt wurde, und die Beliebtheit Leo Slezaks beispielsweise schlug sich in den hohen Nachauflagen seiner heiteren Erinnerungsbücher («Meine sämtlichen Werke», «Der Wortbruch», «Der Rückfall») nieder.

Daß angesichts solcher Tendenzen der Flüsterwitz immer weitere Ausbreitung fand, ist verständlich, und das oben angeführte Zitat von den «Schnapsreden» Hitlers lenkt auf eine besondere Thematik, nämlich den in der NS-Hierarchie verbreiteten Alkoholismus, wobei der «Führer der Deutschen Arbeitsfront», Robert Ley, im Vordergrund stand. Eine Flut von Witzen ergoß sich über diesen Repräsentanten, von denen nur einige herausgegriffen seien:

> Ein altes Mütterchen betritt eine Leihbücherei und sucht sich ein Buch aus. Die Inhaberin erledigt die Formalitäten und übergibt der Kundin das Buch mit den Worten: «Leihfrist drei Wochen!»
> «So, jetzt frißt der Ley schon drei Wochen?» ruft das Mütterchen aus. «Sonst hieß es doch immer nur, daß er so lange söffe!»

> In einem Betrieb kommen zwei Arbeiter ins Gespräch.
> «Ley hat gesagt», erklärt der eine, «die Deutsche Arbeitsfront habe 24 Millionen Mitglieder.»
> «Dann sind es in Wirklichkeit nur 12 Millionen», erwidert der andere.
> «Wieso?»
> «Na, der Ley sieht doch alles doppelt!»

Die Mitgliedsbeiträge der Deutschen Arbeitsfront wurden zuweilen spöttisch als «Ley-Gebühren» bezeichnet.

Eine andere Figur, die mit starkem Alkoholkonsum in Zusammenhang gebracht wurde, war Göring, bei dem jedoch – wie wir bereits gesehen haben – viele weitere negative Eigenschaften überwogen, und die Summe aller dieser Laster brachte das folgende Wortspiel hervor:

«Welcher Unterschied besteht zwischen China und Göring?»
«China ist das Land des Lächelns und Göring das Lächeln des Landes.»

Zur besonderen Charakterisierung seiner Person wurde eine amtliche Verlautbarung folgenden Inhalts verbreitet:

«Um auch seine Hemden an dem Aufstieg ihres Besitzers teilhaben zu lassen, hat sie Ministerpräsident Göring durch Ministerialerlaß zu Oberhemden ernannt.»

Im Sommer 1934 wurde erzählt, Göring wolle unbedingt sterben.
«Warum?»
«Hindenburgs Beisetzung in Tannenberg hat ihm so gut gefallen!»

Mit dieser Beisetzung hatte es übrigens eine eigene Bewandtnis, und die äußeren Umstände schlugen in der Öffentlichkeit hohe Wellen. Da sich das Ganze auf die allgemeine Stimmung entscheidend auswirkte, hier zur Erinnerung einige Fakten:

Am 1. August 1934 wurde durch ein von der gesamten Reichsregierung unterzeichnetes Gesetz das Amt des Reichspräsidenten mit dem des Reichskanzlers vereinigt und ausdrücklich betont, daß die bisherigen Befugnisse des Reichspräsidenten auf den Führer und Reichskanzler Adolf Hitler übergehen würden.

Diese Manipulation gehört zu den dunkelsten Seiten deutscher Gesetzgebung. An sich hatte beim Tode des Reichspräsidenten bis zu dessen Neuwahl dessen Funktionen der Reichsgerichtspräsident wahrzunehmen. Aber Hitler strebte nach vollkommener Macht und ließ sich auch nicht von dem beschämenden Zeitpunkt der Beschlußfassung und Verkündung des Gesetzes beeindrucken: Hindenburg war am 1. August 1934 noch gar nicht tot. Über seinen Kopf hinweg hatte sich die Reichsregierung dem ungesetzlichen Anspruch Hitlers gebeugt. Um den äußeren Eindruck etwas zu kaschieren, wurde dann im Reichsgesetzblatt die Todesnachricht vom 2. August 1934 dem Gesetz vorangestellt.

Durch die Vereinigung der Ämter des Reichspräsidenten und des Reichskanzlers war Hitler als Staatsoberhaupt dem Reichstag nicht mehr verantwortlich und jeder Kontrolle in der Ausübung seiner Macht entzogen. Er war weder einem Mißtrauensantrag des Reichstages ausgesetzt, noch konnte er vor dem Staatsgerichtshof unter Anklage gestellt werden.

«Er handelte damit», um mit den Worten Fritz von Hippels zu sprechen, «vergleichbar dem Vorsitzenden einer Aktiengesellschaft, der – nachdem er zunächst der Hauptversammlung sich entledigt hätte – nun auch den Posten des Aufsichtsrates dadurch aufheben wollte, daß er ihn mit dem eigenen Vorstandsamt zusammenlegte, mit dem Ergebnis, daß er nunmehr nach freiestem Belieben schalten und walten könnte.»

Um seine Machenschaften zu legalisieren, ließ sich Hitler in einer «Volksabstimmung» am 19. August 1934 die Rechtsgültigkeit seiner Handlungen bescheinigen. Natürlich war eine solche Volksabstimmung (mit «Ja» stimmten 89,93 Prozent) unter den seinerzeitigen Verhältnissen eine bloße Farce.

Im selben Erlaß, in welchem er die «freie Volksabstimmung» ankündigte, fügte er einen Passus ein, der in seiner scheinheiligen Aussage verdient, wörtlich wiedergegeben zu werden: «Die Größe des Dahingeschiedenen hat dem Titel Reichspräsident eine einmalige Bedeutung gegeben. Er ist nach unser Aller Empfinden in dem, was er uns sagte, unzertrennlich verbunden mit dem Namen des großen Toten. Ich bitte daher, Vorsorge treffen zu wollen, daß ich im amtlichen und außeramtlichen Verkehr wie bisher nur als Führer und Reichskanzler angesprochen werde. Diese Regelung soll für alle Zukunft gelten.»

Bemerkenswert ist hierbei, daß er sich später auch in diesem Punkte – nämlich der einmaligen Bedeutung des Titels «Reichspräsident» – über seinen eigenen Erlaß hinwegsetzte und im zweiten Teil seines politischen Testaments vom 29. April 1945 den Großadmiral Dönitz zum Reichspräsidenten ernannte.

Nach Ansicht mehrerer Historiker hat die Volksabstimmung vom 19. August 1934 den Prozeß der Machtergreifung (sprich: Machtübertragung) vollendet. Damals stellte ein Flüsterwitz fest:

Ganz Deutschland ist eine Straßenbahn.
Vorne steht der Führer.
Hinter ihm steht das Volk.
Wer nicht hinter ihm steht, der sitzt.

Alle paar Minuten wird kassiert.
Das Abspringen während der Fahrt ist verboten!

Und ein anderer lautete:

Das deutsche Volk zerfällt jetzt in zwei Teile. Die einen – marschieren, die anderen – sitzen.

Das Wort vom «Marschieren» fand Eingang in die mannigfaltigsten Flüsterwitze:

Ein SA-Mann hält ein Auto an. «Wollen Sie mich mitnehmen? Ich habe in Kaiserslautern dringend zu tun.»
«Was sind Sie denn?»
«SA!»
Darauf der Chauffeur: «Hitler sagt, SA marschiert. Wir – fahren!»
Und fährt davon.

Das Auto wurde übrigens schon damals zum Maßstab eines gewissen Lebensstandards. Die Stimme des Volkes konnte an einer solchen Erscheinung nicht vorbeigehen und kommentierte:

«Jeder Deutsche sollte ein Auto haben!» hat Hitler gesagt. Und weil die Nazibonzen besonders gute Deutsche sind, hat jeder von ihnen gleich zwei...

An diesem Beispiel wird deutlich, daß die Bürger Übung darin erlangt hatten, in jedem Positivum den Pferdefuß zu erkennen, und daß diese Widersprüche von weiten Kreisen der Bevölkerung erkannt wurden, ist vor allem ein Verdienst der antinazistischen «Flüsterpropaganda», die zumeist in der Form eines Witzes auf die wahren Hintergründe hinwies.

Dem stellte die nationalsozialistische Agitation Ende 1943 ein Gegenstück – in ihrem Jargon «Mundpropaganda» genannt – entgegen, und ich erinnere mich, daß der für den Wiener Gartenbauwirtschaftsverband zuständige NS-Funktionär eines Morgens ausplauderte, seine Dienststellen hätten Anweisung erteilt, auf die «Mundpropaganda» größeren Wert zu legen. Im wesentlichen waren es Durchhalteparolen, die auf diese Weise popularisiert werden sollten, auch die Aufblähung kleinerer Erfolge zu großartigen Siegen gehörte hierzu. Als beispielsweise nach dem Sturz Mussolinis italienisches Staatsgebiet durch die deutsche Wehrmacht besetzt wurde, erklärte der bereits genannte Oberstleutnant wörtlich: «Ich bin ein alter Militär – aber daß es so schnell geht, hätte ich nicht gedacht!» Sofort machte diese Bemerkung die Runde, natürlich insgeheim gelenkt von den frischgebackenen Mundpropagandisten, was allerdings am tatsächlichen Verlauf der Dinge nichts änderte. Mein gegen Hitler eingestellter Kollege Rudolf Neudeck quittierte derlei Reden mit der typisch wienerischen Wendung: «Schaun S', man weiß ja eh, wer's sagt!»

In der Tat war es der reale Wahrheitsgehalt, der die antinazistische Flüsterpropaganda von der offiziellen Mundpropaganda unterschied, und oft wies ein politischer Witz auf Veränderungen der realen Gegebenheiten hin. Als Beispiel hierfür möge die Gegenüberstellung zweier erfundener Inserate dienen:

> *Inserat 1933:* «Echter van Dyck gegen arische Großmutter zu tauschen gesucht!»
> *Inserat 1943:* «Goldenes Parteiabzeichen gegen nichtarische Großmutter zu tauschen gesucht!»

Die veränderte Situation nach Stalingrad kam in diesem Inseratenwitz prägnant zum Ausdruck.

Von entschiedener Opposition zeugt die folgende Begebenheit:

> Eine U-Bahn-Station vor Hamburgs Rathausmarkt, 1933 in Adolf-Hitler-Platz umgetauft, heißt Gänsemarkt.
> Ein Fahrgast verlangt eine Karte: «Bis Rathausmarkt!»
> «Das heißt jetzt Adolf-Hitler-Platz!» wird er belehrt.
> Worauf er kühl sagt: «Dann möchte ich am Gänsemarkt aussteigen.»
>
> Die Frage nach dem Unterschied zwischen einem Volksempfänger und einem Übersee-Super wurde kurz und bündig beantwortet:
> «Mit dem einen hört man ‹Deutschland über alles›, mit dem andern alles über Deutschland!»

Die Stimme des Volkes kam hier wie überall zum Durchbruch, und mein Großvater hatte sicherlich recht, wenn er in den Jahren der Hitlerära in seinem unverkennbaren Mansfelder Tonfall wiederholt die Verse rezitierte:

Die Leute sagen immer:
«Die Zeiten werden schlimmer!»
Die Zeiten bleiben immer,
die Leute werden schlimmer!

Reichskulturjammer

Daß Diktatoren aller Schattierungen seit jeher emsig darauf bedacht sind, Mäzene der Künste und der Wissenschaft zu sein, ist eine bekannte Tatsache.

Tyrannen brauchen Dichter und Maler als Vorzeigeobjekte zur Rechtfertigung ihrer Herrschaft, und sie bedienen sich in der Absicht, ihre Schandtaten zu verbergen, der Künste, mitunter auch der Wissenschaft. Künstler und Wissenschaftler sonnen sich im Glanze solcher Regenten, erhalten Auszeichnungen und Preise, und der Regent selber fühlt sich durch die Vergabe dieser Ehrungen geschmeichelt.

Im Dritten Reich war das nicht anders. Die Machthaber ließen freudig in alle Welt hinausposaunen, daß ein Dichter wie Gerhart Hauptmann auf ihrer Seite stand, daß Richard Strauss Präsident der Reichsmusikkammer wurde, daß ein weltberühmter Dirigent wie Wilhelm Furtwängler ihre Konzerte dirigierte – und wenn letzerer einige Einwendungen wagte, dann schrieb ihm Goebbels einen freundlichen Brief, und alles war wieder im Lot.

Nein, die Künste und Wissenschaften sollten nicht verkümmern, im Gegenteil: Erst im Nationalsozialismus sollten sie gedeihen!

Die Wirklichkeit sah allerdings anders aus, und was beispielsweise die Filmkunst und die Rechtswissenschaft für Blüten trieben, wurde Eingeweihten sehr bald klar. Nicht ohne Grund hatten die Chefideologen des Regimes diese beiden Felder der Kultur gezielt beackert – wohlwissend, daß Filmpropaganda und Gesetzgebung zwei Pfeiler eines zusammenhängenden Gebäudes darstellen. Kamen diese Pfeiler ins Wanken, konnte Gefahr für das Ganze heraufbeschworen werden.

Hier darf der Volksgenosse lachen

Nicht das ist die beste Propaganda, immer sichtbar zutage zu treten», hatte Goebbels im Jahre 1941 vor Angehörigen der Reichsfilmkammer ausgeführt, «sondern das ist die beste Propaganda, die sozusagen unsichtbar wirkt, das ganze Leben durchdringt, ohne daß das öffentliche Leben überhaupt von der Initiative der Propaganda irgendeine Kenntnis hat.»

Deutlicher und ungeschminkter konnte die Absicht der nationalsozialistischen Indoktrination nicht charakterisiert werden. Wie ein schleichendes Gift wurden die auf unterschiedliche Weise gespitzten intellektuellen Pfeile abgeschossen, wobei das Massenmedium Film eine herausragende Rolle spielte.

Intuitiv hatte Goebbels gleich am Beginn seiner Tätigkeit erkannt, daß der Film wie kein anderes künstlerisches Mittel geeignet war, auf die Psyche der Menschen einzuwirken. Er stelle eine «geistige Macht ersten Ranges» dar, erklärte Goebbels, übertreffe «in seiner Breiten- und Tiefenwirkung heute schon bei weitem etwa die Volksschule und die Universität» und habe sich zu einem «nationalen Erziehungsmittel erster Ordnung für unser ganzes Volk» entwickelt.

Angesichts der Tatsache, daß es zum Beispiel im Jahr 1937 gegenüber nur 248 Theatern insgesamt 5300 Filmtheater gab, ist der Stellenwert, den Goebbels dem Film einräumte, verständlich. Wenn ein Staat für sich in Anspruch nehme, hatte er in einer Rede am 10. März 1939 vor Filmschaffenden betont, einem Kinde das Einmaleins und das ABC beizubringen, wieviel größer sei dann das Anrecht des Staates auf die Mittel und Möglichkeiten, die zur Erziehung und Lenkung des Volkes dienen können. Neben Presse und Rundfunk sei eines dieser Mittel der Film.

Was Goebbels in seinen Reden verschwieg, war, daß demagogische Filmpropaganda Verbrechen vorbereiten und legitimieren kann. Dies war der Zweck einer ganzen Reihe von Filmen. Zu welch entscheidenden Folgen nämlich Hetze im Film führen kann, zeigen jene Pogrome, die im Anschluß an die Aufführungen der Filme «Jud Süß» und «Die Rothschilds» stattfanden, ganz zu schweigen von den Auswirkungen auf die Wachmannschaften der Konzentrationslager, denen der Film «Jud Süß» nach einer Anweisung Heinrich Himmlers ausnahmslos vorgeführt werden mußte. So hat der SS-Rottenführer Stefan Baretzki im Auschwitz-Prozeß in Frankfurt am Main ausgesagt, daß es unter dem Eindruck des Films «Jud Süß» zu außergewöhnlichen Mißhandlungen an den Häftlingen kam. In diesen Zusammenhang gehört auch die Erscheinung, daß Filmhandlungen mit sadistischen Zügen Eingang in die Strafpraxis der SS gefunden haben, so daß ein Ausschnitt aus dem im Jahre 1932 gedrehten Film «Der Kongreß tanzt» (hier wurde ein junges Mädchen zu 25 Stockschlägen verurteilt und in einer ausgedehnten Szene dem Züchtiger ausgeliefert) in der «Köpenicker Blutwoche» zum Vorbild genommen und später im Konzentrationslager Ravensbrück ständig praktiziert wurde. Die authentischen Berichte mehrerer Häftlinge stimmen mit der erwähnten Filmszene in allen Einzelheiten überein.

Siegfried Kracauer stellt im Hinblick auf die filmische Beeinflussung des deutschen Publikums fest: «Breite Schichten der Bevölkerung, darunter auch ein Teil der Geistigen und Gebildeten, waren seelisch bereits auf ein System abgestimmt, wie Hitler es ihnen bot... Da Deutschland solchermaßen verwirklichte, was seine Filme seit Anbeginn hatten erahnen lassen, traten nunmehr die von ihnen heraufbeschworenen Gestalten aus der Leinwand heraus und ins Leben ein... Homunculus ging leibhaftig umher. Selbstherrliche Caligaris schwangen sich zu Hexenmeistern über ungezählte Cesares auf und erteilten ihnen Mordbefehle. Tobsüchtige Mabuses begingen straflos grausige Verbrechen, und wahnsinnige Despoten erdachten unerhörte Folterungen... Unaufhörlich ertönte das Schmettern von Trompeten, und der Kleinbürger fühlte sich aus dem Plüsch seiner Wohnstube in eine größere Zeit entrückt. Schlachtenlärm dröhnte, und ein Sieg löste den anderen ab. Alles war so, wie man es im Film erschaut hatte.»

In einer solchen Gefühlswelt wurde das Signal zur «Aufklärungsaktion Leinwand», wie es in einschlägigen Kreisen hieß, gegeben, und den Auftakt machte der Film «Morgenrot», an dessen Premiere der «Führer» in höchsteigener Person am 2. Februar 1933 mit großem Gefolge teilnahm.

Im Grunde war es kein normaler Spielfilm, sondern ein Heldenepos auf eine deutsche U-Boot-Besatzung des Ersten Weltkriegs, das eine eindeutig antibritische Stoßrichtung verfolgte und eine Demonstration deutscher Wehrkraft darstellte. Das «Einsetzen des Lebens», die persönliche Aufopferung, war zentrales Thema, was besonders in den Worten des Kapitäns an seine Mutter zum Ausdruck kam, daß nämlich im Heldentod, im Sterben für das Vaterland, der eigentliche Sinn des Lebens liege.

Peinlich wurde es allerdings, als in der Filmhandlung der unmittelbare Anlaß zum Einsetzen des Lebens ein dramaturgisch äußerst banaler war: Von den zehn Besatzungsmitgliedern können nur acht gerettet werden. Der Kapitän und sein Stellvertreter wollen sich opfern. Die Mannschaft lehnt ab; entweder alle oder keiner. Es kommt zu keiner Einigung. Da begehen zwei Selbstmord. Nun sind es nur noch acht.

Mit einer solchen Klischeehandlung war kein Lorbeer zu ernten, und es mag Goebbels empfindlich berührt haben, daß gleich am Beginn seiner propagandistischen Tätigkeit einige Filme nicht einmal des Flüsterwitzes bedurften, um komisch zu wirken – sie waren selbst Witz genug.

Hierzu zählte der Reinfall mit dem Horst-Wessel-Film, in welchem der Schauspieler Paul Wegener einen – wie die Presse schrieb – «teuflischen Moskauer Drahtzieher», einen «asiatischen Kommune-Golem» spielte. Diesem wurde ein Genosse beigesellt, der im Verlauf der Filmhandlung schwankend wurde und schließlich zu den Nationalsozialisten überging. Als wir den Film in einer für alle Schulen obligatorischen Aufführung sahen (er trug inzwischen den Titel «Hans Westmar – einer von vielen»), beeindruckte uns vor allem das Schlußbild: Die geballte Faust des Kommunisten öffnete sich langsam und mündete im Hitlergruß. Eine Sequenz, die unter den Schülern begeisterte Diskussionen auslöste.

Unmittelbar nach der Presse-Voraufführung am 6. Oktober 1933 hatte Goebbels den Film verboten und ihn als sentimentalen Kitsch abgetan. «Wir legen nicht gesteigerten Wert darauf, daß unsere SA über die Bühne oder über die Leinwand marschiert», hatte er geäußert, «ihr Gebiet ist die Straße.» Diese Begründung ist jedoch angesichts der Tatsache, daß der Film unter verändertem Titel zwei Monate später über die Leinwand ging, nicht stichhaltig. Es war wohl mehr die Furcht vor einer breiten Diskussion über die zweifelhafte Figur Horst Wessels, die Goebbels bewog, auf eine öffentliche Glorifizierung dieses «Volkshelden» zu verzichten.

Dabei war es gerade Goebbels, der ihn populär machte, indem er noch vor dessen Tod 1930 ein von Wessel gedichtetes Lied («Die Fahne hoch») zum Abschluß einer Sportpalastveranstaltung singen ließ. Als «Horst-Wessel-Lied» wurde es später bei Kundgebungen dem Deutschlandlied angefügt, wurde also zur zweiten Nationalhymne, was wiederum Stoff für Flüsterwitze bot. Im Kriege gab es «Horst-Wessel-Butter» (Begründung: Sie marschiert «im Geist in unsern Reihen mit») – eine Anspielung auf die Schlußworte der Hymne.

Trotz der anfänglichen Fehlschläge ließ Goebbels nicht locker. Ein Schmunzeln bei den Experten dürften allerdings seine Ausführungen vom 28. März 1933 hervorgerufen haben, als er im Bankettsaal des Berliner Hotels Kaiserhof die Forderung erhob, vier Filme sollten den deutschen Filmschaffenden als Vorbilder dienen, nämlich «Panzerkreuzer Potemkin», «Anna Karenina», «Die Nibelungen» und «Der Rebell». Es war dies eine seltsame Zusammenstellung: Die Regisseure aller vier zitierten Filme (Sergej Eisenstein, Edmund Goulding, Fritz Lang und Trenkers Co-Regisseur Kurt Bernhardt) waren Juden.

Ebenso seltsam muß es anmuten, daß die Presse – im direkten Kontrast zur offiziellen antijüdischen Propaganda – den Film «Anna Karenina» mit folgenden Worten ankündigte: «Ein großer Dichter schrieb den Roman – ein großer Regisseur gestaltete ihn zu einem Meisterwerk.»

Auch der Film «Fiakerlied» erfuhr eine ähnliche Würdigung und wurde im Inseratenteil der Zeitungen folgendermaßen angezeigt: «Ein Film voll Gemüt und Herzlichkeit. Jeder kennt, jeder singt das weltbekannte Fiakerlied!» Und das lange nach den Nürnberger Gesetzen – obwohl der Komponist Gustav Pick Jude war und als Schöpfer des Fiakerliedes im «Lexikon der Juden in der Musik» (1943) ausdrücklich benannt wurde.

Die Thematik der «jüdisch Versippten» nahm in der nationalsozialistischen Filmpropaganda einen besonderen Platz ein. Sogar weit entfernt liegende Stoffe wie das Schicksal des deutschen Afrikapioniers Carl Peters (1856–1918) wurden damit belastet, so daß in den seinen Namen tragenden Film ein jüdischer Kolonialdirektor eingebaut wurde, der mit einer «arischen» Frau verheiratet war. Das Judentum dieses Kolonialdirektors namens Dr. Leo Kayser wurde sogar in direkten, wörtlichen Anspielungen herausgekehrt. So entgegnet Peters (dargestellt von Hans Albers) auf die Bemerkung Kaysers, er würde sich an Bismarck wenden: «Bismarck ist – wie ich – mit Elbwasser getauft. Ich weiß nicht, womit Sie getauft sind...», was natürlich beim Kinopublikum entsprechende Reaktionen hervorrief, vor allem die darauffolgende Szene, in welcher Kayser seiner Frau erklärt, er würde von Peters als Jude angesehen, und auf deren Erwiderung, das habe dieser ihm doch nicht etwa gesagt, resigniert murmelt: «Durch die Blume.» Spöttische Dialoge, die das Publikum auf makabre Weise «erheitern» sollten, gab es in diesem Film in Hülle und Fülle.

Als zwei jüdische Parlamentarier Peters fragen, ob er es Frieden nenne, wenn er Leute aufhängt, und hinzufügen, sie hätten das nie getan, antwortet Peters: «Sehr richtig, Sie hätten das nie getan. Sie hätten auch nicht Deutsch-Ostafrika erworben!»

Vor dem parlamentarischen Ausschuß verteidigt sich Peters mit den Worten: «Was ich getan habe, verantworte ich vor mir selbst und vor Deutschland.» Die Einwendung eines Abgeordneten: «Deutschland sind wir, denn wir sind das Volk!», wird dadurch entwertet, daß diese Worte in den Mund eines jüdischen Parlamentariers gelegt werden, dem der blonde Herrenmensch voller Ironie antwortet: «So! Sie sind das Volk. Entschuldigen Sie, das konnte ich natürlich nicht ahnen.»

Die erwähnten Szenen machen übrigens deutlich, daß nicht nur harmlose Lustspiele und Revuefilme, die es in übergroßer Zahl gab, die Menschen zum Lachen bewegen sollten, sondern äußerst geschickt wurden seriösen Handlungen heitere Aspekte beigefügt – in der Erkenntnis, daß auf diese Art die Herzen der Kinobesucher höher schlagen. Es war ein gewissermaßen diabolisches Lachen, das man in solchen Verpackungen provozierte, und oftmals merkten die Zuschauer gar nicht, auf welch raffinierte Weise sie manipuliert wurden.

Auch in historischen Streifen kam der Humor zu seinem Recht (natürlich stets in der Absicht, durch Lachen positive Zustimmung zu erkaufen).

«Der Choral von Leuthen» ist hierfür ein Musterbeispiel: In ihm wurde fortlaufend versucht, das Makabre der Handlung durch «volkstümlichen Humor» zu ersetzen. Inwieweit diese besondere Art von «Humor» selbst vor dem Preußenkönig nicht haltmachte, veranschaulicht jene Szene, in welcher er – noch während die Entscheidungsschlacht im Gange ist – im österreichischen Hauptquartier auf Schloß Lissa auftaucht, sich in aller Ruhe bewirten läßt und seelenruhig erklärt: «Schmeckt ganz gut, eure Preßwurscht!» Auf die Bemerkung eines Offiziers: «Majestät! Sie sind hier im *österreichischen* Hauptquartier!» erwidert er flüsternd, unter vorgehaltener Hand: «... gewesen!» Schließlich wird es den Österreichern zu bunt, ein Offizier baut sich vor ihm auf und ruft mit schneidender Stimme: «Majestät! Ich bitte um Euern Degen!» Langsam erhebt sich der Preußenkönig, blickt einen nach dem andern an – und während dieses Blickwechsels ertönt von draußen der Siegesgesang seiner Grenadiere: «Nun danket alle Gott!» Der «Choral von Leuthen» hat deutlich gemacht, wer der Sieger ist. «Meine Herren», sagt Friedrich II., «Sie sind meine Gefangenen!»

Es bedarf keiner Erklärung, wie eine solche – übrigens historisch völlig frei erfundene – Szene in der Gestaltung des Schauspielers Otto Gebühr besonders auf jugendliche Zuschauer wirken mußte. Der Sieg Preußens sollte zugleich den Sieg Hitlers implizieren – im Gegensatz zum

Anliegen des neun Jahre später von Veit Harlan gedrehten Films «Der große König», der in einem für Preußen schwierigen Moment spielte: nach der Niederlage 1759 bei Kunersdorf. Dementsprechend hatte das Propagandaministerium eine Mitteilung an die Presse gesandt, «keine Vergleiche zwischen Friedrich dem Großen und dem ‹Führer› zu ziehen, weil die schwierige militärische Situation am Anfang des Films zu falschen Analogien in der Einstellung des deutschen Volkes zum gegenwärtigen Krieg führen könnte».

Vergleiche erwünscht waren jedoch bei einem anderen historischen Film, der freilich ein ganz anderes Gebiet behandelte: «Robert Koch, der Bekämpfer des Todes». Hier sollten sich die Zuschauer mit dem national eingestellten Bakteriologen identifizieren und in seinem Widersacher, dem kosmopolitischen, liberalen Geheimrat Virchow, den politischen Gegner erblicken. Der Film selbst setzte weniger medizinisch-wissenschaftliche als vielmehr politisch-agitatorische Akzente. Virchow, ein radikaler Demokrat und Antagonist von Bismarck, muß sich vor Koch demütigen, und das in Anwesenheit des Kaisers. Robert Koch wurde hier zu einem Mustergelehrten gemacht, der im nationalsozialistischen Geist lebt, arbeitet und denkt. Um ihn besonders volkstümlich erscheinen zu lassen, wurden Szenen eingebaut wie jene, als er einer empfindsamen Hypochonderin einen Eimer eiskalten Wassers über den nackten Körper schüttet (woraufhin ihm von maßgebender Seite empfohlen wurde, seine Praxis auf «Kaltwasserkuren» auszudehnen). Sein Widersacher Virchow hingegen wurde in jeder Weise lächerlich gemacht, so zum Beispiel vor seinen Studenten, wenn er die sich später als richtig erwiesene Theorie Kochs von der Verursachung der Tuberkulose durch Bazillen angreift, sich an den Kopf tippt und höhnisch ausruft: «Tierchen!»

Das Gelächter im Kinosaal, das derartige Szenen begleitete, machte deutlich, daß die Rechnung der NS-Propagandisten aufging.

Es muß allerdings hinzugefügt werden, daß diese Rechnung ein empfindliches Manko hatte: Sie basierte auf der Annahme, daß die im Kinosaal hervorgerufenen Emotionen weiterwirken und eine auf Dauer berechnete Formung des Publikums zur Folge haben könnten. Bei einigen besonders überzeugend wirkenden Filmen mag dies zutreffen, aber es bleibt die Tatsache, daß ausgerechnet in jenen Jahren, als «Robert Koch» und ähnliche Streifen aufgeführt wurden, die Zahl der Flüsterwitze, die man bezeichnenderweise Schauspielern in den Mund legte, rapide zunahm.

So wurde im Jahre 1938 erzählt, Karl Valentin sei von einem Bekannten mit den Worten angesprochen worden: «Was sagen Sie dazu? Achtundneunzig Prozent haben bei der Volksabstimmung für Hitler gestimmt!»
«Merkwürdig», erwiderte Valentin, «ich treff' überall nur die zwei Prozent.»
Ein Jahr später, kurz vor Kriegsbeginn, soll ein Fanatiker zu ihm gesagt haben: «Herr Valentin, Millionen stehen hinter dem Führer!»
«Millionen schon», war seine Antwort, «aber ich möchte einen einzelnen sehen.»

Zur selben Zeit wurden Werner Finck die Worte zugesprochen: «Es riecht verdammt nach Krieg. Hitler hat schon wieder eine Friedensrede gehalten!»

In einer solchen Atmosphäre, die weitgehend vom Flüsterwitz beherrscht wurde und zunehmend populäre Schauspieler einbezog, ist eine seltsame Erscheinung bemerkenswert: Alle Unterhaltungsfilme der damaligen Zeit nämlich ignorieren den «deutschen Gruß»! Die in diesen Filmen auftretenden Personen sagen «Guten Morgen!» oder «Guten Tag!», keine ruft «Heil Hitler!» Dabei war dies der allgemeine Gruß.

Einen Versuch soll der Regisseur Hans H. Zerlett gemacht haben, als er in dem Film «Meine Freundin Josefine» einen Gerichtsvollzieher eine Wohnung mit den Worten «Heil Hitler!» betreten ließ, worauf das Kinopublikum in schallendes Gelächter ausbrach, so daß die Szene später entfernt werden mußte.

Dieser Vorfall mit dem mißglückten Hitlergruß zeigt, daß die Kinobesucher instinktiv das Deplazierte eines solchen Regieeinfalls erkannten, und über den freiwilligen und unfreiwilligen Witz im Film des Dritten Reiches ließen sich Bände füllen. Bemerkenswert ist auch die Tatsache, daß bei seriösen Streifen, soweit sie einen witzigen Dialog enthielten, ausgerechnet dieser im Gedächtnis der Zuschauer haftenblieb (er wurde an Stammtischen in Diskussionen über den Film vorzugsweise herausgegriffen), während vieles andere daraus entschwand. Wer beispielsweise den bereits genannten Film «Der große König» gesehen hat, wird heute – nach mehr als fünfzig Jahren – kaum noch etwas darüber zu berichten wissen, aber eine Szene hat er bestimmt nicht vergessen: Als der Reitergeneral von Ziethen Friedrich den Großen über den Tod seines Neffen mit den Worten tröstet: «Wen die Götter lieb haben, den holen sie früh zu sich!», erwidert der König: «Na, dann werde ich tausend Jahre alt. Mich lieben sie nicht.»

Das Lachen des Publikums wurde zu einem Pfund, mit dem sich trefflich wuchern ließ. Und vor allem: Man konnte es in die gewünschte Richtung lenken.

Nicht zuletzt der Mißerfolg des mit gigantischem Werbeaufwand propagierten Erziehungsfilms «Hitlerjunge Quex» hatte die führenden Ideologen dazu bewogen, in möglichst unterhaltender Form – aber nicht weniger zielgerichtet – verschiedene Probleme, beispielsweise den Generationskonflikt, filmisch zu behandeln. Dazu gehören «Herbstmanöver» mit den veralteten Ansichten huldigenden, in der Darstellung von Leo Slezak und Ida Wüst sogar humorig agierenden, untereinander jedoch verfeindeten Gutsbesitzern; «Zwei Welten» mit der aufgrund einer Sondererlaubnis spielenden, rassisch verfolgten Marianne Simson als Vertreterin der jungen Generation; «Annelie» und «Die Degenhardts» mit den über mehrere Generationen hinwegführenden Handlungssträngen; «Kopf hoch, Johannes», dessen Drehbuch Felix von Ekkardt verfaßte und hierbei mit dem Einfall brillierte, den Filmtitel in der Weise akustisch umzusetzen, daß die auf dem Hof der Nationalpolitischen Erziehungsanstalt angetretenen strammen Hitlerjungen dem wegen einer Verfehlung seelisch zusammengebrochenen Johannes im Sprechchor die Worte «Kopf hoch, Johannes!» zurufen; und nicht zuletzt «Junge Adler» nach einem Buch von Herbert Reinecker, in welchem zum erstenmal Hardy Krüger (damals noch mit dem altdeutschen Vornamen Eberhard) als jugendlicher Draufgänger dem Publikum serviert wurde. Dieser Film befleißigte sich einer Kombination von HJ-Erziehung, vormilitärischer Ausbildung und Bereitschaft zur Aufopferung.

In all diesen Filmen traten Helden auf, die als Modifikationen der Figur des Bildhauers Peter Brake aus «Venus vor Gericht» mit «jugendlicher Unbekümmertheit» überholte Ansichten bekämpften und damit allgemeine Sympathien gewinnen sollten.

Der Erfolg, der durch das Einbauen heiterer Episoden erzielt wurde, bewog Goebbels, in propagandistischen Kurzfilmen zwei ständige Figuren (Tran und Helle) auftreten zu lassen, die von den populären Schauspielern Ludwig Schmitz und Jupp Hussels dargestellt wurden. Tran war der negative Typ, und Schmitz wurde in dieser Rolle so populär, daß sogar Hitler in einer Rede auf ihn Bezug nahm, und zwar bei Erwähnung nörgelnder Zeitgenossen («Sie wissen, so in der Art Ludwig Schmitz!»).

Berühmte Schauspieler wurden sehr häufig gegeneinander ausgespielt. Als beispielsweise Paula Wessely im Jahre 1935 den internationalen Filmpreis vor Marlene Dietrich erhalten hatte, ließ man erstere in einer Karikatur des «Kladderadatsch» zur letzteren sagen: «Was man nicht in den Beinen hat, muß man eben im Kopfe haben!»

Die Rückkehr Lilian Harveys im selben Jahr war dem Blatt sogar eine Titelseite wert. Unter der Überschrift «Heimkehr der verlorenen Tochter» wurde gereimt:

Ob Nord, ob Süd, ob goldener Westen,
Bei Mutter Ufa ist's am besten!

In diese Richtung paßt, was der «Kladderadatsch» im Kriegsjahr 1942 über Rudolf Forster schrieb: «... und wie sich seine Persönlichkeit so gar nicht mit dem deckt, was man ihm ehedem im Film zu spielen gab, bewies seine Kriegsheimkehr aus Amerika, seine Reise durch die halbe Welt, um wieder nach Deutschland zu kommen. Dazu muß einer schon ein Kerl sein und ein Mensch von besonderem Format. Rudolf Forster ist das.»

Das Problematische an Forsters Handlungsweise wird vollends deutlich, wenn man sich die Schicksale seiner jüdischen Schauspielerkollegen vor Augen hält, die zu einem großen Teil emigrieren mußten (unter ihnen Elisabeth Bergner, Lucie Mannheim, Grete Mosheim, Fritz Kortner, Peter Lorre, Conrad Veidt), in den Konzentrationslagern umkamen (z. B. Kurt Gerron, Otto Wallburg) oder aus «rassischen Gründen» in den Freitod getrieben wurden, wie der Schauspieler Joachim Gottschalk.

Nach seiner Rückkehr aus Amerika wurde Rudolf Forster in verschiedenen Propagandafilmen eingesetzt, unter anderem als Bürgermeister Lueger in dem Film «Wien 1910». Ein Höhepunkt des Films war jene Szene, in welcher Lueger bei einem Zusammensein mit Waisenkindern im Rathaus diesen seine Amtskette vorzeigt und ihnen anhand der Schilder die einzelnen Bezirke Wiens, die sie symbolisieren, erklärt. Jedes Schild wiege schwer, sagt Lueger. «Aber der 2. Bezirk, die Leopoldstadt, die is aa net vül leichter etwa, weil da nämlich viel Geld wohnt. Schweres jüdisches Geld, und beim jüdischen Gelde, da wohnt der Neid, die Habsucht, der Haß und all die sieben Todsünden, und die ziehen auch zu Boden den, der ein schwaches Rückgrat hat.»

Als die Kette beim Herumreichen zu Boden fällt und zerreißt – ausgerechnet zwischen dem 1. und 2. Bezirk –, kommentiert Lueger diesen Vorfall mit dem Ausruf: «Zwischen Habsburg und Juda. Schönerer! Schönerer!» (Schönerer hatte angekündigt, daß das «Reich aller Deutschen» nur nach der Zerschlagung des österreichsichen Staates kommen werde.)

Im selben Film wurden die Zuschauer in spöttischer Form an die Vorgänge während der «Reichskristallnacht» erinnert. Antisemiten verwüsten das Redaktionsbüro des jüdischen Sozialdemokraten Dr. Adler, und anderntags schildert ihm sein Gehilfe Aaronsohn zitternd den Pogrom: «Wie es ist gekommen, Herr Doktor, weiß ich nich. Als wenn e Wind fährt über die Straße und ins Haus hinein, und es war auf einmal schwarz von Menschen, und sie sind gewesen im Nu im Zimmer und haben alles demoliert... Es ist gewesen, daß keiner hat gewußt, wohin er soll fliehen... Mich habense ins Gesicht geschlagen.»

Auf Dr. Adlers Frage nach der Polizei jammert er weiter: «Auf gerufen haben wir se – aber gekommen is keine Polizei, wo wir doch zahlen ebenso gutes Geld als Steuern wie die Gois.»

Die gesamte Szene war so angelegt, daß der Kinobesucher über das zittrige Gestammel Aaronsohns lachen mußte. Gespenstischer konnte es in einem Spielfilm, der Anspruch auf künstlerische Qualität erhob – immerhin wirkten neben Rudolf Forster berühmte Darsteller wie Heinrich George, O. W. Fischer und Lil Dagover mit –, nicht zugehen.

Allerdings wurden in der deutschen Presse – natürlich vorsichtig und nur mit der Lupe erkennbar – Zweifel an der historischen Authentizität des Films geäußert. So schrieb beispielsweise Horst Tiegelkamp in der «Eisleber Zeitung» vom 12. Januar 1944: «Die Wiener jedenfalls haben sich, wenn man dem Film glaubt, in ihrem Vertrauen zum Dr. Lueger, dem Bürgermeister ihrer Stadt, im ersten Jahrzehnt nach der Jahrhundertwende nicht beirren lassen», was unter damaligen Verhältnissen ein journalistisches Kabinettstück darstellt; denn der Nebensatz «wenn man dem Film glaubt» enthält zugleich den versteckten Vorwurf allzu großer «dichterischer Freiheit».

Selbst den jüdischen Witz spannten die Nazis in ihre Propaganda ein. So in dem Film «Robert und Bertram». Da es sich hier um ein Musterbeispiel für die zynische Verwendung jüdischen Humors handelt, sei auf diesen Streifen, der zu Kriegsbeginn in den deutschen Kinos anlief, etwas näher eingegangen.

Aufschlußreich und bezeichnend ist zunächst, daß das dem Film zugrunde liegende gleichnamige Bühnenstück von Gustav Raeder in keiner Weise antisemitisch war. Es wurde am 6. Februar 1856 im Königlichen Hoftheater zu Dresden uraufgeführt, im selben Jahr, als auch Nestroys «Judith und Holofernes» (Posse mit Gesang nach einem Trauerspiel von Hebbel) zum erstenmal über die Bühne ging. In beiden Stücken wurden jüdische Personen als Hauptfiguren einer Komödienhandlung eingesetzt, über die das Publikum herzhaft lachte, die aber dennoch mit Antisemitismus nicht das geringste zu tun hatten.

Der jüdische Humor, der «Robert und Bertram» kennzeichnet, ist kein antijüdisches Element, sondern ein Humor, der das Judentum seiner Zeit glossiert und bekanntlich von den Juden selbst weidlich genutzt und meisterhaft gehandhabt wurde. Inwieweit ein solcher Witz antisemitische Wirkung erzielen kann, hängt von den jeweiligen gesellschaftlichen und politischen Umständen ab, unter denen er verbreitet wird. Charakteristisch für die nationalsozialistische Kulturpolitik war, daß jedweder ursprünglich jüdische Humor in antisemitische Hetze umgemünzt wurde – und dies läßt sich an «Robert und Bertram» sehr deutlich demonstrieren.

Bei einem Vergleich des Bühnenstücks mit der Verfilmung fällt zunächst eine quantitative Verschiebung ins Auge: Während bei Raeder das jüdische Milieu nur einen kleinen Aspekt ausmachte, nimmt dieses im Film ein Drittel der gesamten Handlung in Anspruch. Von 2456 Filmmetern entfallen 834 auf die antisemitischen Sequenzen. Diese Konzentration wird ermöglicht durch das Auswalzen widerlicher Details, die im Stück überhaupt nicht vorkommen, aber der beabsichtigten Botschaft – nämlich der «Rechtmäßigkeit» der Aneignung jüdischen Vermögens – sehr dienlich sind.

Um ein Gegengewicht zur negativen Schilderung des «jüdischen Milieus» zu schaffen, wandten die Filmschöpfer ein Mittel an, das später in «Der ewige Jude» wiederholt wurde: Sie beschrieben die Wandlung eines «Muttersöhnchens» zum «kernigen Soldaten» (von welcher bei Raeder nicht im entferntesten die Rede ist). Diese Figur namens Michel wird sogar an den Anfang des Films gestellt. In einem Gespräch zwischen Michels Freundin Lenchen und dem reichen Biedermeier sagt diese, sie wolle keinen weichherzigen Burschen. «Er muß ein Mann sein!»

Die unmittelbar darauffolgende Szene zeigt Michel bei den Soldaten. «Haben Sie denn keine Spiegel?» fragt er weinerlich. «Auch noch», erwidert der Unteroffizier. «Wie du aussehen wirst, bestimmen wir!» (Daß Michel gegen Ende des Films als «fescher Soldat» zurückkommt und seinem Lenchen stolz verkündet: «Was die Preußen alles aus einem machen können!», sei nur der Vollständigkeit halber erwähnt.)

Wichtig ist der dramaturgische Übergang zum «jüdischen Milieu», der im Film konsequenter durchgeführt wird als im Bühnenstück. Genauer gesagt, besteht ein solcher Übergang im Stück überhaupt nicht, vielmehr dringen Robert und Bertram völlig unvermittelt – lediglich in der Absicht, anläßlich eines Karnevals «abzusahnen» – beim Bankier Ipelmeyer ein. Der Film schafft hier einen geschickten Übergang: Die Vagabunden Robert und Bertram stehlen dem reichen Biedermeier die Brieftasche und finden darin einen Brief Ipelmeyers, worin dieser mitteilt, daß er den Wechsel nicht verlängert. Dadurch gerät Lenchens Vater, der bei Biedermeier verschuldet ist, in Bedrängnis, zumal letzterer darauf aus ist, Lenchen zu heiraten. Um dem Mädchen zu helfen, beschließen Robert und Bertram, nach Berlin zu Ipelmeyer zu fahren und bei dieser Gelegenheit die «Geschäftspraktiken» dieses Mannes zu studieren.

Sie entdecken ihn im Café Kranzler. Auf Roberts Frage, ob er das wirklich sei, erwidert Bertram: «Dem Profil nach zu urteilen!» Diese Antwort wird unterstrichen durch die Offenbach-Karikatur, die dem Darsteller des Ipelmeyer (Herbert Hübner) zuteil wurde.

Charakteristisch sind die ersten Worte, die der Kinobesucher aus dem Munde Ipelmeyers vernimmt: «Bringense mir e Glas Cherry und e Kaviarbrötchen!» Sie waren in lässiger Form an den herbeieilenden Ober gerichtet und sollten offenbar dieselbe Wirkung erzielen wie die ersten Worte Shylocks in Shakespeares «Kaufmann von Venedig». Als unnötiger Zusatz mußte deshalb empfunden werden, daß Ipelmeyer im sich sofort anschließenden Gespräch zu Bertram sagt: «Soll ich Ihnen e Geheimnis verraten? Ich bin e Jied!» – worauf Bertram flüstert: «Soll *ich* Ihnen ein Geheimnis verraten?», und auf Ipelmeyers erwartungsvollen Blick trocken hinzufügt: «Ich hab einen Bauch!»

Eine ähnliche Dialogsituation wird im Verhältnis zu Robert geschaffen, der in Bewunderung des Ipelmeyerschen Palastes von einem «Tempel» spricht, worauf der Hausherr aufhorchend fragt: «Sind Sie auch...?» Robert winkt ab: «Wie könnte ich!» Darauf Ipelmeyer: «Kann mer wissen? Ich kenne einen Erzbischof Cohn.»

Der «jüdische Witz» wird während des Maskenballes fortwährend strapaziert, wobei Raeders Vorlage völlig aufgegeben wird. Auf Ipelmeyers Bemerkung: «Von hinten siehste aus wie Napoleon» und die Erwiderung seiner Frau: «Reden wir nicht von Napoleon! Napoleon war e Antisemit», kontert er: «Deshalb ist er auch pleite gegangen in Moskau!»

Von ausgeprägt rassistischem Charakter war ein Zwiegespräch zwischen Frau Ipelmeyer und dem kostümierten Prokuristen ihres Mannes.

«Nehmense de Hände weg, Forchheimer!»

«Sie haben mich erkannt? Woran?»

«An de Fieß.»

Auf Ipelmeyer selbst wird ein Schatten der versuchten «Rassenschande» geworfen. Er fordert eine Tänzerin auf, mit ihm in sein Arbeitszimmer zu kommen. Auf ihre Bemerkung «Ich muß mich erst umziehen» erwidert er mit entsprechendem Gesichtsausdruck: «Wenn man da dabei sein könnte!»

Aber auch seine intellektuelle Moral wird attackiert. Als sein Buchhalter während eines Streites gegen ihn sein Theaterschwert zieht und es mutlos wieder fallen läßt, lacht der Bankier erleichtert auf: «Na also! Sie junger Mann, ich wer' Ihnen mal was sagen: Wenn Se jemand etwas antun wollen, nehmen Se kei' Schwert, nehmen Se Tinte und Feder!»

Um die später von Robert und Bertram vollzogene Ausplünderung psychologisch vorzubereiten, wurde ein Gespräch zwischen einem jüdischen Gast und dem (gleichfalls jüdischen) Prokuristen Forchheimer eingebaut. Ersterer sagt, das Palais habe Ipelmeyer sicherlich ein Vermögen gekostet, worauf Forchheimer erwidert: «Es hat sogar mehrere gekostet, aber nicht von Herrn Ipelmeyer, sondern von den Leuten, die er hereingelegt hat.» Diese Erklärung rechtfertigt das Betrugsmanöver, das die Vagabunden ihrerseits inszenieren, um sich Ipelmeyers Vermögen anzueignen.

In der Konsequenz dieser Argumentation ließen die Filmschöpfer den Vorgang bis zu Sr. Majestät bringen, die tiefgründig resümierte: «Die Sache liegt also so, daß ein großer Gauner, der sich nicht erwischen läßt, Kommerzienrat werden kann, während diese kleinen Gauner, wenn man sie erwischt, für lange Zeit eingesperrt werden, obwohl sie ihre kleinen Gaunereien nicht zum eigenen Vorteil ausgeführt haben. Da stimmt doch etwas nicht!»

Während das Bühnenstück die Herkunft des Reichtums in keiner Weise zur Diskussion stellt, sondern nur den Reichtum als solchen der Lächerlichkeit preisgibt – und hier besonders Ipelmeyers Stolz auf diesen Reichtum –, trägt der Film gleich mehrere Attacken auf diese Herkunft vor, in Verbindung mit der dem Reichtum gegenüberstehenden «Unbildung». Diese Dinge spielen zwar auch in Raeders Posse eine Rolle, aber hier war es – insbesondere da die Figur des Ipelmeyer zumeist von jüdischen Schauspielern dargeboten wurde – eine witzige Selbstkarikierung; der Film übersprang dagegen gezielt die Grenze zur antisemitischen Hetze.

In der Filmgeschichte nimmt «Robert und Bertram» zweifellos eine Sonderstellung ein, vor allem durch die Verbindung zweier Elemente: Zum einen wurde im Rahmen einer Lustspielhandlung die in der nationalsozialistischen Propaganda immer wieder erscheinende Behauptung illustriert, daß der Jude zwar schlau, aber nicht klug sei und die nordische List den jüdischen Dreh besiegt (in «Jud Süß» sagt Landschaftskonsulent Sturm zum Bräutigam seiner Tochter: «Die Juden sind ja gar nicht klug, die sind nur schlau!»), zum andern kam es den Filmschöpfern – und im Hintergrund natürlich dem Propagandaministerium – darauf an, ganz konkret auf die «Rechtmäßigkeit» der Aneignung jüdischen Vermögens, die zu dieser Zeit in großem Umfange im Gange war, aufmerksam zu machen. Daß sich die «Arisierer» auf diese Weise allerdings mit Vagabunden auf eine Stufe stellten, verleiht der Aussage des Films eine unter damaligen Verhältnissen mehr als pikante Note.

Zu was filmische Demagogie fähig sein kann, offenbart auch der vom Reichsführer SS in Auftrag gegebene und 1944 im Konzentrationslager Theresienstadt gedrehte Dokumentarfilm «Der Führer schenkt den Juden eine Stadt», der ein besonderes Kapitel schwarzen Humors im Dritten Reich darstellt und in der Filmgeschichte seinesgleichen sucht.

Zum erstenmal bekannt gemacht wurde die deutsche Bevölkerung mit diesem Streifen im Herbst 1944, als die Reichswochenschau eine idyllische Kaffeehausszene zeigte, anschließend die Front mit verschmutzten Soldaten und Granatexplosionen, und der Sprecher sagte: «Während in Theresienstadt Juden bei Kaffee und Kuchen sitzen und tanzen, tragen unsere Soldaten alle Lasten eines furchtbaren Krieges, Not und Entbehrungen, um die Heimat zu verteidigen.»

Die Kaffeehausszene war dem Film «Der Führer schenkt den Juden eine Stadt» entnommen. Die in Theresienstadt gefangenen jüdischen Bürger mußten in diesem Film «mitspielen», der ein völlig falsches Bild der wirklichen Verhältnisse zeichnete.

Als Introduktion erklingt der Cancan aus Offenbachs «Orpheus in der Unterwelt», und die Kamera erfaßt eine Schmiedewerkstatt, in der kräftig gebaute Männer nach den Rhythmen dieses Cancans den Amboß bearbeiten. Ihre Gesichter strahlen Optimismus und Zuversicht aus, und der gutgenährte Zustand ihrer Körper deutet auf ein Leben ohne jedweden Mangel hin.

Die Betonung des Körperlichen wird auch in der folgenden Szene beibehalten, in der sich junge, vor Gesundheit strotzende Männer lauffreudig und einsatzbereit ein «fröhliches Fußballspiel» liefern.

Um die Einseitigkeit einer solchen, auf das physische Befinden der Häftlinge konzentrierten Propaganda auszugleichen, wird die «kulturelle» Komponente herausgestellt: Eine geräumige, modern und sauber eingerichtete Zentralbücherei steht zur Verfügung, und zu einem Konzert versammeln sich die – natürlich festlich gekleideten – Lagerinsassen.

Damit das Leben im Ghetto nicht zu langweilig wird, sind «Schrebergärten» angelegt worden, und der Film zeigt, mit wieviel Liebe die Juden ihre Gärten pflegen.

Der zu jener Zeit in Theresienstadt inhaftierte Historiker H. G. Adler schreibt über den Hintergrund des Films: «Vom wahren Theresienstadt wurde fast nichts gezeigt. Es war der reine Fabelfilm, so wie sich vielleicht der dümmste Judenhasser die Juden vorstellen mag. Arbeit bekam man kaum zu sehen: nur so nebenbei einige Bilder vom Bahnbau, einige Werkstätten, die für das Lager nicht typische ‹Landwirtschaft›. Not und Elend gab es nicht, und so wurden Alters- und Jugendheime wie auch Krankenhäuser ausgeschaltet. Dafür sah man Wohlleben und Lustbarkeiten, wie sie ein maskiertes ‹Paradiesghetto› nur zu bieten hatte. Ausgesprochen ‹jüdische› Typen wurden ausgewählt, und jeder sollte vor Gesundheit strotzen.»

Über die Gründe, die die SS bewogen haben könnten, einen solchen Film über Theresienstadt zu drehen bzw. drehen zu lassen, gibt es unterschiedliche Vermutungen. Am einleuchtendsten ist die Erklärung von Dorothea Hollstein, die auf die Geschichte des Lagers verweist. Im Oktober 1943 kamen rund 450 Juden aus Dänemark in das Lager, wo sie auf Wunsch des Auswärtigen Amtes vor Deportation geschützt und bevorzugt behandelt wurden. Das Internationale Rote Kreuz, insbesondere das Dänische Rote Kreuz, drängte wiederholt auf Erlaubnis, eine Delegation nach Theresienstadt schicken zu dürfen, und erhielt sie schließlich für Juni 1944. Bereits Ende 1943 ordnete die SS eine «Stadtverschönerung» an. In den folgenden Monaten mußten die Lagerinsassen die Straßen reinigen, Gärten anlegen und mit großem Aufwand zahlreiche soziale und kulturelle Gebäude errichten bzw. dekorieren, so einen Musikpavillon, einen Kleinkinderhort mit Spielplatz, eine Speisehalle, ein Kaffeehaus und ähnliches. Zum großen Teil durften die Einrichtungen nicht benutzt werden. Selbst Deportationen wurden zur «Verbesserung» des Lagers angeordnet, damit sie die Überbevölkerung dezimierten. Tatsächlich gelang es der Lagerleitung, die ausländischen Delegationen über die wirklichen Zustände im Ghetto zu täuschen. Dieser Erfolg vermutlich hat die SS zur Herstellung des besagten Films ermuntert. Er war also vorwiegend als Tarnung gegenüber dem Ausland gedacht, wurde jedoch – wie oben angeführt – in Auszügen für die innenpolitische Propaganda verwendet.

Regie führte der Berliner Kabarettist Kurt Gerron, bekannt aus den Filmen «Die Drei von der Tankstelle» und «Der blaue Engel». Er und die anderen mitwirkenden jüdischen Häftlinge wurden nach Beendigung der Dreharbeiten in Auschwitz umgebracht.

Mit welcher Vertrauensseligkeit das Internationale Rote Kreuz diesem Film begegnete, zeigt die weitere Geschichte: Im Spätwinter 1944/45 bot Gestapochef Heinrich Müller dem IRK an, eine Delegation nach Theresienstadt zu schicken, «um der Lügenpropaganda des Feindes ein Ende zu machen». Im März 1945 erwähnte Himmlers Sekretär, Standartenführer Brandt, in einem Brief an Himmlers Arzt, Dr. Kersten, den bevorstehenden Besuch des Internationalen Roten Kreuzes und führte dabei den «interessanten Film» an. Die Delegation traf am 6. April 1945 im Ghetto ein. Einer der Teilnehmer, der Berliner IRK-Delegierte Dr. Lehner, verfaßte anschließend einen Bericht, in welchem er mit bemerkenswerter Naivität die Zustände verharmloste. Zum Schluß kam er auf den Ghetto-Film zu sprechen: «Wir haben Teile dieses Filmes gesehen, es ist eine Art Dokumentar-Film, natürlich mit leicht propagandistischem Einschlag.»

Am 16. April 1945, als Himmler bereits die kampflose Übergabe des Lagers an die Alliierten angeordnet hatte, wurde der Film einer anderen Besuchergruppe vorgeführt. Zu dieser Delegation gehörte der ungarische Rechtsanwalt Dr. Rudolf Kastner, der erste freie Jude, der Theresienstadt besuchen durfte – und Kastner wußte, daß von den an der Filmarbeit Beteiligten niemand mehr am Leben war. Wenig später, im Mai 1945, räumte die SS das Lager.

Den gesamten Film in Deutschland zu zeigen, hatte Goebbels nicht gewagt. Vermutlich hätte er nicht nur Bewunderung für die «Großherzigkeit des Führers» hervorgerufen, sondern auch Unverständnis ausgelöst. Einen kurzen Ausschnitt in der Wochenschau vorzuführen, war dagegen taktisch sehr geschickt: In dieser Form konnte der Bericht Emotionen mobilisieren – besonders wenn er, wie geschehen, mit der «kämpfenden Truppe» kontrastiert wurde.

Während in Theresienstadt der Ghetto-Film der SS gedreht wurde, begann in der deutschen Presse die von Goebbels seit Monaten geforderte antijüdische Kampagne. Daß die Lage an der Front verzweifelt aussah, ließ sich trotz aller Verschleierungsversuche vor der Bevölkerung nicht verheimlichen. Der Sündenbock «Jude» mußte abermals herhalten, wobei die Behauptung, Deutschlands Judenpolitik sei ein Vorbild für alle Völker, immer häufiger vorgebracht wurde. Der «Deutsche Wochendienst» vom 19. Januar 1944 klärte die Redaktionen in diesem Sinne über ihre Aufgaben auf: «Die Völker wollen stets einen konkreten Feind sehen. Dieser konkrete Feind muß ihnen gezeigt werden: es ist der Jude ... Es muß den Völkern immer wieder klargemacht werden, daß das Judentum als einziges Volk der Welt laut nach diesem Krieg geschrien hat, daß alle Toten, die gefallen sind, daß alles Leid und aller Jammer der Menschen in erster Linie auf das Schuldkonto des Juden kommt ... Das Judentum muß ins grelle Licht gezogen und als der Hauptschuldige unablässig, fundiert und mit heiliger Überzeugung angeklagt werden.»

Dieser an die Zeitungsredaktionen gerichteten Forderung war der nationalsozialistische Film bereits seit Jahren nachgekommen, wobei man nicht davor zurückschreckte, auch in ernsten Streifen Juden karikierend darzustellen. Der «Volksgenosse» sollte auch hier lachen, und dieses Terrain des schwarzen Humors zählt zu den widerwärtigsten Seiten Goebbelsscher Kulturpolitik.

Um einen Begriff von jener Verfahrensweise zu vermitteln, sei die Figur des von Werner Krauß gespielten Sekretärs Levy aus dem Film «Jud Süß» genannt, der auf die Einwendung des Schmiedes Bogner, sein Haus stünde nicht auf der Straße, vielmehr ginge die Straße im Bogen um das Haus herum, mit entsprechenden Gesten folgendermaßen argumentierte:

«Die Straße geht im Bogen herum, aber sie geht im Bogen herum, weil die Leute sind im Bogen herumgelaufen um dein Haus. Von Natur geht die Straße grade. Is e Bach im Weg, daß die Straße krumm gehen muß? Is e Berg im Weg, daß die Straße krumm gehen muß? Näh! Aber dein Haus, das is im Weg, und darum muß die Straße krumm gehen. Warum steht dein Haus ausgerechnet auf de Straße?»

Juristische Spitzfindigkeiten im Stile einer Händlermentalität sollten hier besonders abschreckend wirken, vergleichbar einem Dialog aus dem Film «Heimkehr» zwischen der von Paula Wessely gespielten Lehrerin Marie und einem jüdischen Krämer:

«Nee, Salomonsson, Sie wissen ja, wir kaufen nicht bei Juden!»

«Wie kennen Se reden so harte Wörter, Fräulein Doktor, wo gerade ich gerne mach' e Geschäft mit den Deitschen. Und warum? Weil se sin ehrlich! Deitsches Volk e großes Volk, e stolzes Volk, na und der Fihrer, der Hitler, ein genialer Mann, ein großer Mann. Nur schade, daß er nichts will wissen von uns arme Jiden!»

«Ich werd's ihm schreiben, Salomonsson!»

Das Gelächter des Kinopublikums auf diesen Satz hin dröhnt mir noch heute im Ohr, und wenn – um ein anderes Beispiel zu nennen – in dem Film «Im Namen des Volkes» das an sich ernste Thema (nämlich die Propagierung des Gesetzes gegen Straßenraub mittels Autofallen) mit heiteren Episoden, ja sogar Witzen «aufgelockert» wurde, muß man die ästhetische Unbekümmertheit der Filmschöpfer bewundern. Das «Lachen um jeden Preis» wurde zum Kennzeichen einer Richtung, die den Begriff «schwarzer Humor» gar nicht kannte und ihn als dekadent entrüstet von sich gewiesen haben würde, obgleich er in allen ihren Äußerungen enthalten war. Und darin liegt die eigentliche Pointe der ganzen Geschichte.

Alles was «Recht» ist

Es ist eine bekannte und in vielerlei Hinsicht betrübliche Tatsache, daß das bloße Wort «Gesetz» zu allen Zeiten Respekt einflößte – und das nicht nur als Attribut der Macht, sondern als selbständige, verehrungswürdige Größe. «Gesetz» – das war, wie schon die Sprache nahelegt, etwas «Gesetztes», etwas Unverrückbares, und die Ehrfurcht vor einem solchen Begriff ließ sehr oft jedwede Kritik verstummen.

Nicht zuletzt in dieser dem Bürger eingeimpften «Ehrfurcht vor dem Gesetz» liegt einer der Gründe, weshalb die Hitlerdiktatur überhaupt den Weg der Gesetzgebung beschritt. Es war eine Konzession an bürgerliches Rechtsdenken, gepaart mit preußischem Ordnungssinn, wenn man pedantisch verordnete, was man ohne jeden Federstrich hätte «durchführen» können, wie ja dann auch die bloßen Willkürhandlungen des Regimes (Konzentrationslager, kriegerische Aktionen usw.) neben dem Recht ein das gesellschaftliche Leben bestimmender Faktor waren. Die Gesetze selbst waren nicht Gesetze im althergebrachten Sinne, sondern ihr Inhalt war verbrecherische Willkür, die lediglich in rechtliche Hüllen gekleidet wurde.

Sehr bezeichnend verkündete ein Flüsterwitz:

Das deutsche Recht besteht nur noch aus drei Paragraphen.
§ 1 Wer nicht dementsprechend lebt,
wird dementsprechend bestraft.
§ 2 Die Strafe richtet sich nach dem Volksempfinden.
Was das Volksempfinden ist, bestimmt die Partei.
§ 3 In Zweifelsfällen entscheidet der Gauleiter.

In der Tat erklärte am 24. Januar 1947 der Landgerichtsdirektor a. D. Dr. Karl Ferber aus Nürnberg, daß das im «Gesetz zur Änderung des Strafgesetzbuchs» vom 28. Juni 1935 niedergelegte «gesunde Volksempfinden» im Grunde nur «abgeleiteter Führerbefehl» war.

Insofern kann man den zitierten Flüsterwitz nicht einmal als «Witz» betrachten, da er die Wiedergabe einer realen Situation ist.

Was jedoch nach wie vor einer Antwort harrt, ist die Frage nach dem Zusammenhang zwischen der – wie die Geschichte erwiesen hat – inhumanen Gesetzgebung des Dritten Reiches und der rückhaltlosen Zustimmung großer Teile der damaligen Bevölkerung. Wie konnte Gesetzen zugejubelt werden, die sich letztendlich gegen die Interessen der Zujubler richteten? Gewiß, die von Goebbels gelenkte Propaganda tat das Ihre, aber es kam noch ein Moment hinzu, das aus der damaligen Zeit heraus nicht unterschätzt werden darf, und das hängt mit dem Nimbus zusammen, den man um den «Führer» geschaffen hatte. An seinen Lippen hingen Millionen, seine Worte hatten den Charakter von Glaubensartikeln. Und so beschränkte sich die nationalsozialistische Führung nicht darauf, ihre Gesetze im Reichsgesetzblatt zu veröffentlichen – wer las das schon! –, sondern man überließ es dem Führer, fast jedes erlassene Gesetz in einer Weise zu interpretieren, daß großen Teilen des Volkes als segensreich erschien, was objektiv zu seinem Verderben beitrug.

Wie eine Prise schwarzen Humors muten uns heute jene Tiraden an, die er vollführte, um alle möglichen Reglementierungen schmackhaft zu machen – nur wurden sie damals nicht belacht, sondern ernst genommen, und darin liegt die eigentliche Tragik.

Es ist heute kaum noch bekannt, daß Hitler nicht nur oberster Befehlshaber der Wehrmacht, sondern auch «oberster Gerichtsherr» war. Zum erstenmal hatte er sich diese Bezeichnung im Anschluß an die Röhm-Affäre zugelegt und in der Reichstagssitzung vom 13. Juli 1934 erklärt: «Wenn mir jemand den Vorwurf entgegenhält, weshalb wir nicht die ordentlichen Gerichte herangezogen hätten, dann kann ich ihm nur sagen: In dieser Stunde war ich verantwortlich für das Schicksal der deutschen Nation und damit des deutschen Volkes oberster Gerichtsherr!»

Und um gleichsam jedem möglichen Einwand zuvorzukommen, fügte er hinzu: «Wenn mir die Meinung entgegengehalten wird, daß nur ein gerichtliches Verfahren ein genaues Abwägen von Schuld und Sühne hätte ergeben können, so lege ich gegen diese Auffassung feierlich Protest ein.»

Damit hatte er eine Ansicht bekräftigt, wie er sie am 29. März 1942 in seiner speziellen Art von Humor formulierte, nämlich «daß für ihn jeder, der Jurist sei, entweder von Natur defekt sein müsse oder aber es mit der Zeit werde».

Ausgerechnet ein Jurist war es jedoch, der ihm in seinem Anspruch auf höchstrichterliche Befugnisse beipflichtete: «Der Führer schützt das Recht vor dem schlimmsten Mißbrauch, wenn er im Augenblick der Gefahr kraft seines Führertums als oberster Gerichtsherr unmittelbar Recht schafft», schrieb Carl Schmitt 1940 und fügte hinzu: «Der wahre Führer ist immer auch Richter. Aus dem Führertum fließt das Richtertum.»

Wie dieses «Richtertum» im Falle der Röhm-Affäre aussah, zeigt die Umschreibung der Mordtaten in der erwähnten Reichtstagsrede. «Wenn die SS mit innerlich wehem Gefühl in diesen Tagen ihre höchste Pflicht erfüllte...», begann Hitler die Schilderung des Ablaufs, wobei schwer vorstellbar bleibt, wie eine Kampforganisation vom Schlage der SS «mit innerlich wehem Gefühl» 82 SA-Angehörige umbringt.

Bezeichnend ist, daß Hitler in seiner langen Rede nicht auf die wahren Hintergründe einging, sondern dies erst drei Jahre später – während einer Rede vor den Kreisleitern auf der Ordensburg Vogelsang am 29. April 1937 – nachholte. Unter Eingehen auf die Röhm-Affäre erklärte er: «Was würde das für ein Leben sein in diesem Volk, wenn nicht das Gebot der brutalsten Loyalität gegenüber dem Heer hier durchgeführt worden wäre? Wo würden wir heute sein? Wir hätten damals vielleicht den anderen Weg gehen können. Was würden wir heute haben? Ich sage nicht zuviel, wenn ich das Miliz-Heer als einen gänzlich militärisch wertlosen Haufen anspreche.»

Das war ein harter Urteilsspruch über die SA – und vorbei war jene Zeit, als er «seine SA-Männer» noch gegen die Gerichte verteidigte, wie zum Beispiel auf jener Großveranstaltung in München am 7. September 1932, wo er unter frenetischem Beifall seiner Anhänger ausrief: «Wenn man mir vorwerfen will, daß ich mich mit Mördern identifiziere, so sage ich: Nein, aber mit meinen Kameraden identifiziere ich mich! Die Verurteilten in Beuthen sind meine Kameraden, weil sie mit uns für Deutschland gekämpft haben. Und bei mir erlischt die Kameradschaft nicht, wenn einmal einer einen Fehltritt gemacht hat!

Man hat die 5 zum Tode Verurteilten nun zu lebenslänglichem Zuchthaus ‹begnadigt›. Glaubt man wirklich, daß es solange dauert, bis wir in Deutschland an die Macht kommen? – Und ich versichere die Herren schon jetzt: Wir werden an die Macht kommen!

In der Zelle jedes Verurteilten hängt mein Bild. Und ich sollte sie verraten? – Was sie verbrochen haben, das werden wir einmal klarstellen und werden gerechte Richter sein, und unserem Urteil werden sie sich beugen. Wir werden allerdings dann auch dafür sorgen, daß solche Dinge sich nicht wiederholen können; nicht durch Erfindung drakonischer Strafen, sondern dadurch, daß wir Elemente wie den polnischen Insurgenten Pietrzuch entfernen!»

Damit hatte Hitler eine alte Taktik angewandt: Der «Ermordete» war schuld, und das Verbrechen der SA-Leute war ein «Fehltritt».

Seine Qualifikation als «oberster Gerichtsherr» war eindeutig. Die juristische Rechtfertigung, als ein solcher auftreten zu dürfen, erhielt er jedoch erst am 26. April 1942, als ihm durch Beschluß des Großdeutschen Reichstags mehrere Funktionen zugestanden wurden, in denen er, «ohne an bestehende Rechtsvorschriften gebunden zu sein», schalten und walten konnte, wie es ihm beliebte. Dazu zählte auch die Funktion als «oberster Gerichtsherr».

In seiner Rede, in der er diese Zugeständnisse forderte, machte er folgende aufschlußreiche Bemerkung: «Ebenso erwarte ich, daß die deutsche Justiz versteht, daß nicht die Nation ihretwegen, sondern sie der Nation wegen da ist, das heißt, daß nicht die Welt zugrunde gehen darf, in der auch Deutschland eingeschlossen ist, damit ein formales Recht lebt, sondern daß Deutschland leben muß, ganz gleich wie immer auch formale Auffassungen der Justiz dem widersprechen mögen. Ich habe – um nur ein Beispiel zu erwähnen – kein Verständnis dafür, daß ein Verbrecher, der im Jahre 1937 heiratet und dann eine Frau so lange mißhandelt, bis sie endlich geistesgestört wird und an den Folgen seiner letzten Mißhandlung stirbt, zu fünf Jahren Zuchthaus verurteilt wird in einem Augenblick, in dem Zehntausende brave deutsche Männer sterben müssen, um der Heimat die Vernichtung durch den Bolschewismus zu ersparen, das heißt also, um ihre Frauen und Kinder zu schützen. Ich werde von jetzt ab in diesen Fällen eingreifen und Richter, die ersichtlich das Gebot der Stunde nicht erkennen, ihres Amtes entheben.»

Der von Hitler als Blankovollmacht herausgesuchte Fall war juristisch völlig unklar: Das Landgericht Oldenburg hatte am 19. März 1942 einen 29jährigen Bautechniker namens Ewald Schlitt zu fünf Jahren Zuchthaus verurteilt, obwohl gar nicht sicher war, daß der Tod der Ehefrau auf die Tätlichkeit Schlitts zurückzuführen war. Dennoch verlangte Hitler eine neue Verhandlung vor dem Reichsgericht, das Schlitt «befehlsgemäß» am 31. März 1942 zum Tode verurteilte. Bereits am 2. April 1942 – also noch vor der Reichstagsrede – war Schlitt hingerichtet worden.

Gleichwohl waren die besagten Ausführungen Hitlers äußerst wirkungsvoll, da sie ihn als «Beschützer unterdrückter Frauen» deklarierten, was eine Lieblingsvariante in vielen seiner Reden war. Und noch etwas hatte er durch dieses konkrete Beispiel erreicht: Die Zuhörer verloren die Tatsache, daß er die Justiz praktisch ausschaltete, völlig aus den Augen; alle dachten an die arme mißhandelte Frau, die der «Führer» rächte.

Ein Flüsterwitz nahm sich jedoch des zur Debatte stehenden Themas postwendend an:

> Ein NS-Funktionär trifft auf der Straße einen Ungarn und sagt zu ihm: «Finden Sie es nicht komisch, daß das ungarische Staatsoberhaupt Horthy ein Admiral ist, obwohl ihr Ungarn weder Zugang zum Meer noch eine Flotte habt?»
> «Vielleicht ist es komisch», erwidert der Ungar, «aber ihr habt doch auch einen Justizminister.»

Immer wieder wurde Hitlers Verhältnis zur Justiz bespöttelt.

So wurde erzählt, daß er nach der Machtübertragung München besuchte und zu dem Oberlandesgericht kam, wo er nach dem Putsch von 1923 als Angeklagter gestanden hatte. Zu dem ihm begleitenden Oberlandesgerichtspräsidenten sagt er: «Vor zehn Jahren war ich hier als Angeklagter.»

«Sie können ganz beruhigt sein, Herr Reichskanzler», sagt der Oberlandesgerichtspräsident, «die Sache ist schon verjährt.»

Zweifellos waren es die Erfahrungen, die Hitler mit der Weimarer Republik gemacht hatte, die ihn dazu bewogen, gleich nach dem 30. Januar 1933 einschneidende Gesetze in die Wege zu leiten.

In seiner letzten Rede vor dem Reichstagsbrand hatte er die Bevölkerung bereits psychologisch auf die kommenden Dinge eingestellt und mit der Vernichtung seiner Gegner gedroht: «Wenn die Gegner heute sagen: Wie kommt ihr dazu, daß ihr regiert?, so könnte ich zur Antwort geben: wie kommt denn ihr dazu, daß ihr noch da seid?»

Wenige Wochen zuvor hatte er in einem Aufruf an die SA seine Absicht bekundet, daß die «Stunde der Niederbrechung des kommunistischen Terrors» kommen werde, und in seiner Stuttgarter Wahlrede am 15. Februar 1933 ausgerufen: «Ich wiederhole, daß unser Kampf gegen den Marxismus unerbittlich sein wird und daß jede Bewegung, die sich mit ihm verbindet, mit ihm unter die Räder kommen wird.»

Seine eigentliche Hauptrede in dieser Hinsicht hielt er am 10. Februar 1933 im Berliner Sportpalast, einer Tagungsstätte, die ihm aus der «Kampfzeit» vertraut war und in den kommenden Jahren immer vertrauter werden sollte. In dieser Rede bereitete er seine Zuhörer zielgerichtet auf die geplante Notverordnung mit allen ihren Konsequenzen vor und ließ es an Schmähungen der politischen Gegner nicht fehlen: «Sie haben vernichtet, was sie vernichten konnten in vierzehnjähriger Arbeit, in der sie von niemandem gestört worden sind ...

Niemals werde ich mich von der Aufgabe entfernen, den Marxismus und seine Begleiterscheinungen aus Deutschland auszurotten, und niemals will ich hier zu einem Kompromiß bereit sein ...

14 Jahre lang haben die Parteien des Zerfalls, der November-Revolution das deutsche Volk verführt und mißhandelt, 14 Jahre lang haben sie zerstört, zersetzt und aufgelöst.»

Mit dieser primitiven Argumentation – als ob die Weimarer Republik ein marxistisch regierter Staat gewesen sei! – wollte sich Hitler ein

Alibi für die geplante Außerkraftsetzung demokratischer Normen beschaffen.

Unmittelbar nach dem Reichstagsbrand erging eine «Verordnung des Reichspräsidenten zum Schutz von Volk und Staat», die nicht nur die persönliche Freiheit einschränkte, sondern auch andere demokratische Rechte (freie Meinungsäußerung, Pressefreiheit, Brief- und Fernsprechgeheimnis) außer Kraft setzte. Verschiedene Delikte wie Hochverrat, schwerer Aufruhr und schwerer Landfriedensbruch wurden mit der Todesstrafe bedroht.

Die mit einem derartigen Paukenschlag (Reichstagsbrand und Ausnahmegesetz) eingeführte politische Unterdrückungswelle erreichte einen Höhepunkt am 24. März 1933, als das «Gesetz zur Behebung der Not von Volk und Reich» (Ermächtigungsgesetz) vom Reichstag gegen die Stimmen der SPD (die kommunistischen Abgeordneten waren ausgeschaltet worden) verabschiedet wurde.

Bereits die Diskussion um das Ermächtigungsgesetz einen Tag zuvor trug den Charakter einer Schaubühne für das Auftreten Hitlers. Als der SPD-Abgeordnete Wels das Vorhaben der Nationalsozialisten, ohne Parlament regieren zu wollen, mit den Worten «Freiheit und Leben kann man uns nehmen, die Ehre nicht!» zurückgewiesen hatte, betrat Hitler das Rednerpult, legte wie üblich – um die Erwartung auf seine Ausführungen zu erhöhen – eine Pause ein (das machte er stets, bevor er überhaupt zu reden begann), hob die Hand, zeigte auf Wels und deklamierte unter dem Gelächter seiner Anhänger: «Spät kommt Ihr, doch Ihr kommt!» Und nachdem er mit diesem Schillerzitat für angemessene Stimmung gesorgt hatte, fuhr er fort: «Die schönen Theorien, die Sie, Herr Abgeordneter, soeben hier verkünden, sind der Weltgeschichte etwas zu spät mitgeteilt worden. Sie erklären, daß die Sozialdemokratie unser außenpolitisches Programm unterschreibt, daß sie die Kriegsschuldlüge ablehnt, daß sie sich gegen die Reparationen wendet. Und nun erhebt sich nur die Frage: wo war dieser Kampf in der Zeit, in der Sie die Macht in Händen hatten?»

Es waren dieselben Scheinargumente, die er in den Wochen zuvor ununterbrochen ins Feld geführt hatte, aber mit einer Inbrunst vorgetragen, die nur noch von den pathetischen Schlußworten übertroffen wurde: «Die Hand gebe ich jedem, der sich für Deutschland verpflichtet, und ich erkenne nicht an das Gebot einer Internationale. Ich glaube, daß Sie (nach links) für dieses Gesetz nicht stimmen, weil Ihrer innersten Mentalität nach die Absicht Ihnen unbegreiflich ist, die uns dabei beseelt. Ich glaube aber, daß Sie das nicht tun würden, wenn wir das wären, was heute Ihre Presse im Ausland über uns verbreitet, und ich kann Ihnen sagen: Ich will auch gar nicht, daß Sie dafür stimmen. Deutschland soll frei werden, aber nicht durch Sie!»

(Stürmischer Beifall bei den Nationalsozialisten und auf den Tribünen, die Nationalsozialisten erheben sich und bringen Heilrufe auf den Reichskanzler aus.)

Hatte bisher die Bevölkerung nur Gelegenheit, bei direkter Teilnahme an Veranstaltungen Hitler zu erleben, war jetzt durch die ständige Anwesenheit der Filmkameras und Übertragungen in den Wochenschauen ein Zustand erreicht, der eine permanente Allgegenwart des «Führers» garantierte. Die Begründung des Ermächtigungsgesetzes durch Hitler war zugleich der Auftakt zu einer zwölf Jahre andauernden Vernebelungsaktion, die man mit «Sieg der Rhetorik über die Vernunft» charakterisieren könnte. Selbst die nüchternsten Gesetze, die bedeutungslosesten Maßnahmen wurden durch seine Interpretationen zu aufreibenden Ereignissen.

Nicht zu Unrecht hat der Rock-Star David Bowie unter dem Eindruck derartiger Wochenschauen und Parteitagsfilme über Hitler folgendes Urteil abgegeben: «Er war kein Politiker, er war selbst ein Medien-Artist. Wie er sein Publikum bearbeitete! Die Mädchen wurden heiß und schwitzten... Die Welt wird so etwas nicht wiedersehen. Er machte ein ganzes Land zu seiner Bühnenschau.»

Die Verbrechen, die er begangen hat, blieben allerdings bei dieser Charakterisierung ausgeklammert, aber das war zugleich der Kern des Problems: daß große Teile der Bevölkerung trotz der offenkundigen Verbrechen seiner Beeinflussung erlagen. Ein spezieller Flüsterwitz streifte dieses Thema:

> Amerikanische Studenten besuchen Deutschland, und Goebbels erklärt ihnen die Ideologie des Nationalsozialismus. Er zeigt auf ein Auto und sagt: «Sehen Sie, wenn ein solches Auto einem Mann gehört, so ist das Kapitalismus; wenn es allen gehört, dann wäre das Kommunismus; aber wenn jeder ein Auto hat, dann werden die Ideen des Nationalsozialismus verwirklicht.»
> Nach der Rückkehr in die Heimat schildern die Studenten ihre Eindrücke. Einer erzählt von dem Gespräch mit Goebbels und von den Ideen des Nationalsozialismus: «Seht ihr den Vogel

auf dem Baum? Wenn ein Vogel einem Mann gehört, ist das Kapitalismus; wenn er allen gehört, ist es Kommunismus; aber wenn jeder in einem Land einen Vogel hat, dann ist das Nationalsozialismus.»

Es wurden jedoch nicht nur die Heilrufer in den Witzen um den März 1933 herum attackiert, sondern auch die zu den Vorgängen Schweigenden.

Zwei Professoren der Rechtsgeschichte unterhalten sich.
«Was halten sie von der Annahme des Ermächtigungsgesetzes?»
«Bedaure, bin nur für die zweite Hälfte des 15. Jahrhunderts zuständig.»

Wie dieser Professor reagierten viele, und in der Tat hatten die äußeren Umstände um das Ermächtigungsgesetz zahlreiche Bürger verunsichert: hatten doch sogar angesehene Politiker – unter ihnen der spätere Bundespräsident Theodor Heuss – ihre Stimme dafür abgegeben, so daß man nicht einmal von einem Alleingang der NSDAP sprechen kann. Aber mit dem Verzicht auf parlamentarische Rechte hatten die noch bestehenden demokratischen Parteien faktisch das Fundament zerstört, auf dem ihre parlamentarische Arbeit beruhte. Nachdem die SPD am 22. Juni 1933 verboten worden war, verschwanden fast unbemerkt die Parteien der Mitte, während die Deutschnationalen ihrer am 27. Juni 1933 vollzogenen Selbstauflösung entgegengingen. Innerhalb weniger Monate nach der Machtübertragung hatte nur noch Hitler eine Partei hinter sich (§ 1 des Gesetzes gegen die Neubildung von Parteien vom 14. Juli 1933: «In Deutschland besteht als einzige politische Partei die Nationalsozialistische Deutsche Arbeiterpartei»), während die im Kabinett verbliebenen nichtnationalsozialistischen Minister nur noch «Fachleute» ohne politischen Rückhalt waren.

Bereits ein Jahr zuvor hatte Hitler in der Weimarer Goethehalle verächtlich von einem «ganzen Rattenschwanz von Parteien» gesprochen, dem er sich gegenübersähe, einem «zusammengeworfenen Gemengsel», und stellte am 15. Juli 1932 die immer wieder aufgeworfene Frage: «Wenn die bisherigen Parteien Deutschland ernstlich retten möchten, warum haben sie das dann nicht schon bisher getan?»

Keiner der Zuhörer konnte ahnen, daß noch innerhalb eines Jahres durch ein «Gesetz gegen die Neubildung von Parteien» das hier proklamierte Ziel erreicht werden würde.

Mit besonders phrasenhaft völkischen Floskeln begründete Hitler am 8. April 1933 die eine Woche zuvor erfolgte «Gleichschaltung der Länder mit dem Reich», also die Auflösung des Föderativstaates: «So habe ich damals begonnen, in einer kleinen Organisation das zu züchten, was des kommenden Reiches volklicher Inhalt sein soll: Menschen, die sich loslösen aus ihrer Umgebung, die weit zurückstoßen all die Kleinigkeiten des Lebens, die scheinbar so wichtig sind, die sich wieder besinnen auf eine neue größere Aufgabe, die den Mut haben, äußerlich schon zu dokumentieren, daß sie nichts zu tun haben wollen mit all den ewig trennenden und zersetzenden Vorstellungen, die das Leben unseres Volkes vergiften.»

Auch diese, von verschrobenen Wendungen strotzende Ansprache im Berliner Sportpalast wurde über alle Sender übertragen, und Goebbels bezeichnete die Veranstaltung als «den größten Massenappell, den die Welt jemals gesehen hat».

Auffallend ist, daß sich Hitlers Zuhörer sehr bald an seine sprachlichen Abnormitäten gewöhnten, wozu – um bei der zitierten Passage zu bleiben – die umständliche Benutzung des Genitivs («des kommenden Reiches volklicher Inhalt») sowie das ständige Vorrücken des Verbs in relativen Nebensätzen («die sich loslösen aus ihrer Umgebung», «die weit zurückstoßen all die Kleinigkeiten», «die sich wieder besinnen auf eine neue größere Aufgabe») gehören. Vielleicht waren es sogar diese Anomalien, die sein Publikum besonders beeindruckten; er ragte damit aus dem Gewohnten heraus und war auch auf dem Gebiet seiner eigenen Diktion «der Führer».

Insbesondere auf seine mit einem großen Vokabularium vorgetragenen, inhaltlich jedoch nichtssagenden Ausführungen zielte ein kurzer Flüsterwitz:

«Ich möchte einen Hitler-Hering.»
«Einen Hitler-Hering? Was ist denn das?»
«Ein Bismarckhering, aber ohne Kopf.»

Daß es bei allen Veranstaltungen mit dem «Führer» mehr auf Schau als auf wirkliche Aufklärung ankam, zeigt die Tatsache, daß neben dem Berliner Sportpalast der Münchner «Zirkus Krone» zum Lieblingsschauplatz der NSDAP erkoren wurde. Hier erklärte er in einer Massenversammlung am 7. September 1932 unter tosendem Beifall, indem er in die Manege hinunterwies, wo dicht gedrängt die Kolonnen der SA und SS standen: «Dort steht der neue Adel der Nation! Die Männer sind es, die 13 Jahre lang für ihres Volkes Freiheit gekämpft haben und gerungen!»

Wie eine Art Gladiatoren präsentierte er sie in der Zirkusmanege.

Ganz folgerichtig ließ er nach der Machtübertragung diesen «neuen Adel der Nation» durch verschiedene Gesetze hinsichtlich der Untaten, die sie vor allem in den Konzentrationslagern begangen hatten, schützen.

Ein Gesetz, «betreffend die Dienststrafgewalt über die Mitglieder der SA und SS», vom 28. April 1933 unterstellte die SA- und SS-Angehörigen einer öffentlich-rechtlichen Dienststrafgewalt «nach Maßgabe der Vorschriften, die der Reichskanzler als oberster SA-Führer erläßt».

Einen Monat zuvor war durch Verordnung vom 21. März 1933 Straffreiheit für alle Taten gewährt worden, «die im Kampfe für die nationale Erhebung des deutschen Volkes, zu ihrer Vorbereitung oder im Kampfe für die deutsche Scholle begangen waren». Erkannte Strafen wurden erlassen, anhängige Verfahren eingestellt. Dagegen wurden die Gegner des Nationalsozialismus für die Straftaten, die sie «im Kampfe gegen die nationale Erhebung» begangen hatten, vor Gericht gestellt und mit schwersten Strafen belegt. Über die hierin liegende Verletzung des Grundsatzes der Gleichheit aller vor dem Gesetz setzte sich die Gesetzgebung des Dritten Reiches ohne Bedenken hinweg.

Im «Gesetz zur Sicherung der Einheit von Partei und Staat» vom 1. Dezember 1933 wurde festgelegt, daß die Mitglieder der NSDAP und der SA wegen Verletzungen ihrer Pflichten «einer besonderen Partei- und SA-Gerichtsbarkeit» unterstanden, solche Fälle also der ordentlichen Gerichtsbarkeit entzogen waren.

Nach den Richtlinien für die Parteigerichte der NSDAP vom 17. Februar 1934 waren die Parteirichter «nur ihrem nationalsozialistischen Gewissen verhaftet».

Einen besonderen Schutz gewährte Hitler seinen Anhängern durch das «Gesetz zur Gewährleistung des Rechtsfriedens» vom 13. Oktober 1933, das die Todesstrafe für diejenigen vorsah, die den in § 1 Ziffer 1 aufgeführten Personen nach dem Leben trachteten. Zu diesen besonders «geschützten» Personen gehörten die Angehörigen der SA oder SS und die Amtswalter der NSDAP.

Nach der Diktion Hitlers waren diese «Kämpfer» als gleichsam gottähnliche Wesen zu betrachten, die man besonders schützen müsse.

Ein Angriff auf sie kam einem schweren Staatsverbrechen gleich, und entsprechend waren hierfür die nach der Verordnung der Reichsregierung vom 21. März 1933 gebildeten Sondergerichte zuständig.

Um der Öffentlichkeit den überragenden Wert dieser gesetzlich geschützten Personen deutlich zu machen, erging sich Hitler in zuweilen hochtrabenden Worten oder heroischen Schilderungen.

In seiner oft zitierten Rede vor dem Düsseldorfer Industrieklub hatte er seine Terrororganisationen als Vereinigungen dargestellt, die hohen Idealen dienten: «Aber vergessen Sie nicht, daß es Opfer sind, wenn heute viele Hunderttausende von SA- und SS-Männern der nationalsozialistischen Bewegung jeden Tag auf den Lastwagen steigen, Versammlungen schützen, Märsche machen müssen, Nacht um Nacht opfern, um beim Morgengrauen zurückzukommen – entweder wieder zur Werkstatt oder in die Fabrik, oder aber als Arbeitslose die paar Stempelgroschen entgegenzunehmen; wenn sie von dem wenigen, das sie besitzen, sich außerdem noch ihre Uniform kaufen, ihr Hemd, ihre Abzeichen, ja wenn sie ihre Fahrten selbst bezahlen – glauben Sie mir, darin liegt schon die Kraft eines Ideals, eines großen Ideals!»

Immer wieder fand er für diese Organisationen neue Ehrennamen, zum Beispiel auf der Kundgebung von 45000 SA-Männern in Kiel am 7. Mai 1933: «Schwer wird die Zukunft sein. Sie wird ein großer Erfolg für unsere Fahne werden, wenn ihr das bleibt, was ihr gewesen seid, die alte eiserne Garde der Revolution, treu und diszipliniert wie einst der Soldat des deutschen Volkes.»

Wieder andere Bezeichnungen fand er am 17. Mai 1933 vor dem Reichstag: «Sie sind Institutionen zur Anerziehung eines wahren Gemeinschaftsgeistes, zur Überwindung früherer Klassengegensätze und zur Behebung der wirtschaftlichen Not.»

Diese Rede ist auch insofern bemerkenswert, als hier der Reichstag, obwohl in ihm außer den Nationalsozialisten noch die Vertreter der SPD, des Zentrums und der Rechtsparteien saßen, zum erstenmal die Rolle spielen mußte, die ihm Hitler für die Zukunft zugedacht hatte: Forum zu sein für die Reden, die er nicht nur an das deutsche Volk, sondern an die ganze Welt (in diesem Falle an die Genfer Abrüstungskonferenz, die den SA- und SS-Verbänden militärischen Charakter zuerkannt hatte) richtete.

Weitere Eigenschaften dichtete er den SA- und SS-Angehörigen in einem Aufruf vom 26. Juni 1933 an: «Ihr seid einst die fanatischen

Kämpfer gewesen gegen das alte System, und ihr seid heute die unerschütterliche Garde der nationalsozialistischen Revolution!»

Am 25. März 1934 erklärte er in einem Interview mit dem Vertreter von Associated Press, Louis P. Lochner: «Die Männer um mich sind kantige, aufrechte Männer.»

Nach der Röhm-Affäre, in der er eine große Anzahl dieser «kantigen, aufrechten Männer» erschießen ließ, teilte er dem neuernannten Stabschef Lutze mit: «Es ist mein Wunsch, daß die SA zu einem treuen und starken Gliede der nationalsozialistischen Bewegung ausgestaltet wird.»

Offenbar hatte Hitler nicht die Absicht, das äußere Bild der SA, wie er es in jahrelangen Reden propagiert hatte, zu beeinträchtigen. Deshalb rief er am 9. September 1934 vor 100000 in der Luitpold-Arena aufmarschierten SA- und SS-Männern aus: «Wenn jemand sich aber an Geist und Sinn unserer Bewegung versündigt, wenn er sich versündigt am Geist meiner SA, dann trifft das nicht diese SA, sondern nur denjenigen selbst, der es wagt, sich an ihr zu versündigen.»

Auf dem Parteitag «Großdeutschland» im Jahre 1938 wies er auf die Sportkämpfe der SA hin und erklärte: «Was jetzt hier steht, ist des deutschen Volkes beste politische Kampftruppe, die es je gegeben hat.»

Die ganze Skala von Würdigungen und Lobpreisungen, mit denen Hitler die SA und SS bedachte, sollte in der Bevölkerung Ehrfurcht und damit Verständnis für ihren besonderen gesetzlichen Schutz erwecken.

Die in allen deutschen Landen zu dieser Zeit kursierenden Witze sprechen jedoch eine andere Sprache.

> «Alle Stände werden aufgehoben», hieß es, «der Verstand, der Anstand und der Wohlstand. Es bleibt nur der Notstand.»

Ein anderer Witz lautete:

> Die Arbeiter beschweren sich bei Hitler, daß sie immer hinten stehen müßten, während die Parteibonzen immer vorne dran seien. Darauf tröstet sie Hitler: «Wartet nur, bis ich meinen Krieg anfange, da wird es umgekehrt sein.»

Offenbar angesichts des Überhandnehmens solcher Witzeleien erging am 20. Dezember 1934 ein «Gesetz gegen heimtückische Angriffe auf Staat und Partei und zum Schutz der Parteiuniformen», das als «Heimtückegesetz» seine eigene Geschichte hatte.

Bereits am 3. Mai 1934 war – sozusagen als Vorstufe zum Heimtükkegesetz – der an anderer Stelle bereits erwähnte Aufruf ergangen, in dem Goebbels eine umfassende Versammlungsaktion «gegen Miesmacher und Kritikaster, gegen die Gerüchtemacher und Nichtskönner, gegen Saboteure und Hetzer», die immer noch glaubten, «die klare Aufbauarbeit des Nationalsozialismus stören zu können», fordert. Demonstrationen und Kundgebungen sollten «gleich einem Trommelfeuer das Volk aufrütteln gegen diese Landplage, die ein für allemal verschwinden muß».

Demzufolge wurden Witzeerzähler und Nörgler von allen möglichen Spitzeln belauscht, oftmals angezeigt und in Konzentrationslager verschleppt. Da das alles ohne gesetzliche Grundlage erfolgte, entschloß sich die NS-Führung zu einer konkreten Regelung. Nunmehr waren nach § 1 des Heimtückegesetzes mit Gefängnis bis zu zwei Jahren alle diejenigen bedroht, die durch unwahre oder gröblich entstellte Behauptungen das Ansehen insbesondere der nationalsozialistischen Partei schädigten. Ebenso wurde mit Gefängnis bestraft, wer öffentlich gehässige, hetzerische oder von niedriger Gesinnung zeugende Äußerungen über leitende Persönlichkeiten des Staates oder der NSDAP machte (§ 2). Dabei wurde der Rahmen der «öffentlichen» Äußerung weit gespannt; denn ihnen wurden nichtöffentliche Äußerungen zugerechnet, wenn der Täter damit rechnen mußte, «daß die Äußerung in die Öffentlichkeit dringen werde» (Abs. 2). Das unberechtigte Tragen einer nationalsozialistischen Uniform bei Begehung einer strafbaren Handlung wurde als besonders schweres Verbrechen angesehen und gemäß § 3 mit Zuchthaus bedroht. War die Tat mit der Absicht verbunden, einen Aufruhr oder in der Bevölkerung Angst und Schrecken zu erregen, so konnte in besonders schweren Fällen auf Todesstrafe erkannt werden (§ 3 Abs. 2).

Das Heimtückegesetz enthielt also zwei verschiedene Teile: Es wandte sich zum einen gegen die Diffamierung der Nationalsozialisten als solche, zum andern gegen die Diffamierung der nationalsozialistischen Uniform, wobei letztere zum «heiligen Requisit» erhoben und ihr Mißbrauch entsprechend bestraft wurde.

Daß Hitler unter «gehässiger Äußerung» jede Kritik am nationalsozialistischen System verstand, hatte er wiederholt zu erkennen gegeben. In seinen diesbezüglichen Reden war er darauf bedacht, in der Bevölkerung den Eindruck zu erwecken, daß «Nörgler» und «Besserwisser» nichts anderes als Verbrecher seien, die ihrer gerechten Strafe zugeführt werden müßten.

Besonders ausführlich ging er auf dieses Problem während eines

Staatsaktes im Sitzungssaal des Hamburger Rathauses am 17. August 1934 ein, wo er erklärte: «Ich möchte weiter mich hier ganz kurz mit denen beschäftigen, die meinen, zu Unrecht in der Freiheit ihrer Kritik beschränkt zu sein. In meinen Augen ist Kritik keine lebenswichtige Funktion an sich. Ohne Kritiker kann die Welt leben, ohne Arbeiter nicht... Was würde ein Bauer sagen, wenn, während er sich im Schweiße seines Angesichts abmüht, auf seinem Hof dauernd einer herumspazieren wollte, mit keiner anderen Beschäftigung als herumzunörgeln, herumzukritisieren und Unruhe zu stiften? Was würde ein Arbeiter tun, der vor seiner Maschine steht und nun dauernd von einem Menschen angeredet wird, der an sich nichts kann, auch nichts tut, aber ihn ununterbrochen benörgelt und bekrittelt? Ich weiß, Sie würden solche Erscheinungen keine acht Tage aushalten, sondern sie zum Teufel jagen... In diesem Staate soll es kein Recht auf Nörgelei geben, sondern nur ein Recht auf bessere Leistung.»

Das Thema der Nörgelei hat Hitler permanent beschäftigt, und in seiner Rede am 6. Oktober 1936 widmete er diesem eine geradezu pathetische Passage: «Wenn ich so einen faulen Nörgler in Deutschland herumpendeln sehe, der bald da und bald dort etwas zu kritisieren hat, dann habe ich zuallerletzt mit dem Mann fast Mitleid, weil ich mir sagen muß: Eigentlich bist du doch ein ganz armseliger Kerl, du weißt gar nicht, wie schön es ist zu arbeiten, und vor allem hast du keine Ahnung, was es zu arbeiten gibt. Du stehst herum, hast die Hände auf dem Rükken und nörgelst und nörgelst bald da, bald dort hinein, hast aber keine Ahnung, was in Wirklichkeit alles geschieht und was noch alles geschehen muß.»

Den nächsten propagandistischen Angriff unternahm er am 1. Mai 1937 im Berliner Lustgarten, wo er ausrief, daß er siegen werde «über die dummen Zweifler, die Spötter und ewigen kleinen Kritikaster».

Im Grunde wollte er mit allen diesen Attacken seine eigene Unfehlbarkeit hervorheben. Das Heimtückegesetz sollte diese Unfehlbarkeit Hitlers unterstreichen und jede gegen ihn und seine Organisation gerichtete Äußerung zum kriminellen Verbrechen deklarieren.

Ein besonders tragischer Fall sei an dieser Stelle erwähnt. Es handelt sich um die Kellnerin Karola Springer, die kurz vor dem Krieg in einem Münchner Café tätig war. Eines Abends ging sie mit einem Gast, der sie beiläufig eingeladen hatte, in ein Weinlokal. Sie kannte ihren Kavalier zwar nicht, aber es wurde ein recht vergnügter Abend. Die Kneipe war voll besetzt, der Wein lockerte die Zungen, und der Kavalier – ein Österreicher – zog über die Anschlußpolitik der «Nazischurken» her, machte politische Witze und sprach unverblümt die Hoffnung aus, «daß seinen armen überfallenen österreichischen Landsleuten doch recht bald die Augen aufgehen mögen». Einer der Gäste ging hinaus, ohne daß es den anderen auffiel, so faszinierend war das fürchterliche Schimpfen des Österreichers auf das Dritte Reich. Nur diesem selbst muß es aufgefallen sein; denn mit einem zärtlichen «Momenterl!» entschuldigte er sich bei seiner Begleiterin – und kam nicht wieder. An seiner Stelle erschien ein SS-Mann mit dem Denunzianten, der auf die Kellnerin zeigte, weil sie mit dem Witzeerzähler zusammengesessen hätte. Sie wurde zur Gestapo gebracht und aufgefordert, dessen Namen zu nennen. Daß sie ihn nicht kannte, glaubte man ihr nicht. Sie solle sich «einige Monate im KZ darauf besinnen, er werde ihr ganz bestimmt einfallen». Fortan wurde sie von einem Konzentrationslager in das andere transportiert, kam wegen ihrer angeblichen «Verstocktheit» (weil sie den Namen jenes Mannes wirklich nicht wußte) zu den Renitenten und wurde – wie aus dem Bericht ihrer Mitgefangenen Lina Haag hervorgeht – im Lager Ravensbrück umgebracht.

Dieser ernste Hintergrund überschattete das Erzählen politischer Witze im Dritten Reich, wobei hinzugefügt werden muß, daß die Bevölkerung über die möglichen Folgen nicht im unklaren gelassen wurde. Daß spöttische Bemerkungen über die Führer der NSDAP ins KZ führen konnten, wußte jeder. Die unverhüllte Drohung damit sollte schließlich erreichen, daß solche Bemerkungen unterblieben. Auch wurden Todesurteile mit der Begründung, warum sie ausgesprochen wurden, publiziert. «Wegen Verächtlichmachung des Führers wurde mit dem Tode bestraft...» war auf den betreffenden Plakaten zu lesen. Um so erstaunlicher ist, daß die verbalen Attacken nie verstummten.

Am 28. Juli 1944 verurteilte der Volksgerichtshof den katholischen Geistlichen Josef Müller zum Tode für die Verbreitung des folgenden Witzes:

> Ein verwundeter Soldat hat als Sterbender gebeten, die noch einmal zu sehen, für die er sterben müsse. Daraufhin stellte man rechts ein Bild Hitlers und links ein Bild Görings neben ihn. «Jetzt sterbe ich wie Christus», sagte der Soldat, «zwischen zwei Verbrechern.»

Um zu verhindern, daß in Prozessen gegen Defätisten und ähnliche Personen eventuell Entlastungszeugen aus den Reihen der NSDAP aufgeboten wurden – und auch, um etwaigen Belastungen ihrer Mitglieder aus dem Wege zu gehen –, erging am 1. Dezember 1936 ein «Gesetz über die Vernehmung von Angehörigen der Nationalsozialistischen Deutschen Arbeiterpartei und ihrer Gliederungen», das eine Vernehmung als Zeuge oder Sachverständiger «nur mit Genehmigung» gestattete.

Die Zusammenarbeit zwischen der SS und der NSDAP, die dem Gesetz zugrunde lag und einen reibungslosen Ablauf durch Versagen der Genehmigung zur Vernehmung als Zeuge oder Sachverständiger gewährleistete, wurde noch begünstigt durch den «Erlaß des Führers über die Rechtsstellung der Nationalsozialistischen Deutschen Arbeiterpartei» vom 12. Dezember 1942, welcher die innere Ordnung und Organisation der Partei ausschließlich nach Parteirecht bestimmte (Art. II). Jetzt konnten auch gewalttätige Ausschreitungen der Nationalsozialisten als zur «inneren Ordnung der Partei» gehörig nach Parteirecht behandelt und damit bagatellisiert werden, zumal Hitler durch Art. IV seines Erlasses der Partei den Charakter einer Körperschaft des öffentlichen Rechts genommen und sie ganz seiner persönlichen Willkür preisgegeben hatte.

Ein Nebeneinanderbestehen zwischen der NSDAP und irgendwelchem Unrecht durfte es nicht geben; vielmehr lautete Hitlers Parole: «Recht ist, was der Partei nützt!» Im übrigen gäbe es «keine selbstheiligen Erscheinungen mit wohlerworbenen Rechten, sondern wir alle sind nur gehorsame Diener an den Interessen unseres Volkes».

Recht, Partei, Volk – das waren die Begriffe, mit denen Hitler nach Gutdünken jonglierte. Dabei huldigte er auf juristischem Gebiet einem konsequent durchgeführten Pragmatismus. Als Beispiel hierfür sei der «Erlaß des Führers und Reichskanzlers über den Widerruf von Gnadenentschließungen des früheren österreichischen Bundespräsidenten» vom 23. November 1938 erwähnt, durch den sich Hitler vorbehielt, bei Taten, die nach dem 30. Januar 1933 begangen wurden und bei denen durch Entschließung des früheren österreichischen Bundespräsidenten das Strafverfahren niedergeschlagen oder Straferlaß gewährt worden war, die Durchführung des Strafverfahrens oder die Strafvollstreckung zuzulassen. Dieselbe Verfahrensweise, die er hinsichtlich der Straftaten seiner «alten Kämpfer» schon seit langem angewandt hatte, wurde in dem Augenblick gerügt, als es sich um politische Gegner handelte. Treffend glossierte ein kurzer Witz die entstandene Situation:

«Hast du schon gehört: Robert Schmidt ist verhaftet worden.»
«So ein anständiger Mann soll verhaftet worden sein! Warum denn?»
«Eben darum!»

Natürlich hatte das Heimtückegesetz kein Nachlassen der Flüsterwitze zur Folge, eher trat das Gegenteil ein. Sogar die Kinderlosigkeit Hitlers fand Eingang in diese Witze.

So soll der Bischof von Münster, Graf Galen, als er von der Kanzel des Doms zu Münster die nationalsozialistische Kinder- und Jugenderziehung scharf angriff, durch den Zwischenruf unterbrochen worden sein: «Wie kann ein Mann, der keine Kinder hat, über Kindererziehung sprechen!»
Darauf reagierte der Bischof in scharfem Ton: «Ich werde es nicht dulden, daß in diesem Gotteshaus der Führer kritisiert wird.»

Kein Witz, sondern echte Misere war ein juristisches Debakel, das Hitler durch eine unbesonnene Äußerung seiner Justiz eingebrockt hatte.

In der Diskussion um das Ermächtigungsgesetz hatte er ausgerufen, daß er im Hinblick auf den Reichstagsbrand «nichts unversucht» lassen werde, «um in kürzester Zeit dieses Verbrechen durch die öffentliche Hinrichtung des schuldigen Brandstifters und seiner Komplicen zu sühnen».

Mit dieser Äußerung hatte Hitler den Boden des Rechts verlassen; denn die zur Zeit der Tat geltende gesetzliche Strafe wäre Zuchthaus gewesen (§ 307 StGB). So mußte also, um Hitlers Ausspruch – der eigentlich ein Gerichtsurteil vorwegnahm – Genüge zu tun, ein Ausnahmegesetz geschaffen werden, zu dem sich die Nationalsozialisten sechs Tage danach bereit fanden.

Nach § 5 der Verordnung des Reichspräsidenten zum Schutz von Volk und Staat vom 28. Februar 1933 war unter anderm auch für das Delikt der Brandstiftung die Todesstrafe vorgesehen. Offenbar bezweckte die Verordnung, die angeblichen Reichstagsbrandstifter zu erfassen; es wurde jedoch übersehen, daß die Verordnung nach § 6 erst mit dem Tage der Verkündung in Kraft trat, der Reichstagsbrand aber am 27. Februar 1933 stattgefunden hatte. Die Änderung der Rechtslage konnte darum nur im Wege einer «gefügigen Gesetzgebung» erreicht werden. Daß sie erreicht werden *mußte*, stand angesichts der «Führerrede» vom 23. März 1933 außer Frage.

§ 1 des Gesetzes über Verhängung und Vollzug der Todesstrafe vom 29. März 1933 bestimmte nunmehr, daß der entscheidende § 5 der Verordnung vom 28. Februar 1933 auch für Taten gelte, «die in der Zeit zwischen dem 31. Januar und dem 28. Februar 1933 begangen sind».

Da Hitler außerdem eine «öffentliche Hinrichtung» angekündigt hatte, wurde die Ermächtigung zur Vollstreckung durch Erhängen ausgesprochen (§ 2).

Der Zusammenhang zwischen einem «Führerwort» und der «Gesetzgebung» kam bereits hier, am Anfang der nationalsozialistischen Herrschaft, deutlich zum Ausdruck.

Das Reichsgericht hat im Reichstagsbrandprozeß keine Bedenken getragen, das seine Rückwirkung anordnende Gesetz anzuwenden. Der Einbruch in die Unabhängigkeit der Gerichte war Hitler damit geglückt; denn das Reichsgericht bejahte in Preisgabe eines anerkannten Rechtssatzes die Anwendung des Gesetzes vom 29. März 1933. Mit der angekündigten «öffentlichen Hinrichtung des schuldigen Brandstifters und seiner Komplicen» konnte es allerdings wegen des Freispruchs der kommunistischen Hauptangeklagten nichts mehr werden, zumal sich Hitler und seine Justiz während des gesamten Prozesses in der Defensive befanden.

Der gesetzgeberische Aufwand, den man betrieben hatte, um Todesurteile zu ermöglichen, führte letztlich nur dazu, die Gestalt des Anarchisten van der Lubbe zu treffen, an dem die Nationalsozialisten das wenigste Interesse hatten. Seine Hinrichtung wurde später nur beiläufig mitgeteilt, Kommentare dazu waren laut Anweisung des Propagandaministeriums vom 10. Januar 1934 unerwünscht.

Wichtiger war Hitler jedoch, daß er ein gesetzgeberisches Exempel statuiert hatte, welches er nunmehr – nach Akzeptierung durch das Reichsgericht – beliebig würde anwenden können.

Das Gesetz vom 29. März 1933 hatte somit über den unmittelbaren Anlaß hinaus eine besondere psychologische Bedeutung. Es schuf eine Atmosphäre permanenter Rechtsunsicherheit, die Hitler zur Festigung seiner Macht brauchte. Jetzt herrschte nicht mehr jener rechtliche Zustand, der den einzelnen auf die Anwendung nur der zur Zeit geltenden Gesetze vertrauen ließ, sondern jede Handlung konnte mit Hilfe späterer Gesetze, die «rückwirkende Kraft» erlangten, strafbar sein. Der Bürger im Dritten Reich sollte im ständigen Bewußtsein seiner möglichen Auslieferung an die Machthaber gehalten werden.

Es würde allerdings den historischen Tatsachen widersprechen, wenn man behaupten wollte, daß Hitlers in diese Richtung zielende Forderung ohne jeden Einwand hingenommen worden wäre. Die Niederschrift der Reichsministerbesprechung am 7. März 1933 bringt hierüber einige Aufschlüsse. So hatte ein der Reichsministerbesprechung vorgelegtes, von Hitler verlangtes Gutachten der Strafrechtslehrer Oetker, Nagler und v. Weber vom 4. März 1933 festgestellt, daß in der juristischen Literatur die Rückwirkung des nachträglich strafschärfenden Gesetzes überwiegend abgelehnt werde, und es würden kritische Bedenken «sicherlich auch in der Öffentlichkeit erhoben werden, wenn eine Notverordnung rückwirkende Strafverschärfungen enthalten würde». Diese Professorengutachten wurden vom Staatssekretär Schlegelberger in der Weise ergänzt, daß er vom Erlaß einer «Rückwirkungsverordnung» abriet und darüber hinaus grundsätzliche Bedenken gegen eine Außerachtlassung des Grundsatzes «nulla poena sine lege» geltend machte. «Keine Strafe ohne Gesetz» – dies sei ein Satz, der «fast in der ganzen Kulturwelt» herrsche. Hierbei verwies er auch auf den bereits erwähnten Mordfall von Potempa, dessen Behandlung gezeigt habe, daß die erst wenige Stunden vor dem Mord erfolgte und den Tätern aus objektiven Gründen noch unbekannt gebliebene Verkündung der die Todesstrafe androhenden Verordnung vom 9. August 1932 als nicht ausreichend erachtet wurde, um die Todesstrafe zu vollziehen. Zusammenfassend kam Schlegelberger zu dem Schluß, daß die Preisgabe des Grundsatzes der Nichtrückwirkung strafschärfender Gesetze «zu einer Verwirrung des allgemeinen Rechtsbewußtseins» führen müsse.

Der seltene Fall eines Widerstandes gegen Hitler – noch dazu durch einen in späteren Jahren völlig pronazistischen Juristen – mag Hitler in seinem Unmut gegenüber der Justiz, der bei ihm immer wieder durchbrach, bestärkt haben. Nach längeren Erörterungen im Reichskabinett wurde schließlich – dem Wunsch des Führers entsprechend – die «Lex Lubbe» verabschiedet. Das einzige Ergebnis der Diskussionen um das Für und Wider war, daß sich Schlegelberger ein Alibi für «rechtsstaatliche Gesinnung» geschaffen hatte.

Es darf jedoch nicht außer acht gelassen werden, daß diese kritischen Diskussionen um einen allgemeingültigen Rechtsgrundsatz am Beginn der nationalsozialistischen Herrschaft standen, in einer Zeit also, da sich die nazistische Ideologie noch nicht konsolidiert hatte und es im Reichstag noch mehrere Parteien gab. Schon ein halbes Jahr später wäre ein Votum gegen Hitler in Schlegelbergers Art unmöglich gewesen.

In der Folgezeit hat es dann auch Schlegelberger vermieden, bei «Gesetzen mit rückwirkender Kraft» irgendeinen Einspruch einzulegen.

Hitler seinerseits sah in dem Sieg über die Justiz einen großen Triumph. Er hatte bewiesen, daß sein Wille die Gesetze schafft, selbst wenn diese Gesetze mit den althergebrachten Rechtsauffassungen nicht im Einklang stehen sollten. Und was noch wichtiger war: Es hatte sich gezeigt, daß selbst diejenigen, die nicht unbedingt mit ihm übereinstimmten, am Ende nachgaben – er also eigentlich keinen ernsthaften Gegner zu fürchten hatte.

Aus diesem Zusammenhang heraus ist zu verstehen, daß die Bürger ab 1933 von einer «dreijährigen Hitzewelle» sprachen:

1933 so heiß, daß Millionen braun wurden,
1934 so heiß, daß viele kalt gestellt werden mußten,
1935 so heiß, daß sogar «Der Stahlhelm» schmolz.

Kommen wir zum Jahr 1936. Es sollte wiederum zu einem juristischen Debakel führen, und zwar angesichts des Gesetzes gegen erpresserischen Kindesraub, das auf einen konkreten Anlaß zurückging.

Am 16. Juni 1936 war es in Bonn zu einer Kindesentführung mit erpresserischer Absicht gekommen. Ein zweiunddreißigjähriger Mann namens Giese aus Bottrop hatte für die Herausgabe seines Opfers 1800 RM Lösegeld – eine im Vergleich zu anderen derartigen Delikten relativ kleine Summe – verlangt und hätte zu einer Gefängnis- oder Geldstrafe (§ 239 StGB), schlimmstenfalls zu einer Zuchthaus- oder Gefängnisstrafe (§ 253 StGB) verurteilt werden können.

Diese Strafandrohungen waren jedoch Hitler, der sich gern als «Beschützer der Kinder» aufspielte, zu gering, so daß es zu dem Gesetz vom 22. Juni 1936 kam, welches im Art. 1 als § 239a folgende Vorschrift in das Strafgesetzbuch einfügte: «Wer in Erpressungsabsicht ein fremdes Kind durch List, Drohung oder Gewalt entführt oder sonst der Freiheit beraubt, wird mit dem Tode bestraft.

Kind im Sinne dieser Vorschrift ist der Minderjährige unter 18 Jahren.»

Nach Art. 2 wurde eine rückwirkende Kraft dieses Gesetzes vom 1. Juni 1936 an festgelegt.

Damit war für den vorliegenden Fall nachträglich die Möglichkeit eines Todesurteils geschaffen worden, das dann auch vom Bonner Schwurgericht verkündet wurde.

Der propagandistische Aufwand, den man um den «Fall Giese» besonders in der Presse betrieb, erfuhr eine psychologisch geschickte Anreicherung durch die Tatsache, daß zur selben Zeit das Schlagwort «Kampf dem Verderb» ins politische Spiel gebracht wurde (die Auftaktwoche fand vom 5. bis 12. Juli 1936 statt), wobei eine Assoziation zwischen «Küchenabfällen», auf die sich das Schlagwort eigentlich bezog, und «menschlichem Abfall» (Kriminelle) beabsichtigt war. «Kampf dem Verderb» war damit auch auf die menschliche Gesellschaft (im nationalsozialistischen Sprachgebrauch: Volksgemeinschaft) ausgeweitet worden.

Die Nationalsozialisten sahen im großartigen Herausstellen krimineller Straftaten und deren harter Sühne ein Mittel, um von ihren eigenen Verbrechen abzulenken, nahmen sie aber auch oft zum Anlaß eines verschärften politischen Terrors.

So kam es einen Tag nach der Bonner Kindesentführung zu einem von Hitler verfügten «Erlaß über die Einsetzung eines Chefs der deutschen Polizei», der im Art. II den Reichsführer SS Heinrich Himmler zum Chef der deutschen Polizei im Reichsministerium des Innern bestellte. In dieser Eigenschaft nahm Himmler fortan an den Sitzungen des Reichskabinetts teil (Art. III).

Damit war Himmler, der jetzt die Bezeichnung «Reichsführer SS und Chef der deutschen Polizei» führte, in seinem schon lange anvisierten Machtbereich etabliert.

Der Zeitpunkt konnte nicht günstiger gewählt werden: Die (künstlich geschürte) Empörung der Bevölkerung über die Bonner Kindesentführung ließ – wie in solchen Fällen üblich – den «Ruf nach einer starken Polizei» immer lauter ertönen, und Hitlers Erlaß konnte im Gewande des Kampfes gegen das kriminelle Verbrechertum erscheinen. In Wirklichkeit war der Schlußstein zu einer Entwicklung gesetzt worden, die mit der Ernennung Himmlers zum Polizeipräsidenten in München 1933 begonnen und sich in den vergangenen drei Jahren ständig verstärkt hatte.

In der ausgelösten Kampagne gegen die Kriminalität nahm sich Hitler natürlich auch der Jugend an und gab diesem «Schutz» durch ein «Gesetz über die Hitlerjugend» vom 1. Dezember 1936 Ausdruck. Danach wurde die gesamte deutsche Jugend innerhalb des Reichsgebietes in der Hitlerjugend zusammengefaßt (§ 1). Als Grundsatz wurde in

§ 2 aufgestellt: «Die gesamte deutsche Jugend ist außer in Elternhaus und Schule in der Hitlerjugend körperlich, geistig und sittlich im Geiste des Nationalsozialismus zum Dienst am Volk und zur Volksgemeinschaft zu erziehen.»

Die Gefahren der Kriminalität sollten damit durch die der politischen Demagogie ersetzt werden, was den Nationalsozialisten in vieler Hinsicht gelungen ist.

In der Folgezeit ging Hitler häufig dazu über, politische Gegner als «verkappte Kriminelle» hinzustellen, so in seiner Rede am 30. Januar 1937, in der er von «Elementen» sprach, «deren politische Tätigkeit nur der Deckmantel für eine durch zahlreiche Gefängnis- und Zuchthausstrafen bestätigte verbrecherische Haltung an sich» war.

Dem Bemühen einiger kirchlicher Stellen, das weite Feld der Kriminalität von moralischen Grundsätzen her zu beleuchten, trat Hitler in seiner Rede am 1. Mai 1937 schroff entgegen: «Für die deutsche Staats- und Volksmoral wird schon die deutsche Staatsführung Sorge tragen – das können wir all den Besorgten in und außerhalb Deutschlands versichern.»

In derselben Rede trat Hitlers Absicht hervor, innenpolitisch die Zügel straff anzuziehen: «Denn alle Menschen müssen sich unterordnen. Und von jedem Deutschen muß ich verlangen: auch du mußt gehorchen können!»

Offenbar hatte ihm die Ausweitung der Kriminalität schwere Sorgen bereitet; denn er wollte «wieder den Glauben an unser Volk erneuern» und damit «die Zuversicht, daß es ein hervorragendes, tüchtiges, fleißiges und anständiges Volk ist».

Die beschwörende Form, in der er diese Worte aussprach, ließ in dieser politisch relativ ruhigen Zeit (das Jahr 1937 wurde wegen seines Scheinfriedens als das «Jahr der Vorbereitung», auch als «Jahr der Stille vor dem Sturm» bezeichnet) zumindest aufhorchen.

Und noch etwas ist zu bemerken: Während der oben erwähnten Aktion «Kampf dem Verderb» kam eine Karikatur ins Spiel, die «volkstümlich» und zugleich «humorig» wirken sollte: Groschengrab. Diese krummbeinige Gestalt mit ihren übergroßen hervorquellenden Augen (eigentlich nur zwei Kreise) sollte jung und alt gleichermaßen ansprechen. Da später noch eine andere Figur, Kohlenklau, hinzukam, muß man davon ausgehen, daß hier versucht wurde, im Rahmen einer gezielten Propaganda auf unterhaltende Weise die Psyche der Bürger zu bearbeiten. Auch daß man heitere Gerichtsberichte publizierte («Bitte um milde Beurteilung» war eine beliebte Reihe), macht das emsige Werben um die Gunst der Masse deutlich. Das alles fiel in eine Zeit, als der Rundfunk jeden Samstagnachmittag eine heitere Sendung ausstrahlte, in der die «drei lustigen Gesellen vom Reichssender Köllen» ihren mit immer neuen Strophen bereicherten Hit sangen:

Wir wollen jetzt mit lauter bunten Bildern,
was in der Welt geschah, in kurzen Worten schildern!

Währenddes berieten die Chefideologen der NSDAP über die Frage, wie man Kunst und Politik einander näherbringen könnte. «Reichskulturjammer» war ein nicht zu überhörender bitterer Slogan, und man wollte endlich eine klare Linie aufzeigen, zumal man nicht vergessen hatte, welches deprimierende Ansehen Hitler in literarischen Kreisen der Weimarer Republik genossen hatte. Für die seinerzeitige Erfolgsautorin Vicky Baum war er im Frühjahr 1932 immer noch «ein Unsinn babbelnder Clown, ein lächerlicher Wirrkopf mit einer fanatischen Gefolgschaft ebenso hirnverbrannter Wirrköpfe». Nach der Reichspräsidentenwahl 1932 erklärte sie: «Wenn der Sieg eines müden, senilen, nicht übermäßig gescheiten alten Soldaten wie Hindenburg über einen widerlichen, hysterischen Emporkömmling das Beste ist, was wir erreichen können – dann, Deutschland, gute Nacht!»

In Hitlers Selbstverständnis war die Verbindung von Kunst und Politik allerdings eine Selbstverständlichkeit. Am 15. Oktober 1933 erklärte er in München: «Der Mensch lebt nicht vom Brot allein. Wenn wir die Wiederaufrichtung unseres Volkes als Aufgabe unserer Zeit und unseres Lebens empfinden, sehen wir vor uns nicht nur die leidende Wirtschaft, sondern ebenso die bedrohte Kultur, nicht nur die Not des Leibes, sondern nicht weniger die Not der Seele, und wir können uns keinen Wiederaufstieg des deutschen Volkes denken, wenn nicht wiederersteht auch die deutsche Kultur und vor allem die deutsche Kunst.»

Welchen Erfolg Hitler mit solchen allgemeinen Phrasen hatte, geht aus der Tatsache hervor, daß der unter den Zuhörern weilende päpstliche Nuntius Vasallo di Torregrossa anschließend zu ihm sagte: «Ich habe Sie lange nicht verstanden, aber ich habe mich lange darum bemüht. Heute verstehe ich Sie.»

Eine besondere Ironie lag darin, als Hitler in einer «kulturphilosophischen» Rede am 19. Juli 1937 seine eigene und die nationalsozialistische Phraseologie überhaupt angriff: «Alle diese Schlagworte wie ‹Inneres Erleben›, ‹eine starke Gesinnung›, ‹kraftvolles Wollen›, ‹zukunftsträchtige Empfindung›, ‹heroische Haltung›, ‹bedeutsames Einfühlen›, ‹erlebte Zeitordnung›, ‹ursprüngliche Primitivität› usw., alle diese dummen, verlogenen Ausreden, Phrasen oder Schwätzereien werden keine Entschuldigung oder gar Empfehlungen für an sich wertlose, weil einfach ungekonnte Erzeugnisse mehr abgeben.

Ob jemand ein starkes Wollen hat oder ein inneres Erleben, das mag er durch sein Werk und nicht durch schwatzhafte Worte beweisen.»

Diese Ausführungen fielen in eine Zeit, als die Phrase vom «gesunden Volksempfinden» bereits fester Bestandteil der Gesetzgebung des Dritten Reiches geworden war, nachdem das «Lichtspielgesetz» vom 16. Februar 1934 mit der Einführung des «nationalsozialistischen Empfindens» (§ 7) den Auftakt hierzu gegeben hatte.

Hitler demaskierte sich jedoch selbst, als er sechs Wochen später im Stil der von ihm verpönten Phraseologie in seiner «Kulturrede» vom 7. September 1937 erklärte: «Dieser Staat soll nicht eine Macht sein ohne Kultur und keine Kraft ohne Schönheit. Denn auch die Rüstung eines Volkes ist nur dann moralisch berechtigt, wenn sie Schild und Schwert einer höheren Mission ist. Wir streben daher nicht nach der rohen Gewalt eines Dschingis Khan, sondern nach einem Reiche der Kraft in der Gestaltung einer starken sozialen und beschirmten Gemeinschaft als Träger und Wächter einer höheren Kultur.»

Die Aufrüstung als «Schild und Schwert einer höheren Mission» war eine neue Variante auf dem weiten Feld der nationalsozialistischen Demagogie, und der am 1. September 1939 begonnene Krieg setzte eine neue Gesetzgebungslawine in Bewegung.

Zuvor war es bereits zu einigen «friedlichen» territorialen Eroberungen gekommen, die durch das «Gesetz über die Wiedervereinigung Österreichs mit dem Deutschen Reich» vom 13. März 1938 und das «Gesetz über die Wiedervereinigung der sudetendeutschen Gebiete mit dem Deutschen Reich» vom 21. November 1938 ihre juristische Besiegelung fanden.

Die Begründung beider Gesetze in verschiedenen Reden kann man trotz der enthusiastischen Zuhörerschaft, die Hitler wie üblich gefunden hatte, nur als Harlekinaden bezeichnen.

Seine Rede am 15. März 1938 auf dem Heldenplatz vor der Wiener Hofburg strotzte von Plattheiten und chauvinistischen Floskeln, die noch durch besondere theatralische Gebärden unterstützt wurden. «Ich proklamiere nunmehr für dieses Land seine neue Mission», rief er aus, «sie entspricht dem Gebot, das einst die deutschen Siedler des Altreiches hierher gerufen hat. Die älteste Ostmark des deutschen Volkes soll von jetzt ab das jüngste Bollwerk der deutschen Nation und damit des Deutschen Reiches sein.»

Einen besonderen Effekt hatte er sich für den Schluß ausgedacht: «Als der Führer und Kanzler der deutschen Nation und des Reiches melde ich vor der Geschichte nunmehr den Eintritt meiner Heimat in das Deutsche Reich.»

Bei dieser «Meldung vor der Geschichte» nahm er Haltung an und grüßte, als stünde er vor einem imaginären Vorgesetzten.

In einer späteren Rede – am 6. April 1938 in Salzburg – ging er auf die Frage ein, warum er überhaupt in Österreich einmarschiert sei, da doch der politische Umschwung in Wien bereits vollzogen und Österreich ohnehin nationalsozialistisch geworden war. Er sagte dazu: «Es war ein unwiderruflicher Entschluß, der nicht mehr korrigiert werden kann! Wenn einmal deutsche Soldaten marschieren, ist ihr Auftrag nicht mehr zurückzunehmen!»

Seine letzte Rede vor der Wahl hielt er am 9. April 1938 in der Halle des Wiener Nordwestbahnhofs, die über alle deutschen Sender übertragen wurde. Hier führte er fünf Punkte auf, die seine Anwesenheit in Wien rechtfertigen sollten:

1. «Dieses Land ist ein deutsches Land,
   und seine Menschen sind deutsch.»
2. «Dieses Land kann auf die Dauer ohne das Reich nicht leben.»
3. «Dieses Volk wollte sich auch gar nicht vom Reich trennen.»
4. «Es ist meine Heimat!»
5. «Ich stehe hier, weil ich mir einbilde, mehr zu können als Herr Schuschnigg!»

Während die Punkte 1 bis 3 schlicht Lügen waren, waren die Punkte 4 und 5 geradezu plumpe Rechtfertigungsversuche. Wenn jeder Regierungschef eines Landes das Land seiner Geburt annektieren wollte, nur weil es seine «Heimat» ist, würde der Globus merkwürdig aussehen, und Schuschnigg war beim Einmarsch der deutschen Truppen gar nicht mehr Bundeskanzler, sondern der Nationalsozialist Seyß-Inquart. Nach dessen Ernennung wurde im österreichischen Rundfunk am 12. März 1938 um 1.15 Uhr früh erklärt: «Österreich ist frei, Österreich ist nationalsozialistisch!» Hitler hätte also sagen müssen, daß er sich einbilde, mehr zu können als Seyß-Inquart – und das hätte sich seltsam angehört.

In Hitlers Rechtfertigungsrede fehlte nur noch der Hinweis, daß die «alldeutsche» Idee eigentlich aus Österreich stamme (Schönerer) und das Wort «nationalsozialistisch» eine österreichische Erfindung war, womit sich nicht nur der Führer selbst, sondern auch sein ganzes Programm als österreichische Exportware deklariert hätte.

Daß die Stimmung, wie sie ihm bei seinen Wiener Reden entgegenbrandete, nicht von allen Deutschen geteilt wurde, zeigt jener Flüsterwitz, der als Reaktion auf den einige Jahre zuvor von den Westmächten abgeschlossenen Viererpakt im Umlauf war.

Zwei Sachsen hören einen Zeitungsjungen rufen:
«Der Viererpakt! Der Viererpakt!»
«Was?» sagt der eine Sachse zum andern. «Der Fiehrer packt? Na endlich.»

Einen Pakt ganz anderer Art stellte das berühmte «Münchner Abkommen» vom 29. September 1938 dar, in welchem die Einverleibung der sudetendeutschen Gebiete von den Westmächten sanktioniert wurde. Im Vertrauen auf ein weiteres Nachgeben dieser Staaten faßte Hitler den Entschluß zum Einmarsch in Polen, der mit dem «Danzig-Gesetz» vom 1. September 1939 wiederum eine juristische Untermauerung erhalten hatte.

Die Vorgeschichte des Zweiten Weltkrieges enthüllt das angebliche «politische Genie des Führers» als einen diplomatischen Dilettantismus sondergleichen. Bekanntlich war am 6. April 1939 ein Militärabkommen zwischen England und Polen unterzeichnet worden, das «gegenseitigen Beistand bei einem Angriff durch eine europäische Macht» vorsah. Nun glaubte Hitler, dieser Pakt würde gegenstandslos, wenn er sich mit Stalin Polen teilte, da in diesem Falle England auch der Sowjetunion den Krieg erklären müßte. Der Hitler-Stalin-Pakt wurde also am 23. August 1939 unterzeichnet, aber bereits zwei Tage später wurde – was Hitler eigentlich hätte zu denken geben müssen – der englisch-polnische Beistandspakt in London von beiden Staaten ratifiziert. Dennoch befahl Hitler den Einmarsch in Polen und besiegelte damit letztendlich seinen eigenen Untergang.

Nach übereinstimmender Meinung verschiedener Historiker war er beim Empfang der englischen Kriegserklärung vom 3. September 1939 «ziemlich verstört» (er hatte das nicht für möglich gehalten) und erklärte am 8. November 1939 im Münchner Bürgerbräukeller in weinerlichem Ton: «Der Fall Polen zeigt ja, wie wenig England an der Existenz solcher Staaten interessiert ist; denn sonst hätte es ja auch Sowjetrußland den Krieg erklären müssen, da Polen ja ungefähr halbiert wurde.»

Diese Äußerung offenbarte sein ganzes Dilemma: Es war ihm völlig unbekannt geblieben, daß sich der englisch-polnische Beistandspakt lediglich auf eine Kriegshandlung durch *Deutschland* bezog und die in einem Sonderpapier niedergelegte – nicht für die Öffentlichkeit bestimmte – Erläuterung zur Klausel von der «europäischen Macht» die Sowjetunion als zum größten Teil «asiatische Macht» ausschloß. Sein ganzes Paktieren mit Stalin hatte nichts genützt, und spätestens nach dem Einmarsch der Roten Armee in Ostpolen, der ohne westliche Reaktion blieb, mußte er erkennen, daß er der Hereingefallene war.

Das Abrücken der Westmächte von der Appeasementpolitik wurde übrigens von einem Vorgang beschleunigt, der sich – abseits vom politischen Geschehen – auf wissenschaftlichem Gebiet ereignet hatte und zu einer unabmeßbaren Gefahr zu werden drohte: Den deutschen Chemikern Hahn und Straßmann war Ende 1938 die Entdeckung der Kernspaltung gelungen, und ihre Arbeit erschien am 6. Januar 1939 im Druck. Durch persönlichen Einsatz der langjährigen Mitarbeiterin Hahns, Lise Meitner, die nicht «rein arischer» Abstammung war und emigrieren konnte, erhielt bereits am 26. Januar 1939 die Amerikanische Physikalische Gesellschaft von den Hahn-Straßmannschen Experimenten Kenntnis, und nach allem mußte man befürchten, daß die Machthaber im nationalsozialistischen Deutschland die Arbeiten am Projekt der Kernspaltung stark forcierten. Große Mengen an Uranerz waren aus der besetzten Tschechoslowakei nach Berlin gebracht worden. Der in Amerika lebende ungarische Kernphysiker Szilard erkannte als einer der ersten die großen Gefahren, die aus einem militärischen Einsatz dieser neuen Energiequelle erwachsen konnten, und es kam zu jenem berühmten Brief Einsteins an Präsident Roosevelt, in welchem Einstein erklärte: «Das neue Phänomen würde auch zur Konstruktion vom Bomben führen, und es ist denkbar, wenn auch nicht ganz sicher, daß danach Bomben neuen Typs von extremer Zerstörungskraft gebaut werden.» Das alles war noch vor dem Angriff Hitlers auf Polen zur Kenntnis der Westmächte gekommen und dürfte entscheidend zur Änderung der bisherigen Politik beigetragen haben; denn jetzt waren allgemeine humanitäre Interessen in Gefahr. Ein längeres Gewährenlassen konnte unabsehbare Folgen heraufbeschwören.

Auch hier – im diabolischen Spiel mit den Auswirkungen der Kernspaltung – hatte Hitler zu hoch gepokert, und es kam das Gerücht auf, man grüße nicht mehr mit «Heil Hitler», sondern mit «Weidmannsheil» – weil der Führer so viele Böcke geschossen hat.

Deutschland sei unter Hitler wie eine Zigarre geworden, hieß es: Braunes Deckblatt und blauer Dunst!

Der «blaue Dunst», der Hitlers Reden kennzeichnete, wurde im Verlauf des Krieges immer undurchdringlicher, so daß die Bürger nicht mehr durchblickten. Fast täglich brach eine neue Gesetzesflut über sie herein, und immer hatte der «Führer» beschwichtigende und vor allem beschönigende Erklärungen zur Hand.

Die «Kriegswirtschaftsverordnung» vom 4. September 1939 mit ihren einschneidenden Maßnahmen kommentierte er mit den Worten: «Es denke daher von jetzt ab keiner an die Größe seines Opfers, sondern es denke jeder nur an die Größe des gemeinsamen Opfers und an die Grenze des Opfers derjenigen, die sich für ihr Volk hingegeben haben und vielleicht noch hingeben müssen. Diesen Opfern gegenüber sind all die Opfer zu Hause gar nichts.»

Zur Verordnung zum Schutz der Sammlung von Wintersachen für die Front vom 23. Dezember 1941 bemerkte er: «Wer sich an dem bereichert, was für unsere Soldaten bestimmt ist, der kann damit rechnen, daß er unbarmherzig beseitigt wird! Wer sich an dem bereichert, was so viele Arme in unserem Volk an Opfern bringen für unsere Soldaten, der soll nicht erwarten, daß er irgendeine Gnade findet. Wir werden dafür sorgen, daß nicht nur der Anständige an der Front unter Umständen sterben kann, sondern daß der Verbrecher und Unanständige zu Hause unter keinen Umständen diese Zeit überleben wird! Wir werden diese Verbrecher ausrotten, und wir haben sie ausgerottet.»

Das Sterben an der Front wurde in der Folge immer wieder zur Begründung von Todesurteilen in der Heimat herangezogen.

Auch seine Äußerung zur «Verordnung gegen Volksschädlinge» vom 5. September 1939 liegt auf dieser Linie: «Es ist eine Schweinerei, daß so etwas überhaupt möglich ist, daß der brave Mann vorn fallen muß und zu Hause die Spitzbuben ihr Unwesen treiben!»

Die ständigen Appelle an die «Opferbereitschaft» ließen in der Bevölkerung einen treffenden Witz aufkommen:

«Was sind freiwillige Spenden?»
«Freiwillige Spenden, das ist, wenn jeden Ersten ein bestimmter Prozentsatz vom Gehalt abgezogen wird.»

Über die Großsprechereien hinsichtlich der militärischen Aktionen wurde an anderer Stelle bereits berichtet, auch daß mit zunehmenden

Luftangriffen der Volkswitz sich dieses Themas in oft makabrer Weise annahm.

Ein Urlauber beschwert sich nach seiner Rückkehr aus Travemünde:
«Kaum kam ich hin, stellte meinen Koffer ab und sah mich um, da war mein Gepäck weg.»
Darauf sein Gesprächspartner:
«Das ist gar nichts. Ich war in München, ließ mein Gepäck am Bahnhof und ging in der Stadt spazieren. Eine halbe Stunde später kam ich zurück, da war der Bahnhof weg.»

Mit zunehmender Verschlechterung der Kriegslage ging Hitler dazu über, nicht mehr nur Gesetze und Verordnungen, sondern auch die Tagesbefehle an die Truppe zu kommentieren, die sich an zynischem Inhalt immer mehr steigerten.

Seine «Proklamation an die Soldaten der Ostfront» vom 15. April 1945 bestand schließlich nur noch aus Drohungen: «Wer in diesem Augenblick seine Pflicht nicht erfüllt, handelt als Verräter an unserem Volk. Das Regiment oder die Division, die ihre Stellungen verlassen, benehmen sich so schimpflich, daß sie sich vor Frauen und Kindern, die in unseren Städten dem Bombenterror standhalten, werden schämen müssen.»

Hitlers Demagogie hatte sich gewendet: Hatte er in früheren Jahren die Moral der Heimat mit dem Hinweis auf den «braven Mann vorn» stützen wollen, mußte er jetzt die Moral der Truppe mit dem Hinweis auf die «standhaltende Heimat» aufrechterhalten.

Zu einer traurigen Posse kam es, als man zur Propagierung der nationalsozialistischen Gesetze den Büchermarkt benutzte. Offenbar genügten Hitlers Reden nicht – man mußte noch alle möglichen Publizisten aufbieten, damit die Bürger «schwarz auf weiß» mitbekamen, wie segensreich und zutiefst humanistisch das Rechtswesen des Dritten Reiches war.

Und nun zeigte sich etwas ganz Eigentümliches: Die Autoren dieser in hohen Auflagen verbreiteten Werke suchten ihre Lehrmeister Hitler und Goebbels zu übertrumpfen, beließen es nicht bei bloßen Kommentaren, sondern nahmen in den einzelnen Fällen eine maßlose Erhöhung vor, gingen in ihren Forderungen sogar über den Gesetzgeber hinaus und waren das, was der Volksmund sehr treffend mit «päpstlicher als der Papst» bezeichnet.

«Es geht nicht an», schrieb beispielsweise G. K. Schmelzeisen, «daß ehrlose Schädlinge der Volksgemeinschaft freigesprochen werden, weil sie das allzu wörtlich eingeengte Strafgesetz zu umgehen verstanden haben.»

Die Aufforderung, das «allzu wörtlich eingeengte Strafgesetz» zu verlassen, bedeutet im Grunde bloße Willkür, was von einem anderen Autor (Ulrich Scheuner) in die bezeichnenden Worte gekleidet wird: «Das Gesetz ist heute Ausdruck der politischen Willensentscheidung des Führers.»

Zur Begründung dieser Theorie führt er an: «Indem das Gesetz zur Behebung der Not von Volk und Reich vom 24. März 1933 den Erlaß des Gesetzes durch die Regierung, also *durch den Willen des Führers*, eingeführt hat, und dieser Weg praktisch die alleinige Form der Gesetzgebung in Deutschland geworden ist, ist die gesamte auf die Beteiligung der Volksvertretung an der Gesetzgebung aufgebaute Gesetzeslehre des bisherigen Rechts überholt und ein neuer Gesetzesbegriff im deutschen Recht zur Geltung gebracht worden, der auf der Eigenschaft des Gesetzes als unmittelbar *vom Führer selbst erlassenen Anordnung* beruht.»

Die Rassengesetze wurden in allen Veröffentlichungen als «Höhepunkt nationalsozialistischer Rechtsschöpfung» bezeichnet, und Schmelzeisen vermerkte: «Am weitesten vorgedrungen ist die Rechtserneuerung im Bereich des Blutschutzes. Hier waren die Gefahren für den Bestand des Volkes am größten.»

Um eventuellen rechtsphilosophischen Einwendungen zu begegnen, verkündete Wilhelm Sauer: «So ist auch das Recht abweichend von der bisherigen formalen Auffassung zu bestimmen: Recht ist, was der Volksgemeinschaft nützt, Unrecht ist, was ihr schadet.»

Im Kern spiegelten die Rassengesetze des Dritten Reiches den nationalsozialistischen Grundsatz wider, daß das Recht nicht für den *Menschen*, sondern für den *Volksgenossen* da sei. So argumentiert Rudolf Thierfelder: «Wir schieben nicht das in den Vordergrund, was allgemeine Begriffe zu fördern die Tendenz hat, wir betonen also nicht die Tatsache, daß auch Neger und Malaie bei uns zu drei Monaten Gefängnis verurteilt werden können, und folgern daraus, daß es der Mensch ist, den wir strafen. Vielmehr gehen wir davon aus, daß unser Recht für unser Volk gilt.»

In Weiterentwicklung dieses Grundsatzes dehnte der Würzburger Rechtslehrer Ernst Wolgast rassistische Grundsätze auch auf das Völkerrecht aus, indem er behauptete: «Der Krieg ist keine Willkürhandlung, sondern eine Rechtshandlung, durch die sich die Lebensansprüche der Völker ausgleichen. – Wie das innerstaatliche Recht aus dem Volksgeiste entspringt, so auch das Völkerrecht. Es ist an *rassische Gleichartigkeit* geknüpft und wird einige Völker, wie die *Australneger und Buschmänner*, gar nicht ergreifen.»

Besonders auf dem Gebiet der Rassengesetzgebung ist die Erscheinung zu beobachten, daß juristische Kommentare weit über das ursprüngliche Ziel hinausschossen und sich in inhumanen Forderungen zu überbieten suchten. Dazu gehört die Aufforderung, die Strafbarkeit der «Rassenschande» über die Nürnberger Gesetze hinaus auch auf die beteiligte *Frau* auszudehnen, wie es Jungnik Freiherr von Wittken formulierte: «Die nationalsozialistischen Blutschutzgesetze sind, soweit sie *nur den Mann* bestraft wissen wollen, *unarisch*. Das Verbrechen der rassenschänderischen Frau ist nicht minder groß als das des Mannes.»

Derselbe Autor hatte unter Bezug auf die ganz anders auslegbaren indischen Gesetze des Manu erklärt: «Der Mischling ist und bleibt unrein. Nicht nur seine Fortpflanzung ist zu verhindern, sondern auch er selbst ist zu beseitigen.»

Und um dies aus historischer Sicht «wissenschaftlich» zu begründen, führt er aus: «Die psychischen Folgen der Rassenschande hat der Urarier am eigenen Leibe kennengelernt: Unzucht, Rauheit, Grausamkeit und religiöse Zersetzung sind ihre Folgen; sie sind auch uns Deutschen aus jüngster Zeit in mehr als trauriger Erinnerung.»

Für den geistigen Horizont des Verfassers mag bezeichnend sein, was er zur Himmler-Rede vom 5. Juli 1937 auf der dritten Reichstagung des Nationalsozialistischen Deutschen Dozentenbundes vermerkt: «Es mutet uns an, als spricht hier die Stimme eines Urariers zu uns, so wahr und rein ist diese Idee, eine Stimme des alten Gebotes der Manenverehrung.»

Hier und an zahlreichen anderen Stellen kommt zum Ausdruck, daß sich die Rechtslehre des Dritten Reiches keineswegs damit begnügte, bestehende gesetzliche Vorschriften zu interpretieren, sondern eine maßlose Verschärfung vornahm, was übrigens die kleinen und großen Propagandaredner im Lande schon seit jeher taten: alle wollten fanatischer, aggressiver und konsequenter als ihre Lehrmeister sein – und blieben am Ende doch nur, was sie waren.

Über sie machte sich der Volksmund besonders lustig.

«Ich habe unseren Kreispropagandaredner in einem Briefkasten gefunden», sagte ein Postbeamter zum Leiter des Postamtes.

«Was hat er dort gemacht?» fragte der Leiter.
«Er sagte, er möchte auch mal befördert werden.»

Im Grunde berührte dieser Witz eine Frage, die gar nicht so leicht zu beantworten ist: Wie war es möglich, daß sich Menschen für ein politisches System einsetzten, ohne – wie es sehr häufig der Fall war – den geringsten Vorteil davon zu haben?

Und eine weitere Frage erhebt sich: Waren diese Fanatiker, die sich «rein der Sache wegen» einsetzten, nicht viel gefährlicher als jene, die es aus Gründen persönlicher Vorteile taten?

Unter den Publizisten, die den Büchermarkt mit ihren nazistischen Pamphleten überschwemmten, war kaum einer, der daran verdient hätte – im Gegenteil, sie opferten viele Stunden, und soweit es Professoren waren (wie sehr viele von ihnen), schrieben sie die Bücher wirklich nur «der Sache wegen». Auf solchen Scharen von Idealisten basierte nicht zuletzt der Erfolg der nationalsozialistischen Propaganda, und das Erschreckende ist, daß nicht nur Personen für das Dritte Reich eintraten, die keinen Vorteil davon hatten, sondern sogar solche, die bewußt Nachteile in Kauf nahmen. Ein staatlich geförderter Masochismus besonderer Art war entstanden, der durch die geschilderten Appelle an die «Opferbereitschaft» systematisch geschürt wurde.

Erstaunlich ist, daß dieses Phänomen – das Erleiden persönlicher Nachteile für die «höhere Idee» – Eingang in den Flüsterwitz gefunden hat:

> Ein Standartenführer – zugleich Kommentator der Nürnberger Gesetze – besucht in der Entbindungsklinik seine Frau und stellt fest, daß über ihrem Bett ein Kruzifix hängt.
> «Was soll das!» fährt er die Oberschwester an. «Ich möchte nicht, daß mein Sohn, wenn er auf die Welt kommt, als erstes einen Juden erblickt!»
> Am nächsten Morgen ruft ihn die Oberschwester an.
> «Ich gratuliere zum Buben, Herr Standartenführer! Und Ihr Wunsch ist auch in Erfüllung gegangen: Der Junge ist blind.»

Irgendwie fällt dieser ans Makabre grenzende Witz ein hartes, aber gerechtes Urteil über ein System, das Tausende von Fanatikern um sich geschart hatte, und er erinnert an jene Vision Heinrich Heines, die sich im Verlauf des Zweiten Weltkrieges erfüllen sollte: «Ich sah einen Wolf, der leckte an einem gelben Stern, bis seine Zunge blutete.»

Kindermund

Dichtes Gedränge in einer Straßenbahn.
«Mutti, wer ist der Mann da vorne an der Kurbel?»
«Das ist der Führer, mein Kind!»
«Mutti, ist das der Mann, auf den der Papi immer so schimpft?»

Kaum ein anderer Witz konnte die prekäre und zugleich gefährliche Situation, in der sich damals viele Eltern befanden, besser kennzeichnen.

Unschuldige Kinder, die überhaupt nicht ahnen konnten, in welche Lage sie durch ihre Äußerungen sowohl die Eltern als auch andere Personen brachten, spielten eine gesellschaftlich nicht zu unterschätzende Rolle; denn die alte Volksweisheit «Kinder und Betrunkene sagen die Wahrheit», die freilich nicht in allen Fällen zutrifft, wurde weithin beherzigt. Insbesondere der Flüsterwitz machte sich diesen Umstand zunutze und legte Kindern in den Mund, was Erwachsene nicht sagen durften.

Dabei kam diesem Verfahren sehr entgegen, daß Kindern in der nationalsozialistischen Propaganda eine herausragende Rolle zugewiesen war: Auf dem Heldenplatz vor der Wiener Hofburg wurde Hitler am 15. März 1938 von zwei Knaben begrüßt, die ein Transparent mit der Aufschrift trugen: «Die Sudetendeutschen grüßen den Führer», und auch ansonsten standen bei Besuchen jedweder braunen Prominenz Kinder Spalier und winkten mit kleinen Hakenkreuzfahnen. Hitler selbst ließ sich ausnehmend gern mit Kindern fotografieren, tätschelte ihnen die Wangen, ja er hatte sogar einen kleinen Liebling, ein hübsches zwölfjähriges Mädchen, das ihn zusammen mit der Mutter regelmäßig auf dem Obersalzberg besuchte – bis sich herausstellte, daß es eine Halbjüdin war, worüber der «Führer» völlig außer sich geraten sein soll.

Im übrigen waren die NS-Ideologen darauf bedacht, ihr Gedankengut möglichst frühzeitig in das Bewußtsein zu pressen, und die Art und Weise, wie dies bewerkstelligt wurde, ist ein Kapitel für sich.

Da war zunächst die Sammelleidenschaft, die bekanntlich schon im Alter von acht bis zehn Jahren auftritt und die in raffinierter Weise für propagandistische Zwecke genutzt wurde. Zigarettenbildserien kamen in großer Anzahl heraus, zunächst harmlos mit «Das Auto von heute» beginnend, aber schon die Folge «Deutsche Kolonien» weckte gezielt bestimmte Gefühle, und die 1934 erschienene Serie «Deutsche Uniformen» mit ihrem Spezialband «SA–SS–HJ» glorifizierte die NSDAP mit ihren Gliederungen. Gesund aussehende pausbäckige Jungen verkörperten die Hitlerjugend, sympathisch aussehende Männer die SA und schneidige Kämpfertypen die SS. Dabei waren die Bildgestalter so vorgegangen, daß die Steigerung der einzelnen Ränge (Scharführer, Truppführer, Sturmführer usw.) auch mit zunehmend reiferen Gesichtszügen der Betreffenden Schritt hielt – und nur der Stabschef der SA und der Reichsführer SS wurden ohne Gesicht (lediglich mit Mütze und Kragenspiegel) abgebildet: weil es mit diesem Rang nur einen gab!

Die Kinder, die sich in Scharen an den Tabakverkaufsständen aufhielten und jeden Kunden mit der Bitte bedrängten: «Onkel, kann ich das Bild kriegen?», waren auf diese Art zum willfährigen Objekt der Propaganda geworden, ohne es natürlich selbst zu wissen.

Ebenso unterschwellig erfolgte die antisemitische Propaganda bereits im Kindesalter, so daß beispielsweise die in hoher Auflage erschienenen Groschenhefte «Männe und Max», die tatsächlich nur 10 Pfennig kosteten und jede Woche ein neues in Versen gestaltetes Abenteuer enthielten, als ständige Figur einen ungeschickten Jungen namens Sally Cohn vor Augen führten, der in allen möglichen Situationen Spott und Gelächter erntete.

Auch die kindliche Freude an Zinn- und Bleisoldaten wurde genutzt, und man bereicherte dieses Sortiment durch marschierende oder mit erhobener Hand grüßende SA- und SS-Männer, wobei die blitzenden braunen und schwarzen Uniformen und nicht zuletzt die Miniaturmützen, an denen ein silbern funkelnder Hoheitsadler mit dem Hakenkreuz angebracht war, zur gewünschten Verehrung beitrugen. Nimmt man die Lieder hinzu, die gesungen wurden und die einen aus heutiger Sicht kitschigen, damals jedoch durchaus poetisch wirkenden Inhalt hatten («Als die gold'ne Abendsonne sandte ihren letzten Schein», «Es pfeift von allen Dächern», «Siehst du im Osten das Morgenrot?» usw.), so muß man feststellen, daß der demagogische Einfluß auf die Kinder von nicht zu unterschätzender Bedeutung war – und der Dramatiker Peter Weiss sprach gewiß eine erschreckende Wahrheit aus, als er über diese Entwicklung sagte: «Wenn ich nicht das Glück gehabt hätte, zum Vater einen Juden zu haben, wäre ich vielleicht Faschist geworden.»

Man darf nicht vergessen, daß Repräsentanten und Gefolgsleute der NSDAP in der damaligen Zeit ja nicht als das hingestellt wurden, was sie wirklich waren, sondern in einem verklärten Zustand, und daß es nur wenige gab, die dieses teuflische Spiel durchschauten. Und von diesen wenigen war es wiederum nur ein kleiner Teil, der es wagte, seinen Kindern die Wahrheit zu sagen, zumal bekannt war, daß die Gestapo häufig über die Kinder die politische Einstellung der Eltern zu ermitteln suchte. Der bereits 1933 gedrehte Film «Hitlerjunge Quex» forderte sogar dazu auf, den eigenen Vater zu denunzieren, falls dieser in politischer Opposition stehen sollte.

Kindern die Wahrheit zu sagen, war also eine heikle Aufgabe, und der Flüsterwitz nahm sich dieses Themas in vielerlei Varianten an.

Beim Einzug des Führers in eine ins Reich heimgekehrte Stadt stehen in üblicher Weise kleine Mädchen mit Blumen Spalier. Eines davon steckt dem Führer ein Grasbüschel entgegen.
«Was soll ich denn damit tun?» fragt Hitler.
«Essen», antwortet die Kleine. «Meine Eltern sagen jeden Tag, erst wenn der Führer ins Gras beißt, kommen bessere Zeiten!»

In der Klasse fragt der Lehrer die Schüler: «Wie groß ist das Dritte Reich?»
Alles schweigt.
Endlich hebt Karlchen den Finger: «Das Dritte Reich ist 1,60 m groß!»
«Was soll der Unsinn?» fährt der Lehrer auf.
«Kein Unsinn», beharrt Karlchen. «Mein Vater ist 1,80 m groß – und dem steht es schon bis zum Hals!»

An dieser Stelle mag eine Begebenheit berichtet werden, die sich auf unserem Eisleber Gymnasium – wir gingen damals in die Quarta, waren also zwölfjährige Jungen – zutrug. Unser Zeichenlehrer, ein junger Assessor, hatte dazu aufgefordert, SS-Männer zu malen. Mein Banknachbar war farbenblind, und so unterlief ihm das Mißgeschick, daß er den SS-Männern grüne Uniformen angedeihen ließ. Lauter kleine grüne Männer bevölkerten das Blatt, und als der Assessor das Malheur sah, rief er wörtlich aus: «Du kriegst jetzt eine gelangt wegen Beleidigung der SS!»

Natürlich klärten wir ihn auf, und die Ohrfeige unterblieb. Aber die Episode als solche hatte schon etwas Komisches, und noch viele Jahre nach dem Krieg hat uns die Erinnerung an jene grünen SS-Männer Schmunzeln entlockt.

Daß Kinder, obwohl sie selbst Objekte zahlreicher Witze wurden, ihrerseits politische Witze erzählten, habe ich nie erlebt. Das mag vor allem am prägenden Einfluß von Schule, Jungvolk und Hitlerjugend gelegen haben, aber auch in einer gewissen Ahnung von der Gefährlichkeit eines solchen Unterfangens begründet gewesen sein. Jedenfalls habe ich den folgenden Witz, den sich vorwiegend Kinder zugetuschelt haben sollen, nie von solchen gehört, obwohl er einer gewissen kindlichen Mentalität zuzuordnen ist:

Zwei Spatzen sitzen auf einem Baum.
«Kennst du den, der da unten sitzt?» zwitschert der eine.
«Das ist Göring!»
Der zweite Spatz sieht den ersten groß an und zwitschert:
«Und da zögerst du noch?»

In der Hauptsache wird man wohl alles das, was unter die Rubrik «Kindermund» fällt, so zu verstehen haben, daß diese Witze Kindern in den Mund gelegt wurden, und zwar aus keinem anderen Grund, als eben auf diese Art die Wahrheit an den Tag kommen zu lassen.

Dazu gehört jene Anekdote, die von einem Schusterlehrling berichtet, der die seinerzeitige Abkürzungsmanie auf eigene Weise glossierte:

Als Göring – um seine angebliche Volksverbundenheit zu dokumentieren – persönlich in der Schuhmacherwerkstatt erschien und seine Schuhe zur Reparatur überreichte, schrieb der Lehrling auf einen Zettel:
«HJ – SA – BDM»
Göring blickte verständnislos auf die Hieroglyphen und fragte:
«Was soll das heißen?»
Lakonisch übersetzte der Lehrling:
«Hermann Jöring – Sohle Absatz – bis Donnerstag morgen.»

Auch die Geschichte von jenem Mädchen, dem von seiner Mutter aufgetragen worden war, Pökelfleisch beim Metzger zu kaufen, dürfte in diese Rubrik gehören. Die Kleine hatte das Wort unterwegs vergessen, trat in die Metzgerei und verlangte mit heller Stimme: «Ein Pfund Goebbels-Fleisch!»

Der Metzger ist zunächst sprachlos, dann sagt er zu seiner Frau: «Na, gib ihr mal zwei Drittel Schnauze und einen halben Knochen!»

Kein Witz, sondern erschreckende Realität war der Text des Gebetes, das in den Kindertagesstätten allmorgendlich gesprochen werden mußte:

Führer, mein Führer, von Gott mir gegeben,
Beschütz und erhalte noch lange mein Leben!
Hast Deutschland gerettet aus tiefster Not,
Dir danke ich heute mein tägliches Brot.
Bleib noch lange bei mir, verlaß mich nicht,
Führer, mein Führer, mein Glaube, mein Licht!
Heil mein Führer!

Gleichsam als Antwort auf solche Entgleisungen wurde der Kindermund Gegenstand vielfältiger Attacken.

«Nenne mir die drei besten Photographen der Welt!» fordert der Lehrer einen Schüler auf.
«Mussolini, Hitler und Goebbels», lautet die Antwort. «Mussolini entwickelt, Hitler kopiert und Goebbels vergrößert.»

Besonders anschaulich war folgender Witz:

Ein alter Mann sieht bei seinem Nachmittagsspaziergang, wie ein zwölfjähriger Junge von einer Schar Gleichaltriger furchtbar verhauen wird. Er nähert sich der Szene. Sofort stieben alle Kinder bis auf den Verdroschenen davon.
«Warum haben sie dich denn geschlagen, mein Junge?» fragt er ihn.
Schluchzend kommt die Antwort: «Ich – kann doch – gar nichts dafür, daß ich – Adolf heiße...»

Das Thema der Vornamen spielte auch in diesem Schulwitz eine Rolle:

«Wie lautet dein Vorname, Hinrichs?»
«Baldur.»
«Und deiner, Hartwig?»
«Knut.»
«Und dein Vorname, Rosenzweig?»
«Sie werden lachen, Herr Lehrer: Adolf.»

In dieser Zeit, als noch jüdische Kinder die deutschen Schulen besuchen durften, war auch der folgende Witz angesiedelt:

> Klein Moritz erhält vom Lehrer eine Ohrfeige. Dem tut es leid, und er entschuldigt sich. Er möchte nicht, daß es Moritzens Eltern erfahren.
> «Ach», sagt der kleine Moritz, «meine Eltern sind ganz gleichgültig. Aber was wird das Ausland dazu sagen?»

Um die Seelen der Kinder machte sich natürlich die offizielle Propaganda besondere Sorgen. Das Schlagwort «Flink wie Windhunde, zäh wie Leder, hart wie Kruppstahl» sollte soldatische, rassisch bewußte Menschen erzeugen, und schon der demagogische Rahmen, in den Hitler dieses Schlagwort eingebaut hatte, wies auf bestimmte Absichten hin. Am 14. September 1935 auf dem «Reichsparteitag der Freiheit» sagte er: «Wir sehen heute nicht mehr im damaligen Bierspießer das Ideal des deutschen Volkes, sondern in Männern und Mädchen, die kerngesund sind, die straff sind. Was wir von unserer deutschen Jugend wünschen, ist etwas anderes, als es die Vergangenheit gewünscht hat. In unseren Augen, da muß der deutsche Junge der Zukunft schlank und rank sein, flink wie Windhunde, zäh wie Leder und hart wie Kruppstahl. Wir müssen einen neuen Menschen erziehen, auf daß unser Volk nicht an den Degenerationserscheinungen der Zeit zugrunde geht.»

Eine solche, durch raffinierte Angriffe auf den «Bierspießer» getarnte Argumentation hatte natürlich einen gewissen Erfolg, und auch die Zukunftsaussichten, die in seiner Ansprache an die Jugend vom 1. Mai 1936 im Berliner Poststadion mitschwangen, mögen ihre Wirkung gehabt haben: «Meine deutsche Jugend! Noch nie in der deutschen Geschichte war einer jungen Generation ein so schönes Schicksal beschieden als euch. Ihr lebt als Jugend in einem jungen Reich, erfüllt mit einem freudigen Leben, mit einer starken Hoffnung, mit einer unzerstörbaren Zuversicht. Ihr lebt in einem Reich mit jungen, neuen Ideen, erfüllt von jungen, neuen Kräften.»

Die penetrante Wiederholung der Worte «jung» und «neu» inmitten von sich ebenfalls wiederholenden Allgemeinplätzen offenbarte, wie wenig innere Beziehung Hitler zur Jugend hatte.

Beim ersten Parteitag der NSDAP nach der Machtübertragung rief Hitler am 2. September 1933 den aufmarschierenden Jugendlichen zu:

«Ihr, meine Jungen, ihr seid das lebende Deutschland der Zukunft, nicht eine leere Idee, kein blasser Schemen, sondern ihr seid Blut von unserem Blut, Fleisch von unserem Fleisch, Geist von unserem Geist, ihr seid unseres Volkes Weiterleben.»

In dieser einen Passage kamen bereits jene Merkmale Hitlerscher Redetechnik zum Ausdruck, die er vor allem gegenüber jugendlichen Zuhörern anwandte: die Aneinanderreihung von Platitüden bis zu dem von Richard Wagner entliehenen überbetonten Genitiv («unseres Volkes Weiterleben»).

Später machte er jedoch deutlich, daß dieses «Weiterleben» erst in zweiter Linie zählte. Am 9. November 1934 rief er anläßlich der Vereidigung der jüngsten Parteimitglieder, die aus der HJ hervorgegangen waren, aus: «Ihr werdet, ich weiß es, genau so treu sein, genau so tapfer sein wie unsere alten Kameraden! Und ihr werdet Kämpfer sein müssen! Denn noch sind viele, viele Gegner unserer Bewegung in Deutschland vorhanden. Sie wollen nicht, daß Deutschland stark sei. Sie wollen nicht, daß unser Volk einig sei. Sie wollen nicht, daß unser Volk seine Ehre vertritt.

Sie wollen nicht, daß unser Volk frei sein soll. Sie wollen es nicht, aber wir wollen es, und unser Wille wird sie niederzwingen! Und euer Wille wird mit uns sein, und ihr werdet mithelfen, den Willen von damals zu erhalten und zu verewigen. Wir werden auch diese Letzten beugen unter diesen Willen.»

Kaum eine andere Stelle belegt besser, daß die Jugend für Hitler nur Mittel zum Zweck war.

Das bereits erwähnte «Gesetz über die Hitlerjugend» vom 1. Dezember 1936 hatte zwar von der Notwendigkeit gesprochen, die deutsche Jugend «körperlich, geistig und sittlich im Geiste des Nationalsozialismus» zu erziehen, aber derartige hölzerne Floskeln blieben inhaltslos und konnten nur schwer grundlegende Veränderungen bewirken.

Wie die nationalsozialistische Erziehung wirklich aussah, wurde mir von meinen Klassenkameraden berichtet, die beispielsweise jeden Sonnabend (dem sogenannten Staatsjugendtag) zum HJ-Dienst mußten, während wir wenigen «Parteilosen» von einem besonders für uns abgestellten Studienrat unterrichtet wurden, der sich dieser Aufgabe allerdings ziemlich einfach entledigte und uns das Morse-Alphabet und ähnliche Dinge beibrachte. Wir nutzten diese Zeit also weitaus besser als die HJ-Mitglieder, die außer der obligatorischen Schulung regelmäßig sogenannte «Freßfeste» veranstalteten, wo es zu Tischsprüchen folgender Art kam:

Es ißt der Mensch, es frißt das Pferd –
heut ist es grade umgekehrt!

Bescheidenheit, Bescheidenheit,
verlaß mich nicht bei Tische –
und gib, daß ich zur rechten Zeit
das größte Stück erwische!

Und schlägt der Arsch auch Falten –
wir bleiben doch die alten!

Diese von meinen Klassenkameraden weitererzählten Tischsprüche trug ich meinem Großvater vor, der sie gewissenhaft aufschrieb und dem Oberstudiendirektor als Dokumentation der Erziehung in der Hitlerjugend vorlegte. Der Direktor soll auf diese Lektion hin ziemlich kleinlaut geworden sein und lediglich geantwortet haben, die Jugend ginge ihre eigenen Wege, und man solle solche Dinge nicht überbewerten.

Immerhin werfen diese Kostproben ein bemerkenswertes Licht auf die Mentalität, die in der Hitlerjugend herrschte, und nimmt man die in der Hauptsache vulgären Unterhaltungsspiele hinzu («Schinkenklopfen» beispielsweise war gang und gäbe), so kann man sich ein ungefähres Bild von der Erziehungsarbeit dieser als vorbildlich ausgegebenen Jugendorganisation machen. Wen wundert es angesichts der vielfältigen Parolen und politischen Bemühungen, die auf die Kinder und Jugendlichen einstürmten, daß der Flüsterwitz diese Verhältnisse unter die Lupe nahm und auf seine Art attackierte:

«Mein Vater ist SA-Mann, mein ältester Bruder in der SS, mein kleiner Bruder in der HJ, die Mutter in der NS-Frauenschaft, und ich bin im BDM.»
«Ja, seht ihr euch denn bei dem vielen Dienst auch einmal?»
«O ja! Wir treffen uns jedes Jahr auf dem Parteitag in Nürnberg.»

Ein BDM-Mädchen verlangt in einer Buchhandlung Eichendorffs Dichtung «Aus dem Leben eines Taugenichts».
Der Buchhändlerlehrling, der nur einen Teil der Worte verstanden hat, stürzt übereifrig zum Regal – und was erhält das Mädchen? Hitlers «Mein Kampf».

Auch Stilblüten in Schulaufsätzen spielten eine Rolle, wovon folgendes Beispiel zeugt:

«Die Juden wollten das deutsche Volk aussaugen, aber Hitler ist ihnen zuvorgekommen.»

Zuweilen wurden Kindern Gedanken in den Mund gelegt, die an sich eine durchaus ernste Berechtigung hatten, in der Form eines Witzes jedoch das Ganze rundum populärer machten:

«Mutti, wenn der Führer nun zufällig Piefke geheißen hätte, müßten wir dann auch alle sagen: ‹Heil Piefke!› oder ‹Heil Meyer!› oder ‹Heil Müller!› oder ‹Heil Schulze!›?»
«Junge, rede nicht soviel dummes Zeug zusammen! Wenn das der Onkel Gestapo hört, wirst du noch ins schwarze Loch gesteckt!»
«Ich bin ja schon ganz still, Mutti. Aber sag mir doch noch, wie grüßt nun der Führer selbst? Sagt er: ‹Heil ich!›?»

Irgendwie erinnert dieser Witz an jenen naiven Jungen, der sich nicht genug über den Zufall wundern konnte, daß der Entdecker der Röntgenstrahlen ausgerechnet Röntgen hieß, aber er trifft die Wahrheit, wie in dieser Anekdote:

Ein ABC-Schütze sollte vor versammelter Klasse irgendein Gedicht aufsagen. Er deklamierte:

Unsre Katz' hat Junge,
sieben an der Zahl,
eins davon ist Sozi,
sechs sind national.

Der Lehrer ist äußerst zufrieden, und als ein paar Tage später der Schulrat zur Visite kommt, wird der Junge nach vorn gerufen, um sein Gedicht zu wiederholen. Diesmal deklamiert er:

Unsre Katz' hat Junge,
sieben an der Zahl,
sechs davon sind Sozi,
einer national.

Leichenblaß wendet sich der Lehrer an den unglückseligen Rezitator: «Das vorige Mal hast du doch von ganz anderen Katzen geredet!»

«Damals waren sie auch noch blind», erwidert der Junge, inzwischen sind ihnen die Augen aufgegangen.»

Die Form eines Kinderliedes war es auch, welche die Gefährlichkeit des Lebens in der nationalsozialistischen Ära in lakonischen, aber dafür um so eindringlicheren Strophen vor Augen führte:

Zehn kleine Meckerlein,
die saßen mal beim Wein.
Der eine machte Goebbels nach,
da waren es nur noch neun.

Neun kleine Meckerlein,
die haben sich was gedacht.
Dem einen hat man's angesehn,
da waren es nur noch acht.

Acht kleine Meckerlein,
die hatten was geschrieben.
Bei einem ist es rausgekommen,
da waren es nur noch sieben.

Sieben kleine Meckerlein,
die fragte man: «Wie schmeckt's?»
Der eine sagte: «Schweinefraß!»
Da waren es nur noch sechs.

Sechs kleine Meckerlein,
die sah'n 'nen Hitlerpimpf.
Der eine sagte: «Lausejung!»
Da waren es nur noch fünf.

Fünf kleine Meckerlein,
die spielten mal Klavier.
Der eine spielte Mendelssohn,
da waren es nur noch vier.

Vier kleine Meckerlein,
die kamen zur Partei.
Der eine sagte: «Bonzentum!»
Da war's mit ihm vorbei.

Drei kleine Meckerlein,
die hörten Radio.
Der eine stellte Moskau ein,
da waren es nur noch zwo.

Zwei kleine Meckerlein,
die glaubten, es hört sie keiner.
Der eine hat 'nen Witz erzählt,
da war es nur noch einer.

Ein kleines Meckerlein
ließ diese Verse sehn.
Da sperrt man ihn in Dachau ein,
und jetzt – sind's wieder zehn.

Eine Anekdote aus einer kleinen deutschen Stadt möge das Kapitel «Kindermund» beschließen:

Der Besuch des Gauleiters ist angekündigt. Ein Lehrer wird vom Kreisleiter beauftragt, die Schüler zu informieren. Instruktionsgemäß erklärt er ihnen: «Wenn morgen der Gauleiter kommt, wird er euch fragen, wer euer Vater ist. Dann habt ihr zu antworten: ‹Unser Führer!› Auf die Frage nach eurer Mutter lautet die Antwort: ‹Die nationalsozialistische Bewegung!› Habt ihr das verstanden?» Die Schüler bejahen.
Am nächsten Tag erscheint der Gauleiter und wendet sich – wie mit dem Kreisleiter vorher abgesprochen – an den ersten Schüler:
«Wer ist dein Vater?»
«Unser Führer!»
«Wer ist deine Mutter?»
«Die nationalsozialistische Bewegung!»
«Was möchtest du gern werden?»
«Vollwaise, Herr Gauleiter!»

Der jüdische Witz

Ungefähr Mitte der dreißiger Jahre, als von den Anschlußplänen Hitlers bereits hier und dort in Österreich gemunkelt wurde, ereignete sich auf einer Wiener Kleinkunstbühne folgendes:

> Der Kabarettist Fritz Grünbaum ließ sich – wie in seinen damaligen Programmen üblich – vom Publikum Stichworte (und zwar aus mehreren Begriffen zusammengesetzte Hauptwörter) zurufen, die er als Schnelldichter sofort zu prägnanten Reimen verarbeitete.
> An jenem Abend nun befand sich unter den Zuhörern ein Provokateur, der ihm als Stichwort zurief: «Judenbengel!»
> Grünbaum erschrak, stutzte einen Augenblick, dann zog er die Rose in seinem Knopfloch heraus und deklamierte:
> «Hier ist die Blüte – und da ist der Stengel!»
> Nun zeigte er auf sich und anschließend auf den Zurufer:
> «Hier ist der Jud' – und da ist der Bengel!»

Auf diese Art hatte er das Stichwort «Judenbengel» geistesgegenwärtig pariert, und es sei bemerkt, daß es sich hier keinesfalls um eine Anekdote handelte, sondern der Vorfall ist authentisch verbürgt. Mein Vater, der in dieser Veranstaltung zugegen war, erinnerte sich sogar noch an die Mimik Grünbaums, an sein vor Schreck erblaßtes Gesicht und das krampfhafte Nachdenken, und ich habe diese Episode nicht ohne Grund an den Anfang dieses Kapitels gesetzt: Sie ist ein Musterbeispiel des jüdischen Witzes, nämlich einer geistigen Reaktion auf geistlose Angriffe – und von Karl Schnog wissen wir, daß jener Fritz Grünbaum noch im Konzentrationslager Dachau die Kraft aufbrachte, seine Mithäftlinge durch improvisierte Vorträge aufzuheitern.

Und das ist, glaube ich, ein Kernpunkt bei Betrachtung des jüdischen Witzes: daß wir es hier mit Menschen zu tun haben, die sich mit den Mitteln der Reflexion über die Alltagsschwierigkeiten erheben, die vor allem über sich selbst lachen können. Der Glaube an das Gute im Menschen, ohne den weder Witz noch Humor möglich sind, hielt sie aufrecht, und er schimmert selbst dann durch, wenn es sich nur noch um eine Art Galgenhumor zu handeln scheint. Aber letzterer war die Ausnahme, und die meisten jüdischen Witze waren geschliffene Attakken, die auf ihre spezielle Weise Maßnahmen der Nazis bloßstellten.

Die erste antijüdische Aktion der Hitlerregierung war bekanntlich der als Boykott getarnte Pogrom vom 1. April 1933. In einer Besprechung zwischen Hitler und Goebbels am 26. März 1933 in Berchtesgaden war der Beschluß gefaßt worden, eine «gewaltige Volksbewegung zum Boykott jüdischer Geschäfte in Deutschland» zu organisieren, und der Antisemit Nr. 1, Julius Streicher, wurde an die Spitze der Aktion gestellt. Die Organisierung des Boykotts erfolgte in einem 11-Punkte-Programm der Parteileitung der NSDAP vom 28. März 1933, in welchem es unter anderem hieß, «daß ein jüdischer Krieg gegen Deutschland das Judentum in Deutschland selbst träfe».

Unter dem Motto «Kein Deutscher kauft bei einem Juden!» ergoß sich eine Flut von Flugblättern und Plakaten über die Bevölkerung, überrollte eine Lawine von Zehntausenden von Massenversammlungen das Land.

Natürlich nahm sich der Volkswitz dieses Themas an, und es entstand die Losung:

Deutsche Hausfrauen!
Kauft deutsches Obst in deutschen Geschäften!
Die deutschen Birnen sind die weichsten!

Weiß Ferdl berichtete von einem Vogelfutterverkäufer, dessen Vögel den Kunden die Körnlein von der Hand pickten und der an seinem Stand an der Kurpromenade folgenden Vers angebracht hatte:

Ich hab die Vöglein für dich dressiert.
Drum kauf bei mir's Futter, damit sich's rentiert!
(Arisches Geschäft)

Ein jüdischer Witz glossierte die gesamte Aktion des 1. April 1933 mit einem an die Parteileitung gerichteten Telegramm:

«Schickt sofort Juden – stop – sonst Boykott unmöglich!»

Und da Julius Streicher als Hauptinitiator bekannt war, wurde berichtet, er sei schweißgebadet in seinem Bett aufgewacht.

«Schlechten Traum gehabt, Herr Gauleiter?» fragt sein Adjutant.

«Entsetzlichen Traum! Einfach nicht auszudenken! Mir träumte, daß es keine Juden mehr auf der Welt gäbe...»

In der Tat war dies ein Problem, und mancher kleine Ort war froh, wenigstens einen Juden in seinen Mauern zu bergen, der angeblich nach allen Kräften gehätschelt und gepflegt wurde, um hin und wieder Zielscheibe von Provokationen sein zu können.

Es spricht für sich, daß diese Thematik sogar Eingang in die Strafrechtspraxis gefunden hat und beispielsweise ein Meidlinger Bäcker im Jahre 1942 zu zehn Monaten Gefängnis verurteilt wurde, weil er die Bemerkung gemacht hatte, er sei neugierig, wem man jetzt, da es keine Juden mehr gibt, die Schuld in die Schuhe schieben werde, wenn die Wirtschaft zusammenbricht.

In einem Scheidungsprozeß am 24. Mai 1940 witzelte ein sachverständiger Zeuge, die Wissenschaft sei noch nicht so weit, jüdisches Blut von arischem zu unterscheiden, worauf der Rechtsanwalt Dr. Ludwig Bondi ergänzte: «Wenn wir schon so weit wären, dann gäbe es keine Pg. mehr.» Das Urteil gegen Dr. Bondi: Vier Monate Gefängnis wegen Heimtücke.

Zu welch grotesken Erscheinungen die Rassenpolitik führte, zeigt der Fall eines Berliner Bildhauers, der – nach einem Bericht Thomas Manns – zur Sicherung seiner Professur und seines weiteren Fortkommens im Juni 1933 öffentlich erklärte, seine Frau sei allerdings Jüdin, aber er habe seit fünf Jahren nicht mit ihr verkehrt.

Ein noch groteskeres Bild bietet die immer wieder geäußerte Vermutung, daß sogar der Reichsprotektor Heydrich jüdischer Herkunft gewesen sein soll, und es wird berichtet, daß Himmler nach Heydrichs Beisetzung seinem Leibarzt Felix Kersten gegenüber bemerkt habe, «er sei sich etwas komisch vorgekommen, als er mit zwei Mischlingen an der Hand hinter dem Sarg hergegangen wäre». So treffend derartige Anekdoten die Perversion der NS-Führer, sich über ihre eigenen Grundsätze hinwegzusetzen, aufzeigten, bleibt doch die Gefahr, daß auf diese Weise der vermeintliche Unterschied zwischen Deutschen und Juden an den Nationalsozialisten selbst bestätigt wird.

Eins steht allerdings fest: Die letzteren versuchten alles, solche Dinge von sich fernzuhalten, unter anderem mit der Methode, antisemitische Anrempeleien in den unteren Parteirängen zu schüren. Ein Flüsterwitz schildert in dieser Hinsicht einen seltsamen Vorfall:

Ein jüdisch aussehender Herr wird auf dem Kurfürstendamm von Nazis belästigt. Der Herr ist entrüstet und weist sich als der ägyptische Gesandte aus. Daraufhin wird der Anführer höflich: «Entschuldigen Sie, Ew. Exzellenz, so etwas kann in Zukunft nicht mehr vorkommen, denn bald werden wir alle Juden ausgerottet haben.»
Lächelnd erwidert der Gesandte: «Das haben wir Ägypter vor 4000 Jahren auch schon versucht. Sie sehen, was der Erfolg gewesen ist.»

Die historischen Wurzeln des Antisemitismus, die in diesem Witz angedeutet werden, haben natürlich eine gewisse Bedeutung; denn der Antisemitismus ist keine Erfindung Hitlers oder der nationalsozialistischen Partei, wenngleich er hier seinen mörderischen Höhepunkt gefunden hat.

Wollte man hinsichtlich der antisemitischen Propaganda eine persönliche Eigenheit Hitlers entdecken, müßte man zwischen Form und Motivation unterscheiden. In der Form machte sich eine primitive, vulgäre Ausdrucksweise breit, die im Gegensatz zu dem erniedrigenden Selbstgefühl stand, das er zu den (uneingestandenermaßen) als überlegen empfundenen Juden hegte.

Hier – in diesem Gefühl des Unterlegenseins – liegt übrigens eine der Wurzeln des angeblich auf «wissenschaftlicher» Grundlage beruhenden Antisemitismus. Wie ein makabrer Witz mutet es an, daß ausgerechnet Friedrich Nietzsche, der von Hitler stets als philosophischer Kronzeuge für seine Ideologie benannt wurde, den nationalsozialistischen Epigonen eine entschiedene Abfuhr erteilt.

«Die Art, wie sie ihre Väter und Kinder ehren», heißt es in seinem «Von dem Volke Israel» betitelten Aufsatz, «die Vernunft ihrer Ehen und Ehesitten zeichnet sie unter allen Europäern aus. Zu alledem verstanden sie es, ein Gefühl der Macht und der ewigen Rache sich aus eben den Gewerben zu schaffen, welche man ihnen überließ (oder denen man sie überließ); man muß es zur Entschuldigung selbst ihres Wuchers sagen, daß sie ohne diese gelegentliche angenehme und nützliche Folterung ihrer Verächter es schwerlich ausgehalten hätten, sich so lange selbst zu achten.»

Und um keinesfalls mißverstanden zu werden, stellt Nietzsche fest: «Gegen Arisch und Semitisch. Wo Rassen gemischt sind, der Quell großer Kultur... Maxime: Mit keinem Menschen umgehen, der an dem verlogenen Rassenschwindel Anteil hat. (Wieviel Verlogenheit und Sumpf gehört dazu, um im heutigen Mischmasch-Europa Rassenfragen aufzurühren!)»

Den eigentlichen Kern berührt Nietzsche mit einer kurzen und zugleich treffenden Bemerkung: «Die Antisemiten vergeben es den Juden nicht, daß die Juden ‹Geist› haben – und Geld: der Antisemitismus, ein Name der ‹Schlechtweggekommenen›.»

Sogar das Wort «antisemitisch» war im Grunde eine Fehlkonstruktion, da zum semitischen Bereich auch Araber gehören. «Araberfeindlich» war jedoch der Nationalsozialismus keineswegs. Vielmehr sprach Hitler des öfteren von dem «stolzen arabischen Volk», das sich der «hebräischen Eindringlinge» erwehren müsse, und in einem Telegramm an den Gesandten von Killinger vom Februar 1944 heißt es, daß «die Reichsregierung ihre Hand nicht dazu bieten kann, daß ein so edles und tapferes Volk wie die Araber durch die Juden aus ihrem Heimatland Palästina verdrängt werden». Der inzwischen eingebürgerte Begriff «Antisemitismus» enthält also im Kern eine falsche Aussage. Gleichwohl wurde diese sprachliche Fehlkonstruktion zu einer Art Heilslehre, und nur wenige Jahrzehnte nach Nietzsches oben zitierter Feststellung offenbarten die Untaten der SA und SS, auf welche Weise die «Schlechtweggekommenen» an den ihnen überlegen erschienenen Gegnern Rache nahmen.

Einpeitscher der Aktionen gegen die Juden war Hitler. Ihm war nicht entgangen, daß der Prozentsatz der Juden in den intellektuellen Berufen höher war als der Prozentsatz der Juden in der Gesamtbevölkerung. Dieses Gefühl des Unterlegenseins kompensierte er mit einer grenzenlosen Hetze, wobei viele seiner Ausdrücke («Bazillenträger», «Spaltpilz», «Ratte» usw.) dem Bereich der Parasitologie entstammten. Der Jude als zu vernichtendes Ungeziefer wurde zu einem Symbol, und ein bitterer Witz jener Zeit machte die Situation auf seine Weise deutlich:

> Göring und Goebbels begegnen einem Juden, der sich furchtsam zur Seite drückt. «Sieh dir den Kerl an!» sagt Goebbels. «Wie der vor Frechheit zittert!»

Auch jene Zeitungsnachricht, welche den Abwehrversuch eines Juden gegen den wütenden Angriff eines Wolfshundes mit den Worten kommentiert: «Jüdischer Hausierer beißt wehrlosen deutschen Schäferhund!» dürfte unter diese Rubrik fallen.

Als mit Wirkung vom 30. September 1933 die jüdischen Rechtsanwälte ihre Zulassung verloren, kam es zu folgendem Dialog:
«Wie geht's Ihnen?»
«Wie einem jüdischen Rechtsanwalt.»
«Wieso?»
«Na, ich kann nicht klagen!»

Daß besonders dieser Berufsstand rassistischen Anfeindungen ausgesetzt war, ergab sich nicht nur aus der Tatsache, daß viele Juden Rechtsanwälte waren, sondern vor allem im Hinblick darauf, daß die anwaltliche Tätigkeit im allgemeinen mit «jüdischer Rabulistik» gleichgesetzt wurde. Das gleiche gilt für verschiedene Vertreter der Wirtschaft – hier vornehmlich Bankiers –, die in zunehmendem Maße ins Visier öffentlicher Feindseligkeit gelangten.

Die allgemeine Arisierung der Wirtschaft hatte ein Jahr vor Kriegsbeginn eingesetzt, ausgelöst durch den Pogrom vom 9. November 1938, dem die nationalsozialistische Mundpropaganda die verharmlosende Bezeichnung «Reichskristallnacht» zukommen ließ (als hätte es sich nur um ein paar zerbrochene Fensterscheiben gehandelt).

Die Vorgeschichte dieses Novemberpogroms gehört zu den dunkelsten Kapiteln politisch-konspirativer Tätigkeit. Die Frage «Cui bono?», welche schon im Reichstagsbrandprozeß eine große Rolle spielte, stellt sich natürlich auch hinsichtlich der Tat des damals siebzehnjährigen Juden Herschel Grynszpan, und es sind wiederholt Zweifel an der «selbständigen» Handlung des jugendlichen Attentäters vorgetragen worden.

Alle Fragen in diese Richtung sind jedoch bisher ohne sichere Antwort geblieben. Dazu reichen die Fakten nicht aus. Was feststeht, ist die Tatsache, daß die nationalsozialistische Führung das Attentat so ausgenutzt hat, als ob es von ihr eingefädelt worden wäre – und insofern ist die Person des Attentäters von geringerer Bedeutung; man hätte auch einen anderen Anlaß finden können.

Seltsamerweise entzündete sich der jüdische Witz vor allem an der Person des Attentäters Grynszpan, und im Hinblick auf die bereits an anderer Stelle erwähnte von Göring verfügte Zahlung einer Milliarde Reichsmark als Buße für das Attentat wurde die Frage gestellt:

«Wer ist der größte Alchimist?»
«Göring», lautete die Antwort, «denn er hat aus Grünspan eine Milliarde gemacht.»

Auch der Name des Opfers, des deutschen Legationsrats vom Rath, wurde in einem Flüsterwitz verwendet: «Guter Rath ist teuer», sagte man resigniert.

Die Tatsache, daß einige Jahre zuvor in der Schweiz ein anderer NS-Funktionär namens Gustloff einem Attentat zum Opfer gefallen war, wurde in folgenden Flüsterwitz einbezogen:

> In der Reichskristallnacht sagt ein höherer SA-Führer zu seinen Leuten: «Nun ist es aber genug! Jetzt geht ihr aber mal nach Hause, ja.»
> Darauf ein Plünderer: «Wat heeßt hier jenug? An Justloffen denkste wohl jar nich, wat?»

Während des gesamten Pogroms wurden etwa siebeneinhalbtausend jüdische Geschäfte geplündert und zerstört, fast dreihundert Synagogen in Brand gesetzt, annähernd dreißigtausend jüdische Bürger verhaftet und 91 getötet.

In Eisleben – um ein konkretes Beispiel zu nennen – wurde der Konzertflügel der jüdischen Familie Graumann (Schwiegersohn des später enteigneten Kaufhausbesitzers Goldstein) aus dem Fenster geworfen und zerschellte am Boden. Das Schuhgeschäft Moses Burak in der Sangerhäuser Straße wurde völlig ausgeräumt und einige Tage später gewitzelt, die Fußballer der Eisleber «Spielvereinigung» seien plötzlich alle mit neuen Fußballschuhen erschienen. Soweit die betroffenen Juden nicht in Konzentrationslager kamen, wurden sie zum Straßenkehren eingesetzt, wo sich gewisse Teile der Bevölkerung über sie lustig machten – wie sie es auch gegenüber jener jungen Frau taten, die sich mit einem polnischen Fremdarbeiter eingelassen hatte und daraufhin mit geschorenem Kopf und dem umgehängten Schild «Polenliebchen» von dem Parkwächter durch die Straßen der Stadt geführt wurde.

Übrigens wurde gegen keinen der an den Novemberpogromen beteiligten Mörder ein ordentliches Gerichtsverfahren durchgeführt, vielmehr wurden alle Fälle dem NS-Parteigericht überwiesen, das ihnen denn auch bestätigte, sie seien «aus anständiger nationalsozialistischer Gesinnung» lediglich «über das Ziel hinausgeschossen».

In Erbitterung über diese Vorgänge gewann der jüdische Witz deutlich an Aggressivität.

> So wurde erzählt, Hitler habe einen Rabbi gefragt, wann er sterben werde.

«An einem jüdischen Feiertag», erwidert der Rabbi.
«Und an welchem?» will Hitler genauer wissen.
«Egal an welchem Tag», weissagt der Rabbi, «es wird ein jüdischer Feiertag sein.»

Es ist dies einer jener wenigen Witze, die später literarisch verarbeitet wurden: In dem englischen Film «Versteckt» wurde er wirkungsvoll in die Handlung eingebaut.

Die unterschiedliche Behandlung durch die Gerichte brachte damals ein bitterer jüdischer Witz wie folgt zum Ausdruck:

Ein Mann steht vor dem Richter. «Sind Sie Jude?» fragt ihn der Vorsitzende, «oder sonstwie vorbestraft?»

Auch das Überhandnehmen der Haussuchungen bei jüdischen Bürgern fand Eingang in den Bereich des Flüsterwitzes.

Bei einem Berliner Juden findet Haussuchung statt. Die Gestapobeamten finden auch ein Hauptbuch und hoffen, seinen Schiebergewinnen auf die Spur zu kommen. Aber als sie es aufschlagen, steht auf der ersten Seite:
Gott erhalte Adolf Hitler!
Auf der zweiten:
Gott erhalte Hermann Göring!
Auf der dritten:
Gott erhalte Dr. Goebbels!
Sie geben das Buch zurück und verabschieden sich freundlich, von der Loyalität des Mannes überzeugt.
«Gott der Gerechte», sagt der Jude zu seiner Frau, «welch Glück, daß sie nicht weitergeblättert haben!»
Er zeigt ihr die vierte Seite, darauf steht ebenfalls:
Gott erhalte Ernst Röhm!
Aber darunter nachgetragen:
Bereits erhalten am 30. Juni 1934.

Ein in der Aussage ähnlicher Witz kursierte unmittelbar nach dem mißglückten Münchner Attentat auf Hitler im November 1939:

In einem Eisenbahnabteil sitzen sich ein Jude und ein SA-Mann gegenüber. Der Jude spricht ununterbrochen vor sich hin: «Hitler soll leben!»
Wütend fährt ihn der SA-Mann an: «So eine Unverschämtheit!

Früher hast du anders gebetet. Da hieß es: Rathenau soll leben!»
Darauf antwortet der Jude: «Na, und – lebt er?»

Von einem in New York lebenden jüdischen Emigranten wurde berichtet, daß seine Wohnung von einem großen Hitlerbild verunziert werde.
«Wieso hast du den hier hängen?» wird er gefragt.
«Gegen das Heimweh», war seine Antwort.

Ein anderer Emigrantenwitz besagte, daß in New York ein neueingewanderter Jude eine Eisdiele eröffnet habe. Über der Eingangstür befestigte er ein großes Schild: «Juden ist der Eintritt verboten!»
Natürlich gab es in der jüdischen Gemeinde große Erregung. Man schickte zu dem Juden eine Delegation.
«Aber meine Herren», erwiderte der Jude, nachdem er sich die Vorwürfe geduldig angehört hatte, «haben Sie denn mein Eis schon einmal gekostet?»

In drastischer Weise ging der folgende Flüsterwitz auf das Leben nach dem Novemberpogrom ein:

Ein Schweizer besucht einen jüdischen Freund. «Wie kommst du dir vor unter den Nazis?»
«Wie ein Bandwurm: ich schlängle mich Tag und Nacht durch die braunen Massen und warte, daß ich abgeführt werde.»

Grün trifft Blau. «Hast du schon gehört», sagt er zu ihm, «Cohn hat sich umgebracht.» Blau zuckt mit den Schultern. «Wenn er sich verbessern kann.»

Zwei Juden beschließen, einen Ausreiseantrag direkt an Hitler zu richten. Aber wie sollen sie ihn anreden? «Mein Führer» dürfen sie nicht schreiben, «Exzellenz» geht auch nicht, «Majestät» schon gar nicht. Schließlich verfallen sie auf einen Ausweg: «Sehr geehrter Herr! Durch Ihre Broschüre ‹Mein Kampf› auf Sie aufmerksam geworden ...»

Die Isolierung, in welche die Juden nach und nach immer mehr getrieben wurden, war ebenfalls Gegenstand bitterer Glossen.

Ein Jude liest folgendes Plakat: «Ein Deutscher lügt nicht!» Nachdenklich meint er: «Ein Deutscher lügt nicht! Mieses Perzent für achtzig Millionen!»

Es war jene Epoche angebrochen, die der stellvertretende US-Ankläger bei den Nürnberger Prozessen, Robert M. W. Kempner, mit ergreifenden Worten schilderte: «Man hat ihnen die Berufe genommen, das Besitztum gestohlen, sie durften nicht erben oder vererben, sie durften nicht auf Parkbänken sitzen oder einen Kanarienvogel halten, keine öffentlichen Verkehrsmittel benutzen, keine Restaurants, keine Konzerte, Theater oder Kinos besuchen, für sie galten bestimmte Rassengesetze, ihnen wurden sämtliche staatsbürgerlichen Rechte entzogen, die Freizügigkeit wurde ihnen genommen, ihre Menschenrechte und ihre Menschenwürde wurden in den Staub getreten, bis sie in Konzentrationslager deportiert wurden und in die Gaskammern kamen.»

Am 28. April 1935 rief der «Westdeutsche Beobachter» dazu auf, beim Delikt der «Rassenschande» zur Namensnennung der Juden und Christenmädchen überzugehen, da dies «im öffentlichen Interesse» erforderlich sei. Dementsprechend verkündete die «National-Zeitung» vom 30. August 1935: «Fräulein Rosel Wessel aus der Gustavstraße verbrachte ihren 14tägigen Sommerurlaub in Holland, um dort vermeintlich ungesehen und ungeniert mit einem Juden das Strandleben auszukosten. Das artvergessene Mädel wurde zu jeder Zeit in Gesellschaft des Juden beobachtet. Ihr Arbeitgeber erteilte die richtige Antwort auf dies Verhalten, indem er die fristlose Entlassung aussprach. An Stelle des Judenliebchens Rosel, die aus Essen verwiesen ist, nimmt jetzt eine deutschdenkende Frau deren Arbeitsplatz ein.»

Das «Berliner Tageblatt» vom 24. Juli 1935 meldete, daß in Leverkusen zwei Mädchen im Alter von 19 und 25 Jahren «wegen Umgangs mit Nichtariern in Schutzhaft genommen» worden seien.

Geradezu pervertiert berichtete die Westfälische Landeszeitung «Rote Erde» vom 22. Juli 1935 unter der Überschrift «Geständnisse jüdischer Wüstlinge» und den Zwischentiteln «Protokolle schamloser Verbrechen» und «Juden schänden deutsche Frauen und Mädchen» mit voller Namensnennung über angebliche sexuelle Ausschweifungen, wobei auf widerliche pornographische Ausmalungen nicht verzichtet wurde. Der Artikel endet mit dem Aufruf: «Immer wieder müssen wir predigen, und gerade aus den oben geschilderten Tatsachen geht es hervor: Frauen und Mädchen, die Juden sind euer Verderben!»

Daß bereits vor dem erwähnten Aufruf des «Westdeutschen Beobachters» öffentliche Anprangerungen erfolgten, geht aus den Meldungen des Hessischen Staatspolizeiamts Darmstadt hervor, von denen drei als besonders aufschlußreich herausgegriffen seien.

15. März 1934: «Am 10. März 1934 wollte ein Jude aus Mainz-Kastel mit einem christlichen Mädchen die Ehe schließen. Es kam vor dem Standesamt zu einer größeren Menschenansammlung. Da die Sicherheit des Brautpaares gefährdet war, wurde der Bräutigam vorübergehend in Schutzhaft genommen.»

9. April 1934: «Am 24. März 1934 wurde eine Frau, die mit Juden verkehrt hatte, von SA-Leuten, die je ein Schild mit der Aufschrift ‹Judenliebchen› trugen, durch Groß-Karben geführt.»

16. April 1934: «Der Jude Willi Benndorf aus Ober-Ramstadt wurde in Schutzhaft genommen, weil er mit einem 17jährigen christlichen Mädchen den Beischlaf ausübte.»

Mit welchen Methoden auf Standesbeamte Einfluß genommen wurde, zeigt ein Artikel im «Hamburger Tageblatt» vom 25. Juli 1935 unter der Überschrift «Fragen an einen Standesbeamten» und dem Untertitel «Martha Franziska Klinkforth war einmal eine Deutsche»:

«Drei Personen gehören in Deutschland immer noch dazu, um eine Ehe zu schließen. Mann, Frau und der Standesbeamte. Der Mann, Donat Wolf, war niemals für uns da, denn er ist Jude. Die Frau, Martha Franziska Klinkforth, ist nicht mehr für uns da, denn sie ist eine Verräterin. Der Standesbeamte aber ist Deutscher. Wir fragen ihn, ob er seine Hand reichen will, um diese Rassenschande gutzuheißen, ob er sich mitschuldig machen will an dieser Tat? Wir wissen, es gibt kein geschriebenes Gesetz, das ihn hindert, diese Ehe gutzuheißen. Aber, Herr Standesbeamter, eine Frage, ohne Haß und ohne damit einen Gewissenszwang auf Sie ausüben zu wollen: Werden Sie als Deutscher, nicht als Beamter, die feindliche Handlung vollziehen? Schreit in Ihnen nicht jeder Tropfen Blut, daß Sie nicht dürfen, daß hier Paragraphen nicht sprechen können, sondern das Gewissen? Sagt Ihnen Ihr Gewissen nicht, daß Sie mitschuldig werden, wenn Sie dieses Aufgebot hängen lassen? Sind Sie nicht erst Deutscher, Volksgenosse, Kamerad unter Kameraden und dann erst Beamter? Sie werden uns sagen, Sie täten nur Ihre Pflicht? Vielleicht haben Sie recht, wenn Sie die Beamtenpflicht damit meinen und in Paragraphen denken. Wir sagen, Sie *versäumen* Ihre Pflicht. Dabei meinen wir Ihre Pflicht als Deutscher und setzen das Blut über Paragraphen.»

Unter dem Eindruck solcher Anwürfe gingen immer mehr Standesbeamte dazu über, derartige Aufgebote zu verweigern. Kam es dieserhalb zu Anklagen, wurden sie – beispielsweise vom Amtsgericht Bad Sülze – freigesprochen.

Am 15. September 1935 wurde durch das «Reichsbürgergesetz» und das «Gesetz zum Schutze des deutschen Blutes und der deutschen Ehre» die Verfolgung sogar in «rechtliche» Bahnen gelenkt.

Sowohl die Heirat als auch der außereheliche Verkehr zwischen Juden und sogenannten Ariern wurden unter Strafe gestellt, wobei die angedrohte Gefängnis- oder Zuchthausstrafe nach Kriegsbeginn durch die Todesstrafe ersetzt wurde, was durch Heranziehung der «Verordnung gegen Volksschädlinge» vom 5. September 1939 möglich war.

Eine besondere Verächtlichmachung der jüdischen Bürger lag in der Vorschrift des § 3 des Blutschutzgesetzes, wonach ihnen die Beschäftigung weiblicher «arischer» Staatsangehöriger unter 45 Jahren in ihrem Haushalt verboten war. Ebenso zynisch war der Inhalt des § 4, der Juden das Hissen der Reichs- und Nationalflagge untersagte, dagegen das Zeigen der jüdischen Farben gestattete. (Daß das «Hakenkreuz», das Juden nicht zeigen durften, eigentlich eine negative Vorbedeutung hatte, wurde während des Dritten Reiches verschwiegen. Nach einer buddhistischen Vorstellung bedeutet das linksgerichtete Glück und Heil, das rechtsgerichtete Untergang. Hitler hatte sich 1919 für das letztere entschieden.)

Das Blutschutzgesetz selbst hat eine Fülle außerrechtlicher Maßnahmen nach sich gezogen, wobei die Einlieferung der «Rassenschänder» in ein Konzentrationslager mit die schwerwiegendste war. Die aus solchen Gründen eingelieferten Frauen wurden hier mitunter zu Tode gepeitscht.

Es soll im folgenden nicht weiter auf das unermeßliche Leid eingegangen werden, das die nationalsozialistische Rassenpolitik den Menschen brachte, aber einige Auswüchse auf dem Gebiet der höchstrichterlichen Rechtsprechung seien zur Illustration der damaligen Verhältnisse – und auch zum Verständnis dessen, wie der jüdische Witz trotz aller Tragik auf solche Dinge reagierte – kurz aufgezeigt:

Das nur vorübergehende einmalige Zusammentreffen eines Juden mit einer berufsmäßigen «arischen» Dirne, bei dem es überhaupt nicht zum Geschlechtsverkehr kam, wurde im Urteil des II. Strafsenats des Reichsgerichts vom 7. Januar 1937 als versuchte Rassenschande gewertet, da «nicht die Rassenehre und Rassereinheit des einzelnen, sondern die Rassenehre des deutschen Volkes» geschützt werden müsse. «Ein Angriff auf das deutsche Blut und die deutsche Ehre kann deshalb auch dann vorliegen, wenn der Staatsangehörige deutschen Blutes selbst unwürdig, artvergessen ist.»

Nach einem Urteil des III. Strafsenats vom 9. Dezember 1937 war selbst bei einer Verweigerung durch den anderen Teil die Strafbarkeit gegeben, da «das Rechtsgut, das die Strafvorschrift schützen soll», durch die Handlung des Angeklagten «bereits unmittelbar gefährdet» war.

Da das Verbot, deutschblütige weibliche Hausangestellte unter 45 Jahren zu beschäftigen, keinen Geschlechtsverkehr voraussetzte, wurde am 8. Oktober 1937 vom IV. Strafsenat ein jüdischer Rittergutsbesitzer lediglich deshalb verurteilt, weil er eine deutschblütige Hausschneiderin mehrere Wochen lang beschäftigt hatte.

In welch willkürlicher Weise sich das Reichsgericht über geltendes Recht hinwegsetzte, zeigt ein Urteil des II. Strafsenats vom 5. Dezember 1940, das «bei einer zur Umgehung des Blutschutzgesetzes im Auslande geschlossenen Ehe» den ausländischen oder staatenlosen jüdischen Teil trotz der neuen Fassung des §4 Abs. 3 StGB für strafbar erklärte. In Anbetracht der besonderen Bedeutung dieses Falles aus rechtshistorischer Sicht soll hier auf die Begründung näher eingegangen werden.

Das Urteil hatte sich mit dem Tatbestand auseinanderzusetzen, daß ein «Arier» im September 1938 in Prag eine staatenlose Jüdin geheiratet hatte. Wörtlich wird hierzu ausgeführt: «Da die ausländische Gesetzgebung, insbesondere die der Tschechoslowakei, kein der deutschen Gesetzgebung entsprechendes Rasserecht gekannt hat, war die Tat nach dem Rechte des Tatortes nicht mit Strafe bedroht (§ 3 Abs. 2 StGB n. F.). Gleichwohl zeigt schon die Tatsache, daß das Blutschutzgesetz die Auslandsehe ausdrücklich erfaßt, daß eine solche Tat nach dem gesunden Empfinden des deutschen Volkes auch unter Berücksichtigung der besonderen Verhältnisse des Tatortes ein strafwürdiges Unrecht ist.» Das Urteil kommt dann zu dem Schluß: «Bei der Bedeutung, die das Blutschutzgesetz als eines der Grundgesetze des nationalsozialistischen Staates hat, kann es keinem Zweifel unterliegen, daß das Verbrechen der Rassenschande nach gesundem Volksempfinden mindestens dann strafwürdig ist, wenn es im Auslande zur Umgehung des Blutschutzgesetzes begangen wird.»

Dieses Urteil ist insofern bedeutsam, als zum einen vom Blutschutzgesetz als einem «Grundgesetz des nationalsozialistischen Staates» gesprochen, zum anderen das «gesunde Volksempfinden» als integrierender Bestandteil der Rechtsprechung behandelt wird.

Daß der «Tatort Ausland» nicht nur hinsichtlich der Eheschließung, sondern auch der sexuellen Beziehung eine Rolle spielte, zeigt ein Urteil des Reichsgerichts vom 9. Februar 1940, wonach ein österreichischer Jude, der im Juli 1937 und Mai 1938 in der Tschechoslowakei mit einem «arischen» Mädchen verkehrt hatte, bestraft wurde. Als Begründung wurde angeführt: «Die Erreichung des Zieles des Blutschutzgesetzes, nämlich die Reinhaltung des deutschen Blutes, wäre aufs äußerste gefährdet, wenn Taten wie diese straflos blieben.»

Bemerkenswert ist in diesem Zusammenhang ein Beschluß des Großen Senats für Strafsachen vom 23. Februar 1938, nach welchem ein Jude deutscher Staatsangehörigkeit, der mit einer Staatsangehörigen deutschen Blutes im Ausland außerehelich verkehrte, sich strafbar machte, «wenn er die deutsche Staatsangehörige veranlaßt hat, zu diesem Zweck vorübergehend zu ihm ins Ausland zu kommen». Mit peinlicher Genauigkeit folgerte der IV. Strafsenat in seinem Urteil vom 14. Oktober 1938: «Die im Ausland begangene Tat wurde nicht nur an dem Ort begangen, an dem sich der Geschlechtsakt vollzog, sondern auch im Gebiete des deutschen Reiches als dem Orte des strafbaren Erfolges.»

Daß das deutsche Reich nach dieser Definition in die Geschlechtsorgane der «Rassenschänderin» verlegt wurde, enthüllt eine besondere Seite der nationalsozialistischen Rabulistik und gehört – wenn man von den unmenschlichen Motiven absieht – in den Bereich des unbeabsichtigten politischen Witzes. Tiefer konnte eine Rechtsprechung nicht fallen, und der jüdische Witz, soweit er sich auf die Rassengesetze bezog, suchte vor allen Dingen den Widersinn solcher Auffassungen herauszustellen. Unter den Wiener Juden beispielsweise kursierte, als die Nürnberger Gesetze verkündet wurden und Österreich noch nicht zu Hitlerdeutschland gehörte, der folgende Witz:

> Ein Pariser, ein Wiener und ein Berliner unterhalten sich über die Frauen.
> «Bei uns», sagt der Pariser, «schätzt man am meisten die reife, mondäne Frau.»
> «Bei uns», sagt der Wiener, «hat man die jungen, feschen und reichen Maderln am liebsten.»

«Bei uns», sagt der Berliner, «ist die begehrteste Frau augenblicklich die arische Großmutter.»

Später erfuhr dieser Witz eine Erweiterung. Noch begehrter sei die «jüdische Urgroßmutter», hieß es: Sie hat das Geld in die Familie gebracht und schadet nicht mehr!

Da die jüdische Herkunft anhand der Religionszugehörigkeit der Vorfahren nachgewiesen wurde und zum religiösen Ritus der Juden bekanntlich die Beschneidung gehört, verkündete ein Flüsterwitz, der deutsche Buchhandel sei von Goebbels aufgefordert worden, in Zukunft nur noch broschierte Bücher auf den Markt zu bringen, da jede Art von beschnittener Literatur mit Recht als volksfremd empfunden wird!

Dem willkürlich geschaffenen deutschen Rassenbewußtsein setzten die Juden in persiflierender Form ein eigenes entgegen, indem sie beispielsweise sagten:

«Ich bin stolz, daß ich ein Jude bin! Wenn ich nicht stolz bin, bin ich auch Jude. Da bin ich schon lieber gleich stolz!»

Auch die Anekdote von jenem jüdischen Reisenden, der zu spät auf den Bahnsteig kommt und beim Anblick der in der Ferne verschwindenden letzten Wagen des Zuges ausruft: «Alles Antisemitismus!», gehört in diesen Zusammenhang.

Die gleiche Selbstironie kam in der Schaffung der legendären Gestalt des sogenannten «Büfett-Juden» zum Ausdruck, eines tragikomischen Mannes, der immer wieder erklärte, er könne ja emigrieren, aber in die neue Wohnung, die man ihm in Aussicht stellte, passe sein Büfett nicht hinein – und so bleibe er lieber in Deutschland.

Die Nürnberger Gesetze brachten natürlich auch den Gerüchten von einer jüdischen Abstammung Hitlers neuen Auftrieb, schon um von diesem Aspekt her die nazistische Rassenpolitik ad absurdum zu führen. Hierzu gab es folgenden Witz:

Ein Jude hört, es würde fest behauptet, daß auch Hitler jüdisches Blut in den Adern habe. Da erbleicht er und stöhnt: «Das ist nicht recht, daß man uns den auch noch in die Schuhe schieben will!»

Je länger die Zeit der Verfolgung dauerte, um so größer wurde der Zusammenhalt der Juden untereinander, und es kam zu einer Gemeinschaft, wie sie vorher nie vorhanden war. Auch dies wurde Thema des jüdischen Witzes:

Ein Jude kommt an einem Bettler vorüber, welcher auf der Brust eine Tafel mit der Aufschrift trägt: «Vollständig blind. Nehme nichts von Juden.»
Der Jude tritt nervös auf den Mann zu und flüstert: «Ich gebe Ihnen fünf Mark – aber bitte, entfernen Sie die Tafel.»
«Auf Ihre Ezes habe ich gewartet», entgegnet der blinde «Nazi». «Wollen Sie mich lehren, wie man bei diesen Banditen bettelt!»

Die gemeinsame Not verhalf zu vielerlei Listen, und als die Deportationen in die Vernichtungslager begannen, gelang es nicht wenigen Juden, irgendwo unterzutauchen, wobei viele Bürger unter Einsatz ihres Lebens Hilfe leisteten. Erstaunlich und vielleicht sogar einmalig ist es, daß selbst dann der jüdische Witz nicht zum Schweigen kam.

So wurde erzählt, ein Jude habe sich, als er bei einem aus seiner Schulzeit bekannten Freund um Unterschlupf bat und dieser ängstliche Bedenken äußerte, resigniert verabschiedet, nicht ohne jedoch eine Flasche Wein zurückzulassen.
«Was soll ich damit?» fragte der Freund verständnislos.
«Dann kannst du später mit gutem Gewissen behaupten», erklärte der Jude, «du hättest im Keller einen gewissen Oppenheimer versteckt gehabt!»

An die Grenze des Makabren ging ein Witz, der jedoch zugleich zeigte, wie selbst in Stunden höchster Gefahr eine Art geistigen Obsiegens erfolgte:

Zwei Juden sollen von einer deutschen Militäreinheit erschossen werden.
Kurz vor der Exekution wird ihnen eröffnet, daß sie nicht erschossen, sondern erhängt werden sollen.
«Siehst du», sagt der eine Jude zum andern, «nicht einmal Munition haben sie mehr!»

Ein anderer Witz spielte ebenfalls am Ende des Krieges.

Hitler ist wegen der aussichtslosen militärischen Lage völlig verzweifelt und erinnert sich an jenen Wunderrabbi in Theresienstadt, den er schon einmal konsultiert hatte. Er läßt ihn zu sich bringen und fährt ihn an: «Eins will ich jetzt klipp und klar wissen! Wer ist schuld daran, daß alle meine Armeen geschlagen worden sind?»
«Die jüdischen Generäle», erwidert der Wunderrabbi.
«Ich habe überhaupt keine jüdischen Generäle!» brüllt Hitler.
«Sie nicht, Herr Führer, aber die anderen!»

Epilog

Köpfe abschlagen ist nicht sehr klug.
Die Stecknadel, der man den Kopf abschlug,
Fand, der Kopf sei völlig entbehrlich,
Und ward nun vorn und hinten gefährlich.

Diese Worte Erich Kästners könnten ein Fazit sein. Aber nicht nur das. Sie sind Anklage und Fazit zugleich. Der politische Witz im nationalsozialistischen Deutschland ist nicht von selbst entstanden, er war keine Eigengeburt: er wurde herausgefordert. Herausgefordert von einem System, das am Ende Millionen von Opfern hinterließ. Die Opfer gehörten verschiedenen Völkern an, verschiedenen Rassen, verschiedenen Klassen, verschiedenen Religionen, verschiedenen Anschauungen. Was sie einte, war das gemeinsame Schicksal. Auch der gegen Hitler gerichtete Flüsterwitz machte keine Unterschiede. Er verband alle humanistisch gesinnten Menschen; denn er hatte mit ihnen einen gemeinsamen Feind. Dieser reagierte brutal. Er schlug der Stecknadel den Kopf ab – und nun ward sie «vorn und hinten» gefährlich. Man hat gesehen, wie gefährlich sie wurde. Sie durchdrang alle Schichten und stach überall zu. Und den letzten Stich vollführte sie gegen Hitler selbst. Er – nicht sie – fiel zu Boden! Und mit ihm eine bedrohlich gewordene Weltmacht. Die Stecknadel ist geblieben, spitz an beiden Enden, und wer Lust und Muße hat, kann sie betrachten. Sie hat vielerlei Farben (je nachdem, welches Licht auf sie fällt), und sogar im vielzitierten Heuhaufen würde man sie wiederfinden: denn sie kann reden! Ihre Sprache ist der Flüsterton, doch zuweilen klingt er wie ein Schrei. Und oft wie ein Lachen, wie ein freies, ungebundenes Lachen. Dann ist es das Lachen derer, denen es einst aus der Kehle drang und von denen viele nicht mehr leben. An sie sei erinnert, wenn wir dieses Buch aus der Hand legen…

Oliver Sacks

Oliver Sacks wurde1933 in London geboren. Nach einem Medizinstudium in Oxford und neurophysiologischen Forschungen übersiedelte er in die USA. Er ist heute Professor für Klinische Neurologie am Albert Einstein College of Medicine in New York.

Der Mann, der seine Fau mit einem Hut verwechselte
(rororo sachbuch 8780)
Erzählt werden zwanzig Geschichten von Menschen, die aus der «Normalität» gefallen sind.
«Oliver Sacks ist ein Neurologe, der ein "Sachbuch" geschrieben hat – und was für eins! Ein Fachbuch, das ich jedem Neurologen, überhaupt jedem Arzt auf den Nachttisch legen möchte...»
Die Zeit

Der Tag, an dem mein Bein fortging
(rororo sachbuch 8884 und als gebundene Ausgabe)
«...wahrheitsgetreue, sachkundige Horrorgeschichten aus der Welt der Medizin und Neurologie, erzählt als Stoff, aus dem Romane sind.»
Stern-TV

Stumme Stimmen *Reise in die Welt der Gehörlosen*
(rororo sachbuch 9198 und als gebundene Ausgabe)
«Ein spannendes, auf jeder Seite neu befriedigendes, bewegendes Buch ... Am Ende möchte man fast dasselbe tun, was Oliver Sacks nach dem Schreiben getan hat: die Gebärdensprache lernen.»
Journal München

rororo sachbuch

Awakenings – Zeit des Erwachens
(rororo sachbuch 8878)
Zwischen 1916 und 1937 grassierte weltweit eine Epidemie der sogenannten Europäischen Schlafkrankheit (encephalitis lethargica), eine Gehirnkrankheit, die neben Millionen Toten unzählige schwergeschädigte Menschen hinterließ. Ende der sechziger Jahre begann Oliver Sacks die Überlebenden dieser Krankheit mit einem neu entdeckten Medikament, L-Dopa, zu behandeln. Die Wirkung war überwältigend – jahrelang «erstarrte» Menschen erwachten plötzlich wieder zum Leben.
«Dies ist Literatur, wie sie nur wenige, Freud vielleicht und C. G. Jung, schreiben konnten, und ist zugleich sachliche Information.»
Gero von Randow

3462/1